STARK

Rechenausdrücke

Addieren:	Plusrechnen, zusammenzählen (+)
Summe:	Ergebnis einer Addition (Plusrechnung)
Subtrahieren:	Minusrechnen, abziehen (–)
Differenz:	Ergebnis einer Subtraktion (Minusrechnung)
Multiplizieren:	Malnehmen (·)
Produkt:	Ergebnis einer Multiplikation (Malaufgabe)
Dividieren:	Teilen (:)
Quotient:	Ergebnis einer Division (Teilaufgabe)

Zweistellige Zahl	bedeutet, dass die Zahl aus genau zwei Ziffern besteht. Das heißt, sie liegt im Zahlenraum 10 bis 99.
Dreistellige Zahl	bedeutet, dass die Zahl aus genau drei Ziffern besteht. Das heißt, sie liegt im Zahlenraum 100 bis 999.
Vierstellige Zahl	bedeutet, dass die Zahl aus genau vier Ziffern besteht. Das heißt, sie liegt im Zahlenraum 1 000 bis 9 999.

Umrechnung der Einheiten

Zeit

1 Jahr	= 365 Tage
1 Tag	= 24 h
1 h	= 60 min
1 min	= 60 s

Länge

1 km	= 1 000 m
1 m	= 100 cm
1 cm	= 10 mm

Masse

1 t	= 1 000 kg
1 kg	= 1 000 g

Geld

1 € = 100 ct

Volumen

1 ℓ = 1 000 mℓ

Vergleichsgrößen

Gewichte (ca.)

1 kg	= 1 Tüte Mehl
1 g	= 1 Büroklammer
100 g	= 1 Tafel Schokolade

Längen (ca.)

1 m	= 1 Schritt eines Erwachsenen
1 cm	= 1 Daumenbreite
10 cm	= 1 Spannbreite zwischen Daumen und Zeigefinger

Geometrische Formen

Ein Quadrat hat vier Ecken und vier gleich lange Seiten, von denen immer zwei parallel gegenüberliegen. Die Seiten stehen im rechten Winkel (90°) zueinander.

Ein Rechteck hat vier Ecken und zweimal zwei gleich lange Seiten, die parallel gegenüberliegen. Die Seiten stehen im rechten Winkel (90°) zueinander.

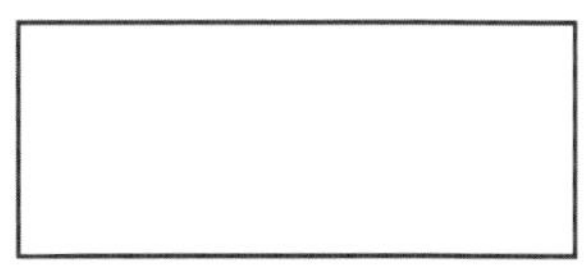

Ein Dreieck hat drei Ecken und drei Seiten.

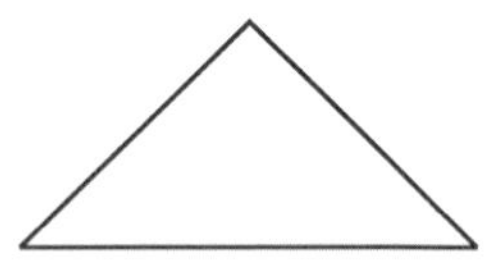

Ein Kreis hat keine Ecken und nur eine Seite.

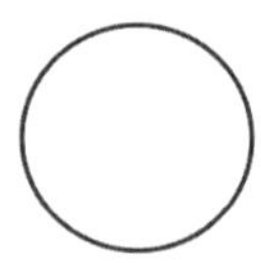

Geometrische Körper

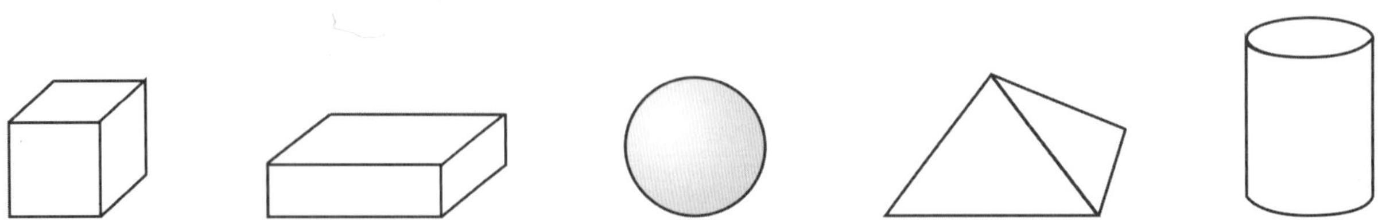

Würfel Quader Kugel Pyramide Zylinder

VERA 3

Basiswissen und Übungsaufgaben
mit Lösungen

Mathematik 3. Klasse

STARK

Bildnachweis
S. 39, 48, 49, 108, 109, 120, 152, 164, 166, 170, 183, 185, 219: Claudia Bichler
S. 44, 56, 114, 115, 129, 159, 183, 240: Redaktion
S. 66, 140: König: © Gerhard Elsner / Wikimedia; http://commons.wikimedia.org/wiki/File:Cardset1-ck.jpg; lizenziert gem. CC Attribution-Share Alike 3.0 Unported; Dame: © Gerhard Elsner / Wikimedia; http://commons.wikimedia.org/wiki/File:Cardset1-cq.jpg; lizenziert gem. CC Attribution-Share Alike 3.0 Unported
S. 175, 232: Zimmer: © 332206. Shutterstock

17. Auflage
www.stark-verlag.de

Inhalt

Beispieltests 145

Hinweise zum interaktiven ActiveBook

ActiveBook Interaktives Training

Viele Aufgaben dieses Buchs kann Ihr Kind auch am Computer, Laptop oder Tablet bearbeiten. Wie Sie das ActiveBook abrufen können, erfahren Sie auf den **Farbseiten** am Anfang des Buchs.

Neben den **interaktiven Aufgaben** des Buchs steht dieses Symbol.

Autorin:

Christine Brüning

Vorwort

Liebe Eltern, liebe Lehrkräfte,

das vorliegende Buch unterstützt Ihr Kind bzw. Ihre Schülerinnen und Schüler bei der Vorbereitung auf die Vergleichsarbeiten im Fach Mathematik. Außerdem bietet es die Möglichkeit, **alle Inhalte des Mathematikunterrichts von der 1. bis zum Ende der 3. Klasse** zu wiederholen und zu überprüfen. Es ist daher ideal für den Start in die 4. Klasse geeignet.

Die **Vergleichsarbeiten** werden zentral gestellt und im Frühjahr des 3. Schuljahres geschrieben. Mithilfe der Arbeiten soll festgestellt werden, ob die Leistungen der Schüler*innen den Anforderungen der **Bildungsstandards** entsprechen. Es werden dabei zwei der Kompetenzbereiche „Zahlen und Operationen“, „Raum und Form“, „Muster und Strukturen“, „Größen und Messen“ sowie „Daten, Häufigkeiten und Wahrscheinlichkeiten“ geprüft.

Das Buch enthält im ersten Teil **Übungsaufgaben** zur gezielten Vorbereitung auf die fünf Kompetenzbereiche. Die **Beispieltests** im zweiten Teil sind so konzipiert, dass sie in Umfang und Schwierigkeitsgrad einer offiziellen Vergleichsarbeit entsprechen.

ActiveBook Interaktives Training

Zu diesem Buch gibt es ein „**ActiveBook**“, das Sie online auf der Plattform MyStark abrufen können (siehe Farbseiten am Anfang des Buchs). Damit können die Kinder viele Aufgaben aus dem Übungsteil **interaktiv** bearbeiten.
Sie erhalten **Hinweise** zum Lösen der Aufgaben, eine **sofortige Ergebnisauswertung** und ein **Feedback durch Smileys**.
Die Arbeit am Computer, Laptop oder Tablet macht den meisten Kindern großen Spaß und motiviert zum Üben. Zudem trainieren die Kinder so den **Umgang mit digitalen Medien** – eine wichtige Grundlage für die weitere schulische und berufliche Laufbahn.

Da die Beispieltests im Rahmen einer prüfungsähnlichen Situation geübt werden sollten, gibt es dazu keine interaktiven Aufgaben.

Die Schüler*innen sollten erst in oder nach den Weihnachtsferien anfangen, mit dem Buch zu üben, da sie manche Inhalte sonst noch nicht aus dem Unterricht kennen. Es ist gut, wenn die Kinder die Aufgaben zunächst allein bearbeiten und ihre Ergebnisse möglichst selbstständig mit den Lösungen im Buch abgleichen. Dabei sollten sie sich die **Lösungswege** sehr genau ansehen und versuchen, sie nachzuvollziehen. Erst wenn danach noch etwas unklar ist, sollten Sie helfen.

Ich wünsche Ihnen und Ihrem Kind bzw. Ihren Schülerinnen und Schülern viel Spaß und Erfolg bei der Arbeit mit dem Buch!

Christine Brüning

Tipps zum Üben

Bereite dich gut vor!

Lege dir alles zurecht, was du brauchst: Bleistift, Radiergummi, farbige Stifte, Lineal, Geodreieck und Papier für Notizen.

Lies genau!

Lies dir die Aufgaben immer genau durch, denn oft verändert schon ein einziges Wort den Sinn der Aufgabe.

Kontrolliere und verbessere!

Lies am Schluss deine Antworten noch einmal durch und kontrolliere, ob du alles getan hast, was in der Aufgabe verlangt wurde. Vergleiche dann mit den Lösungen im Buch und verbessere wenn nötig.

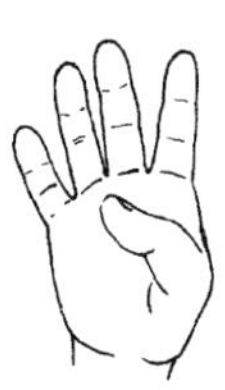

Arbeite selbstständig!

Bearbeite die Aufgaben zunächst alleine. Erst wenn du die Aufgaben kontrollierst und etwas nicht verstehst, solltest du jemanden um Hilfe bitten.

Übe regelmäßig!

Es ist wichtig regelmäßig zu üben, um sich zu verbessern. Übe mal im Buch, mal online mit dem digitalen ActiveBook.

Hinweise zu VERA 3

Durchführung der Vergleichsarbeiten

- Die Vergleichsarbeiten werden im Frühjahr in der 3. Klasse geschrieben.

- Im Fach Mathematik werden Aufgaben aus den folgenden Kompetenzbereichen gestellt:
  - Zahlen und Operationen
  - Raum und Form
  - Muster und Strukturen
  - Größen und Messen
  - Daten, Häufigkeiten und Wahrscheinlichkeiten

- Eine Vergleichsarbeit besteht aus einem Basismodul und einem Ergänzungsmodul. Das Basismodul enthält gemischte Aufgaben aus allen Kompetenzbereichen. Das Ergänzungsmodul enthält Aufgaben aus nur einem der Kompetenzbereiche. Deine Lehrkraft bekommt hierfür Aufgabenblöcke aus zwei Kompetenzbereichen zur Auswahl und kann sich für einen entscheiden.

- Die Vergleichsarbeiten werden wie normale Klassenarbeiten ohne Hinweise zu Lösungswegen und ohne Hilfsmittel durchgeführt. Selbstverständlich darfst du aber einen Schmierzettel benutzen.

- Die Bearbeitungszeit ist bei den Vergleichsarbeiten immer sehr knapp gewählt, sodass auch gute Schülerinnen und Schüler nicht alle Aufgaben lösen können. Mach dir also keine Sorgen, wenn du nicht ganz fertig wirst.

- Die Aufgaben sind unterschiedlich schwer. Einige sind sicher ziemlich einfach zu lösen, und bei anderen musst du dich schon richtig anstrengen. Das ist normal, denn mit so einer Arbeit möchte man herausfinden, was jeder einzelne Schüler und jede einzelne Schülerin besonders gut kann oder wo er oder sie noch Schwierigkeiten hat.

- Wichtig ist, dass du in der Prüfung nicht bei den schwierigen Aufgaben hängen bleibst. Wenn du Schwierigkeiten hast, mach mit der nächsten Aufgabe weiter. Am Schluss kannst du noch einmal die Aufgaben angehen, die du zuerst nicht lösen konntest.

Aufbau des Buches

- Im ersten Teil des Buches findest du Übungsaufgaben zu den verschiedenen Kompetenzbereichen. So kannst du gezielt üben.
- Der zweite Teil enthält Beispieltests, die jeweils wie eine echte Vergleichsarbeit aufgebaut sind. Du kannst versuchen, sie am Stück und auf Zeit zu bearbeiten. Stell dir dafür am besten einen Wecker. So bekommst du ein Gefühl dafür, wie lange du für eine ganze Arbeit brauchst.

Vorbereitung auf die Vergleichsarbeiten

- Beginne nicht erst kurz vor den Vergleichsarbeiten mit dem Üben. Am besten ist es, wenn du in oder nach den Weihnachtsferien anfängst.
- Bevor du anfängst, lege dir alle notwendigen Dinge zurecht: Bleistift, Farbstifte, Radiergummi, ein Lineal oder Geodreieck und Papier für Nebenrechnungen, Zeichnungen und Notizen.
- Wenn du Aufgaben findest, die du noch nicht rechnen kannst, weil ihr sie in der Schule noch nicht besprochen habt, lässt du sie einfach aus und rechnest sie später.
- Beim Üben ist es wichtig, dass du konzentriert rechnest, gründlich kontrollierst, verbesserst und wirklich versuchst, die Lösungen zu verstehen. Es ist dabei normal, wenn du die Hälfte der Zeit zum Rechnen der Aufgaben und die andere Hälfte zum Korrigieren benötigst.
- Bearbeite die Aufgaben selbstständig. Erst wenn du die Aufgaben kontrollierst und etwas nicht verstehst, solltest du jemanden um Hilfe bitten.
- Lies die Aufgaben langsam und genau, überlege, wie du zu einer Lösung kommen kannst – vielleicht weißt du auch nur einen Teil des Lösungsweges –, schreibe auf, was du weißt, und rechne dann ruhig und konzentriert weiter.

- Wenn du mit der Bearbeitung fertig bist, überprüfe deine Antworten mithilfe des Lösungsteils. Hier wird erklärt, wie du zu einer Lösung kommen kannst. Wenn du die Erklärung nicht verstehst, helfen dir sicher deine Eltern, dein Lehrer oder deine Lehrerin gerne weiter. Es gibt oft verschiedene Lösungswege für eine Aufgabe – nicht alle findest du hier in diesem Buch.
- Betrüge dich nicht selbst, indem du dir die Lösungen schon vorher anschaust. Nur wenn du die Aufgaben selbst gerechnet hast, kann dir die Lösung weiterhelfen, und nur so kannst du lernen, solche Aufgaben richtig zu lösen.
- Ist eine Aufgabe für dich besonders schwierig, rechnest du sie einfach ein paar Tage später noch einmal und überprüfst deine Lösung erneut.

Allgemeine Hinweise zu den Aufgaben

- Lies dir die Aufgaben immer sehr genau durch. Oft verändert schon ein einziges Wort den Sinn der Aufgabe und du machst einen Fehler, wenn du etwas überliest.
- Halte dich genau an die Anweisungen der Aufgabe. Wenn du zum Beispiel etwas rot unterstreichen sollst, dann achte darauf, dass du auch wirklich einen roten Stift benutzt.
- Einige Aufgaben werden als Multiple-Choice-Aufgaben gestellt. Wenn du dort die richtige Antwort oder das richtige Ergebnis ankreuzen musst, ist immer mindestens eine Lösung richtig. Es können auch mehrere richtige Antworten oder Ergebnisse dabei sein. Dann musst du alle richtigen Lösungen ankreuzen.
- Wenn du bei einer Aufgabe nicht mehr weiterweißt, dann gehe zur nächsten Aufgabe über. Du musst in der Vergleichsarbeit sehr viele Aufgaben in kurzer Zeit lösen, sodass du dich nicht an einem Problem festbeißen solltest. Die nächste Aufgabe fällt dir vielleicht ganz leicht.
- Lies am Schluss noch einmal deine Antworten durch und kontrolliere, ob du alles getan hast, was in der Aufgabe verlangt wurde.

▶ Tipps und Übungsaufgaben

Bildnachweis
marekuliasz. Shutterstock

Erster Kompetenzbereich: Zahlen und Operationen

1 Vorbereitungs- und Lerntipps

Bei den Aufgaben im Bereich „Zahlen und Operationen“ werden alle Rechenarten abgefragt. Es ist deshalb wichtig, dass du die Rechenregeln sicher kennst. Die folgenden Tipps weisen dich noch einmal auf die wichtigsten Regeln hin und helfen dir beim Lösen der Aufgaben.

Allgemeine Tipps

- Arbeite konzentriert und lies die Aufgabenstellung genau. Das hilft dir dabei, schnell zu erfassen, was bei der Aufgabe zu tun ist. Denke daran, dass bereits ein kleines Wort den Sinn der Aufgabe verändern kann.
- Schreibe ordentlich. Dann behältst du leicht den Überblick. Denke bei Plus- und Minusaufgaben z. B. an das Stellenwerthaus und schreibe Einer unter Einer, Zehner unter Zehner.

Rechenaufgaben

- Vergiss beim schriftlichen Addieren und Subtrahieren nicht, die Gemerktzahlen zu notieren.
- Durch Überschlagsrechnen kannst du außerdem prüfen, ob dein Ergebnis stimmen kann.
- Benutze bei schweren Einmaleinsaufgaben Tauschaufgaben oder Nachbaraufgaben.
- Denke an Punkt vor Strich!
- Mach zum Schluss immer die Probe, ob dein Ergebnis richtig ist.

Sachaufgaben

- Lies die Aufgabe genau und unterstreiche wichtige Angaben.
- Mach dir einen Rechenplan und schreibe dir zuerst in Worten auf, welche Dinge du wie ausrechnen kannst.
- Benutze Zwischenüberschriften, damit du schneller siehst, was du gerade berechnest.
- Vergiss nicht, einen Antwortsatz zu schreiben.

2 Übungsaufgaben

1. Berechne das Produkt der Zahlen 6 und 7.

____

2. a) Ina legt in einer Stellenwerttafel die Zahl 256.

H	Z	E
● ●	● ● ● ● ●	● ● ● ● ● ●

Jetzt legt sie ein Plättchen dazu. Welche der folgenden Zahlen kann Ina in der Stellenwerttafel legen? Kreuze alle möglichen Lösungen an.

- ☐ 258
- ☐ 245
- ☐ 266
- ☐ 356
- ☐ 255
- ☐ 257

b) Ina hat in der Stellenwerttafel zwei dreistellige Zahlen gelegt. Für die erste Zahl hat sie 4 Plättchen benutzt, für die zweite Zahl hat sie 3 Plättchen benutzt. Die zweite Zahl ist um genau 10 kleiner als die erste.

Welche beiden Zahlen könnte Ina gelegt haben? Trage ein.

____________ und ____________

3. Du hast die Ziffernkarten 2, 5 und 9. Bilde aus den Ziffern verschiedene dreistellige Zahlen und subtrahiere jeweils zwei von ihnen. Die Differenz soll zwischen 600 und 700 liegen.

4. Die Differenz zweier Zahlen ist 352, die kleinere Zahl ist 136. Wie heißt die größere Zahl?

Die Zahl heißt: ____________

5. Die Aufgaben sind nach einer bestimmten Regel erstellt:

$100 - 9 - 7 - 5 - 5 - 3 - 1 = 100 - 3 \cdot 10$
$100 - 8 - 6 - 5 - 5 - 4 - 2 = 100 - 3 \cdot 10$
$100 - 18 - 16 - 14 - 6 - 4 - 2 = 100 - 3 \cdot 20$

Verwende diese Regel, um die folgenden Aufgaben zu vervollständigen:

a) $100 - 9 - 8 - 7 - 3 - 2 - 1 =$ ____________________

b) $100 - 1 - 2 - 3 - 2 - 3 - 4 =$ ____________________

c) $100 - 12 - 11 - 10 - 10 - 9 - 8 =$ ____________________

6. Schreibe die fehlenden Zahlen auf. Die Abstände auf dem Zahlenstrahl sind immer gleich.

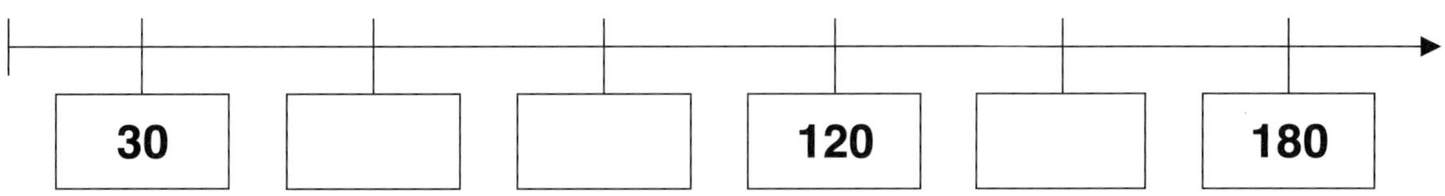

7. Berechne.

a) $6 \cdot \_\_\_\_\_\_ = 30$

b) $60 \cdot \_\_\_\_\_\_ = 300$

c) $6 \cdot \_\_\_\_\_\_ = 300$

8. Lisa wählt mit einer grauen Folie zwei Zahlen aus und berechnet ihre Summe. Lisa will die Folie so verschieben, dass sich die Summe der beiden Zahlen um 20 verringert.

Wie muss sie die Folie verschieben? Kreuze an.

1	2	3	4	5	6	7	8	9	10
11	12	13	14	15	16	17	18	10	20
21	22	23	24	25	26	27	28	29	30
31	32	33	34	35	36	37	38	39	40
41	42	43	44	45	46	47	48	49	50
51	52	53	54	55	56	57	58	59	60
61	62	63	64	65	66	67	68	69	70
71	72	73	74	75	76	77	78	79	80
81	82	83	84	85	86	87	88	89	90
91	92	93	94	95	96	97	98	99	100

☐ um ein Feld nach oben

☐ um ein Feld nach rechts

☐ um ein Feld nach unten

☐ um ein Feld nach links

☐ um zwei Felder nach oben

9. Rechne folgende Aufgaben.
Denke daran: Klammern werden zuerst ausgerechnet.
Punktrechnung (· und :) geht vor Strichrechnung (+ und –).

a) $12 - 3 \cdot 3$ = ____________

b) $30 + 4 \cdot 8 - 42$ = ____________

c) $8 \cdot (2 + 7)$ = ____________

d) $56 : (13 - 6)$ = ____________

10. Ich denke mir eine Zahl. Wenn ich diese durch 5 dividiere, erhalte ich das gleiche Ergebnis, wie wenn ich 32 subtrahiere.

Welche Zahl denke ich mir?

Meine Zahl ist: ____________

11. Finde heraus, welche Zahl in das letzte Dreieck gehört, und trage sie ein.

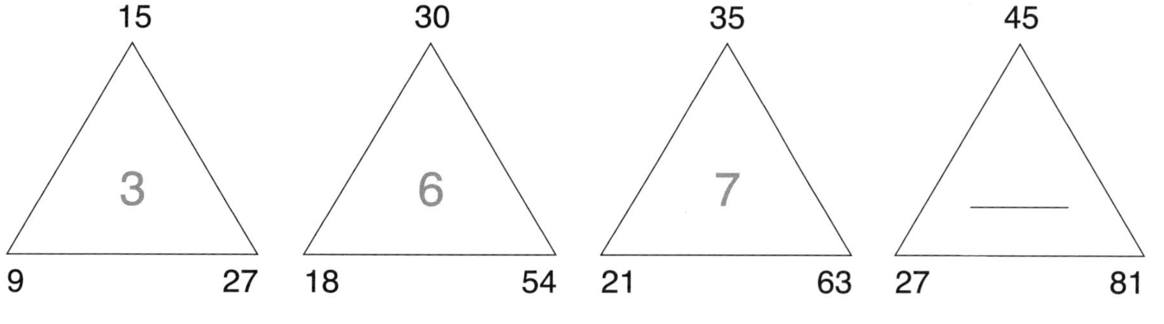

12. Fehlersuche: Tom soll die Zahlen 428 und 379 addieren. Er hat einen Fehler gemacht.

Tom rechnet:

$$\begin{array}{r} 4\ 2\ 8 \\ +\ 3\ 7\ 9 \\ \hline 0\ 4\ 9 \end{array}$$

Das Ergebnis ist falsch, ...

- ☐ weil 379 oben und 428 unten stehen muss.
- ☐ weil das richtige Ergebnis 159 sein muss.
- ☐ weil Tom minus und nicht plus gerechnet hat.
- ☐ weil Tom die Überträge vergessen hat.

13. Anne und ihre vier Freundinnen spielen Karten. Anne verteilt die Karten an sich selbst und an die anderen Mädchen. Alle erhalten gleich viele Karten. 4 Karten bleiben übrig. Waren es 26, 27, 28, 29 oder 30 Karten? Karoline sagt: „Es waren 29 Karten."

Begründe, warum sie recht hat.

Es waren 29 Karten, weil ______________________________

____

14. Welche Rechengeschichte passt zu (15 – 3) : 2?

- ☐ 15 Personen sitzen schon im Bus. Dann steigen 3 Personen aus und an der nächsten Haltestelle steigen noch einmal genauso viele Personen in den Bus ein, wie schon darin sitzen. Wie viele Personen sitzen dann im Bus?
- ☐ Zwei Kinder bekommen für das Rasenmähen 15 € vom Nachbarn. Für 3 € kaufen sie sich Eis und den Rest teilen sie. Wie viel Geld bekommt jeder?
- ☐ Zwei Kinder bekommen für das Rasenmähen 15 € vom Nachbarn. Sie teilen das Geld und kaufen sich dann für 3 € Süßigkeiten. Wie viel Geld bekommt jeder?
- ☐ Zwei Kinder haben zusammen 15 € gespart. Dafür kaufen sie für 3 € ein Buch. Wie viel Geld haben sie am Ende zusammen?
- ☐ Keine der Rechengeschichten passt.

15. Die Zahlen auf den Karten sind nach einer Regel geordnet und werden immer kleiner.

120	108	96	84	▒				

a) Welche Zahl muss auf der markierten Karte stehen?

Die Zahl ________.

b) Ab welcher Karte ist die Zahl kleiner als 50?

Ab der ________. Karte ist die Zahl kleiner als 50.

16. Was ist richtig? Kreuze an.

☐ 621 < 261

☐ 356 > 289

☐ 597 > 579

☐ 725 < 527

17. Ordne die Zahlen der Größe nach. Beginne mit der kleinsten Zahl.

a) 27 46 72 64

Antwort: ____________________

b) 527 279 297 572

Antwort: ____________________

c) 186 681 861 816 168 618

Antwort: ____________________

18. Setze die passenden Rechenzeichen (+, –, · oder :) ein.

a) 160 ☐ 40 = 200

b) 160 ☐ 40 = 4

c) 64 ☐ 2 = 128

d) 64 ☐ 2 = 62

19. Trage die fehlende Zahl in das graue Kästchen ein.

			314						
								389	

20. Auf dem Bild siehst du die kleinen Päckchen, von denen der Lehrer an seinem Geburtstag an jedes Kind in der Klasse eines verschenkt. In jedem Päckchen sind drei kleine Überraschungen.

Welche Rechnung zeigt, wie viele Überraschungen der Lehrer insgesamt braucht? Kreuze an.

☐ $4 + 5 + 3$

☐ $4 \cdot 5 \cdot 3$

☐ $4 \cdot 5 + 3$

☐ $4 + 5 \cdot 3$

21. Du hast diese drei Ziffernkarten:

6 8 4

a) Bilde aus den Ziffern die kleinste dreistellige Zahl.
Benutze jede Ziffernkarte nur einmal. ________

b) Bilde aus den Ziffern die größte dreistellige Zahl.
Benutze jede Ziffernkarte nur einmal. ________

22. Kreuze an.

$5 \cdot 3 \cdot 10 \cdot 2 = ?$

- ☐ 15
- ☐ 6
- ☐ 300
- ☐ 30

23. Berechne.

63 : 7 = ________

24. Die Lehrerin diktiert den Kindern Zahlen. Eine Zahl lautet „achthundertsechsundsiebzig“.

Wie sieht die Zahl in Ziffern aus? Kreuze an.

- ☐ 80 076
- ☐ 80 067
- ☐ 8 670
- ☐ 876

25. Timo kauft mit seiner Mutter Eier auf dem Markt. Er hört, wie die Verkäuferin zählt: 2, 4, 6, 8, 10. Im Kopf rechnet er: 2 + 2 + 2 + 2 + 2 = ✦.

Schreibe die Rechnung als Multiplikationsaufgabe auf.

________________ = ________

26. Frau Möller weiß, dass in ihre neue Klasse 26 Kinder gehen. Sie stellt Gruppentische auf. An jedem Gruppentisch sitzen vier Kinder. Die übrigen Kinder sitzen an Einzeltischen.

Wie viele Kinder müssen an Einzeltischen sitzen?

Antwort: ________ Kinder sitzen an Einzeltischen.

27. Welche Zahl kann man hier einsetzen, damit das Ergebnis von 13 + ______ kleiner als 24 ist?

Kreuze an.

☐ 10 ☐ 12

☐ 11 ☐ 13

28. Wie heißt die Zahl? Die Zahl ist ein Vielfaches von 7 und gerade und größer als 44 und kleiner als 70.

Antwort: ________

29. ♥ steht für die Anzahl der Gäste auf Steffis Geburtstagsparty. Steffi wird 15 Waffeln an ihre Gäste verteilen. Jetzt möchte sie wissen, wie viele Waffeln jeder Gast bekommt.

Welche Rechnung ist richtig? Kreuze an.

☐ 15 : ♥ ☐ 15 + ♥

☐ 15 · ♥ ☐ 15 – ♥

30. Zwei nebeneinanderliegende Mauersteine werden multipliziert. Das Ergebnis steht im Mauerstein darüber. Setze die fehlenden Zahlen in die rechte Mauer ein.

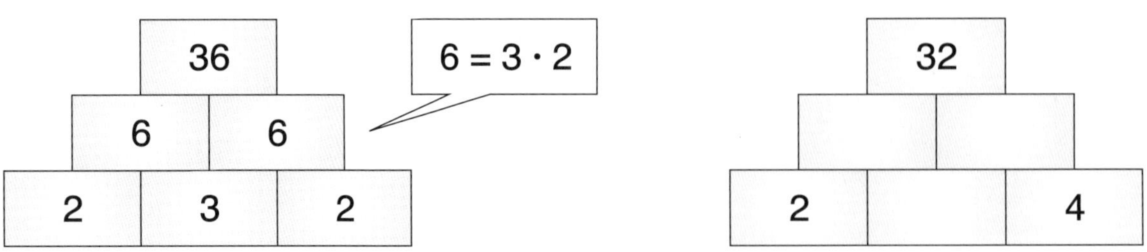

31. a) Welche Zahl ist dreimal so groß wie die Summe der Zahlen 5 und 6? Kreuze an.

☐ 15 ☐ 33

☐ 30 ☐ 90

b) Welche Zahl ist um 12 kleiner als die Differenz aus 90 und 30? Kreuze an.

☐ 42 ☐ 72

☐ 48 ☐ 132

32. Welche Rechenzeichen fehlen? Kreuze an.

a) 8 ___ 12 = 96	b) 78 ___ 46 = 124	c) 84 ___ 6 = 14
☐ +	☐ +	☐ +
☐ ·	☐ ·	☐ ·
☐ –	☐ –	☐ –
☐ :	☐ :	☐ :

33. Trage die fehlenden Zahlen ein.

a) 872 – ________ = 775

b) 775 + ________ = 864

c) 864 – ________ = 739

34. Setze die Rechenzeichen +, –, · oder : so ein, dass die Gleichung stimmt.

a) 3 ☐ 5 = 7 ☐ 8

b) 56 ☐ 7 = 2 ☐ 4

c) 64 ☐ 8 = 9 ☐ 1

d) 75 ☐ 0 = 5 ☐ 0

Zweiter Kompetenzbereich: Raum und Form

1 Vorbereitungs- und Lerntipps

Im Bereich „Raum und Form“ findest du Aufgaben zu geometrischen Formen und Körpern und zu achsensymmetrischen Figuren. Mit den folgenden Tipps fallen dir die Lösungen leichter.

Vorbereitung der Bearbeitung

- Wiederhole die Eigenschaften der verschiedenen geometrischen Formen und Körper, bevor du die Übungsaufgaben bearbeitest. Wenn die Merkmale sitzen, spart das Zeit für schwierigere Überlegungen und du kommst bei den Aufgaben schnell voran.
- Baue dir zur Vorbereitung Modelle von unterschiedlichen geometrischen Körpern und schau sie dir genau an. Dann kannst du sie dir beim Test besser vorstellen.
- Du solltest wissen, was ein „rechter Winkel“ ist und was „deckungsgleich“ bedeutet.
- Auch die Merkmale achsensymmetrischer Figuren und Abbildungen solltest du im Kopf haben.
- Achte darauf, dass alle Hilfsmittel bereitliegen, die du für die Bearbeitung von Geometrieaufgaben brauchst. Spitze deine Bleistifte, damit du genau und sauber zeichnen kannst.

Lösen von Geometrieaufgaben

- Denke konzentriert und in Ruhe nach und stelle dir räumliche Körper genau vor. Denke dabei z. B. an die Modelle, die du gebaut hast.
- Mach dir kleine Zeichnungen auf deinen Schmierzettel, wenn du dir unsicher bist.
- Miss bei symmetrischen Figuren und Spiegelungen die Abstände zur Symmetrieachse sorgfältig nach.
- Zeichne genau und ordentlich. Die Übersichtlichkeit hilft dir bei der Lösung kniffliger Aufgaben.

2 Übungsaufgaben

1. Spiegle die Zeichnungen an der Spiegelachse.

a) b)

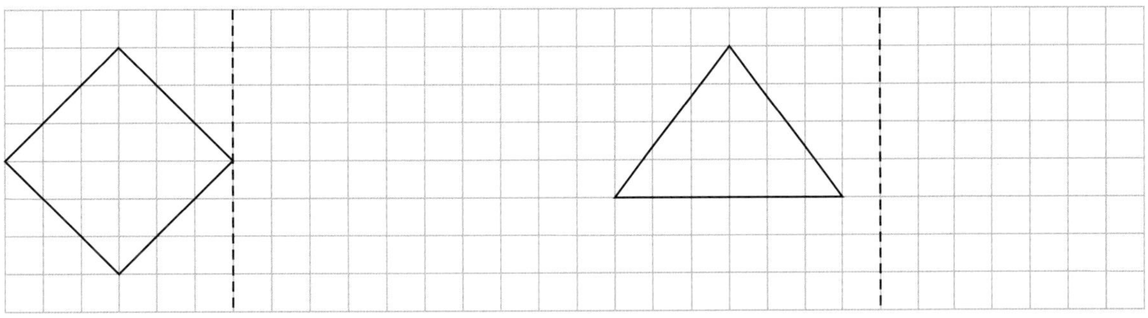

2. Zeichne bei den folgenden Figuren alle Spiegelachsen ein.
Eine Figur kann keine, eine oder mehrere Spiegelachsen haben.

a) b)

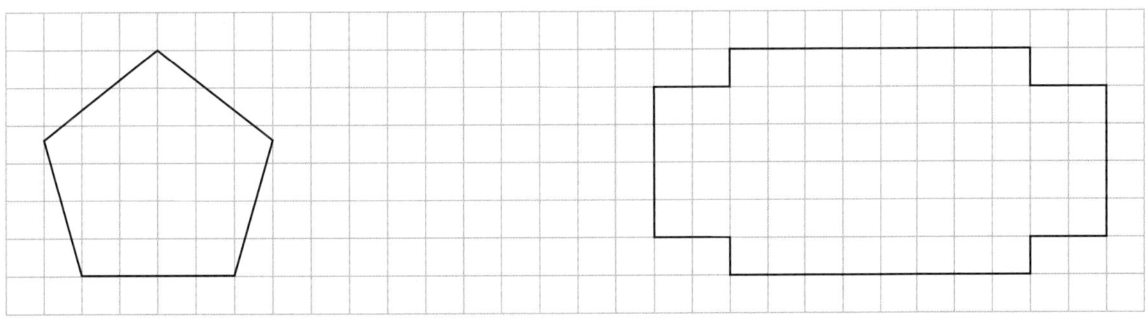

c) d)

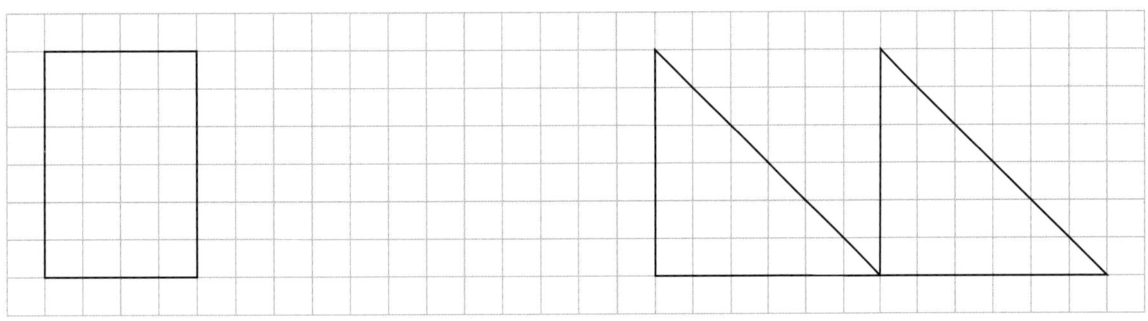

e) f)

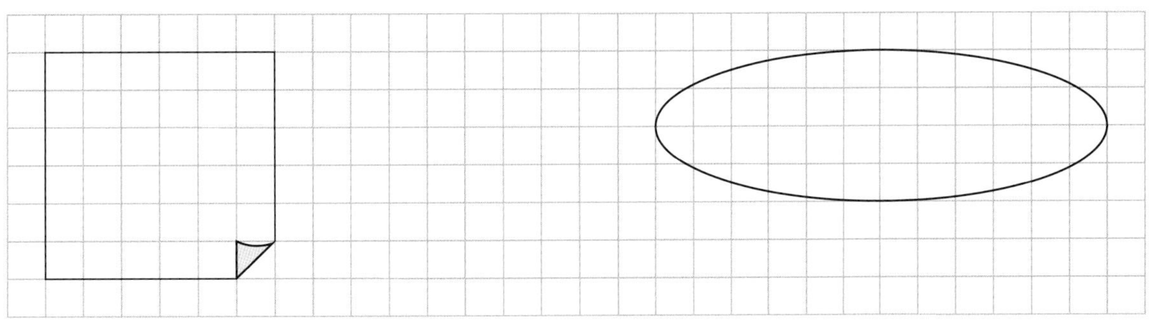

3. Welcher Bauplan gehört zu diesem Würfelgebäude? Kreuze an.

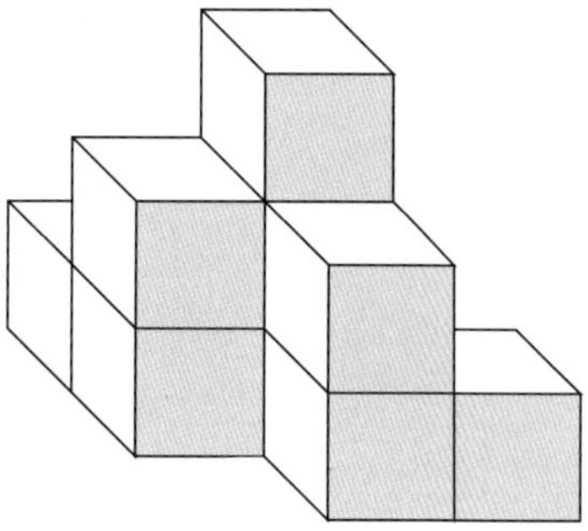

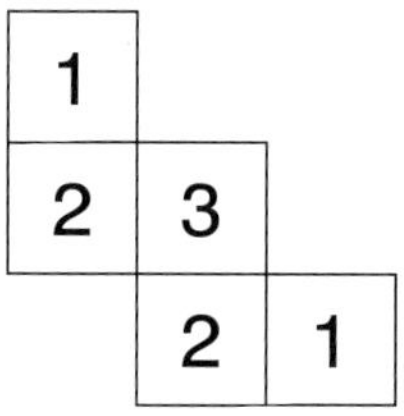

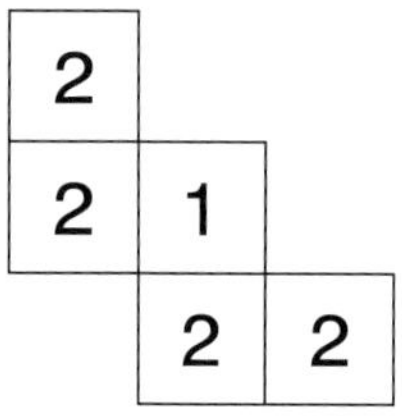

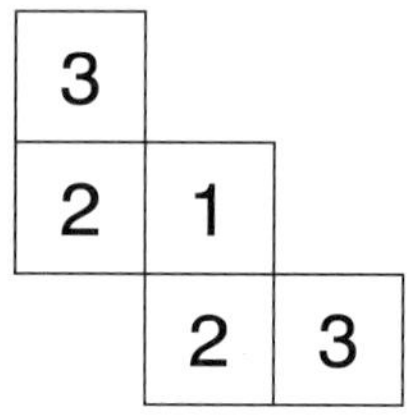

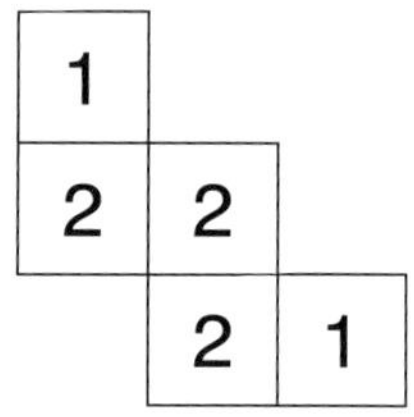

4. Wie musst du diesen Würfel kippen, damit die 1 unten liegt?

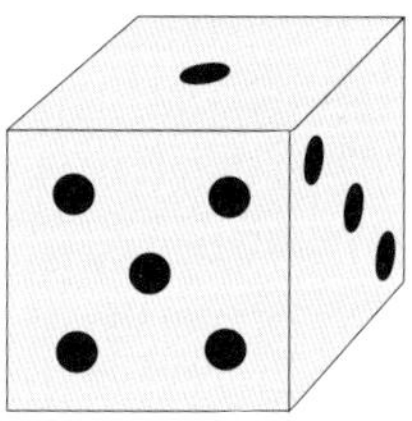

____

____

5. Aus welchem Netz kann kein Würfel entstehen? Kreuze an.

a)

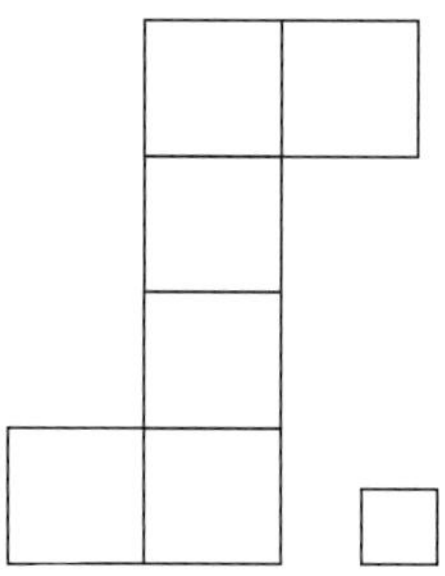

b)

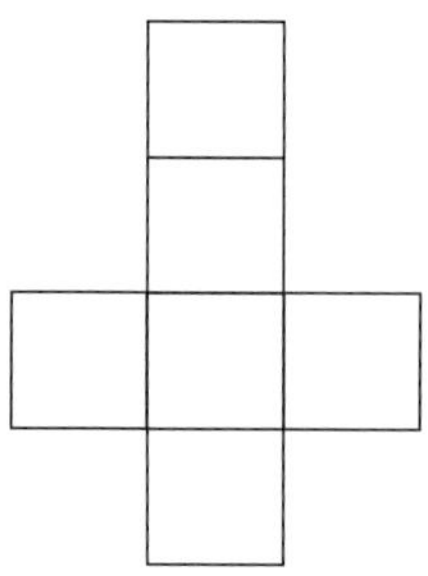

c)

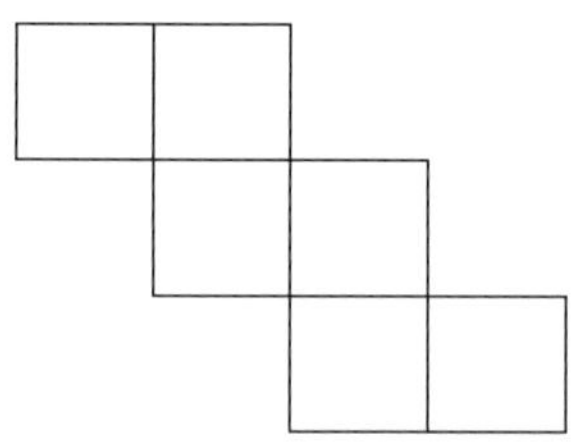

d)

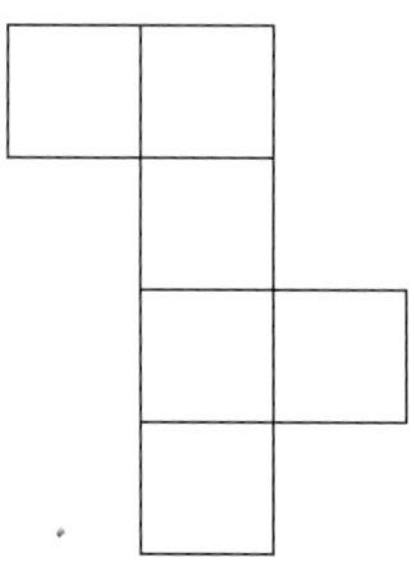

e)

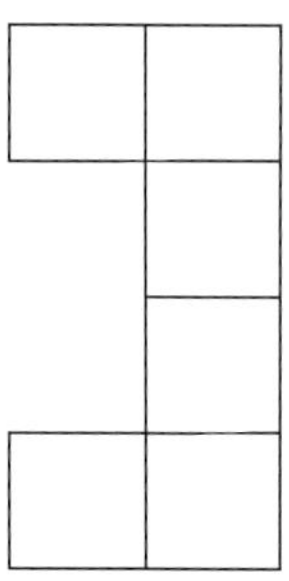

6. Wie sieht dieses Bauwerk aus Bausteinen von oben aus?

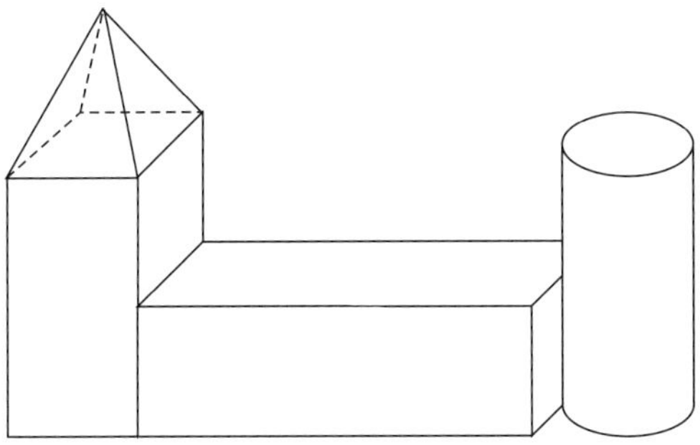

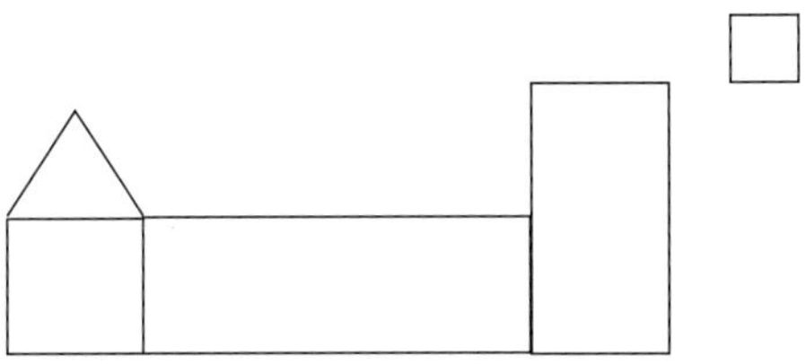

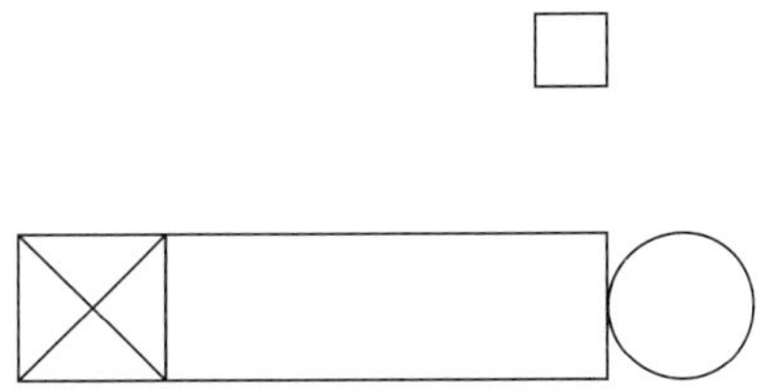

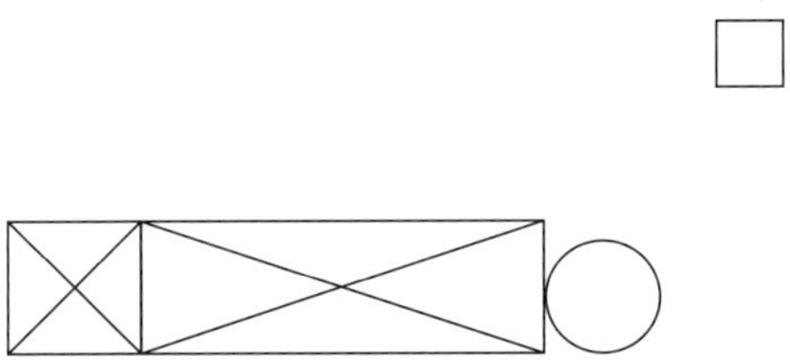

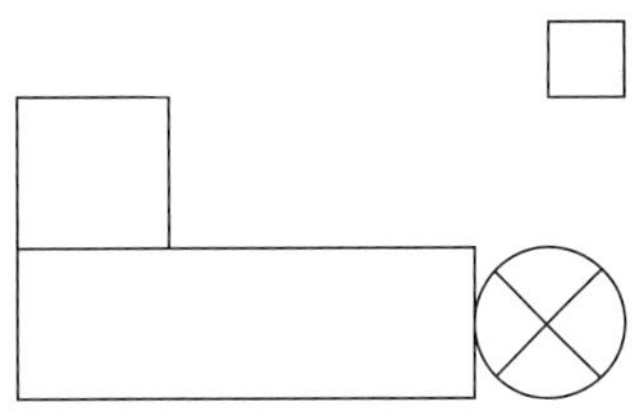

7.

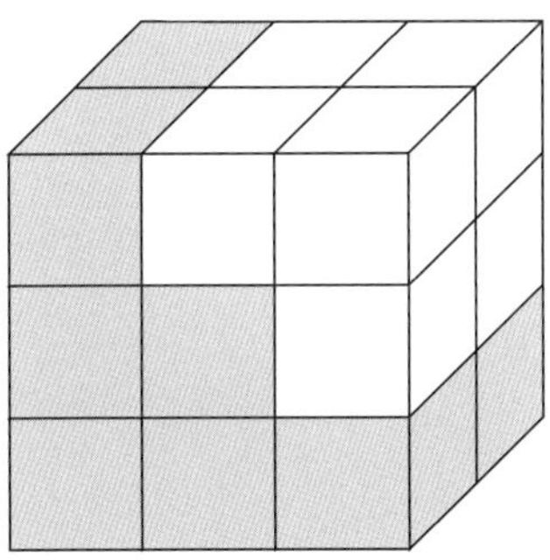

Der weiße Teil oben im Quader besteht aus sieben kleinen Würfeln.
Wie sieht er aus?

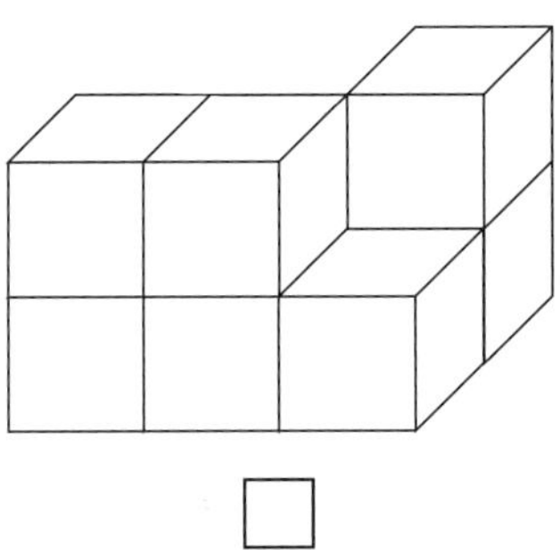

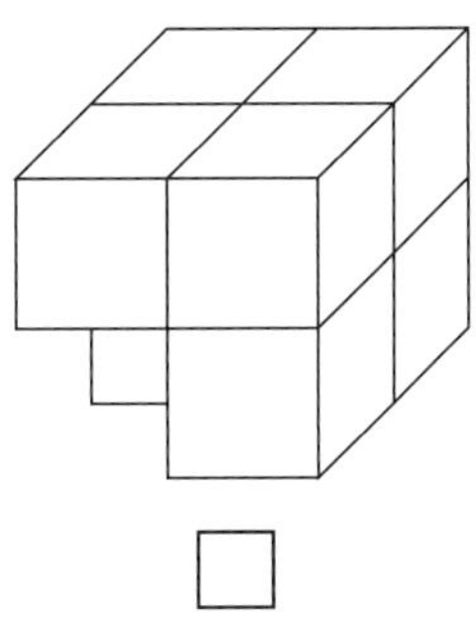

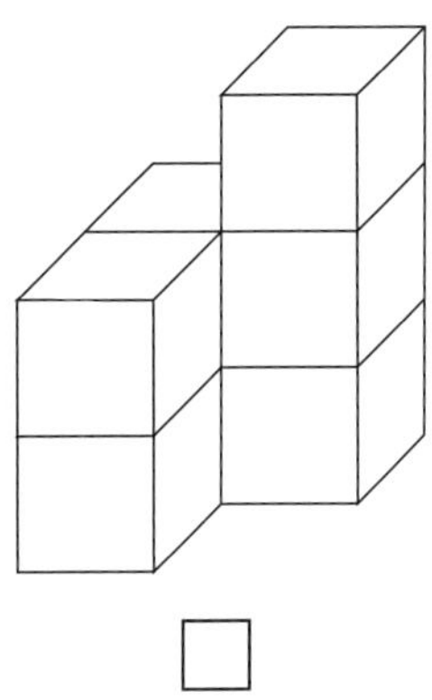

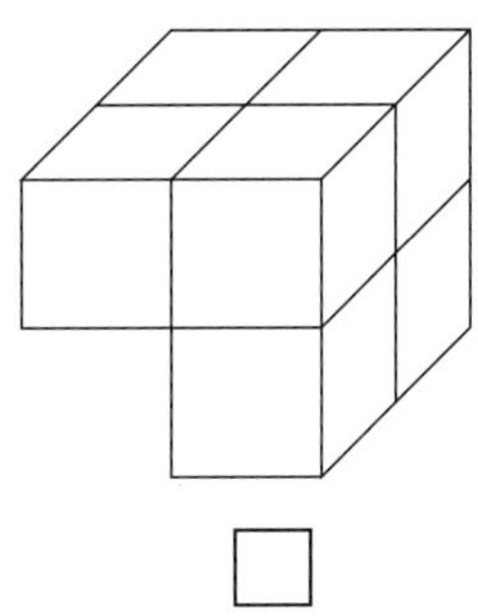

8. Vera legt Figuren.

Welche der folgenden Figuren braucht sie, um ein Fünfeck zu legen? Kreuze an.

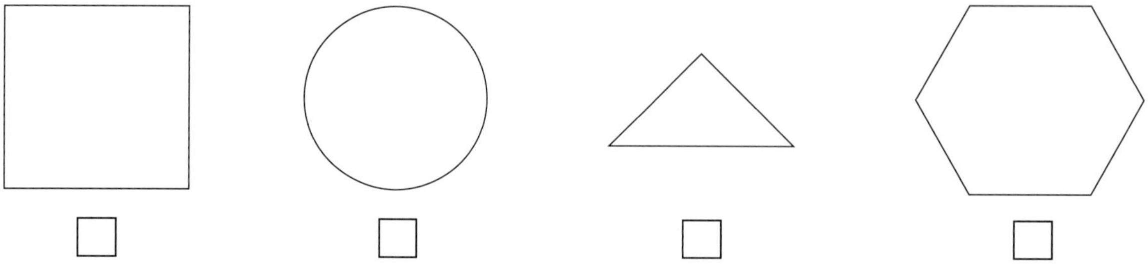

9. Tom hat in einem Hunderterfeld auf alle äußeren Felder rote Plättchen gelegt. Jetzt will er noch auf alle inneren Felder blaue Plättchen legen.

Wie viele blaue Plättchen braucht Tom?

1	2	3	4	5	6	7	8	9	10
11	12	13	14	15	16	17	18	19	20
21	22	23	24	25	26	27	28	29	30
31	32	33	34	35	36	37	38	39	40
41	42	43	44	45	46	47	48	49	50
51	52	53	54	55	56	57	58	59	60
61	62	63	64	65	66	67	68	69	70
71	72	73	74	75	76	77	78	79	80
81	82	83	84	85	86	87	88	89	90
91	92	93	94	95	96	97	98	99	100

Tom braucht ________ Plättchen.

10. Hier siehst du einen Fliesenboden mit einem Teppich darauf.

Wie viele Fliesen sind es insgesamt?

Es sind ______ Fliesen.

11. Sina legt mit den folgenden Plättchen Muster aus.

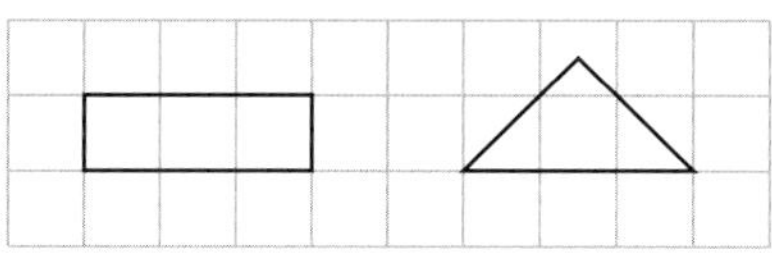

Wie viele von diesen Plättchen braucht sie?

a) 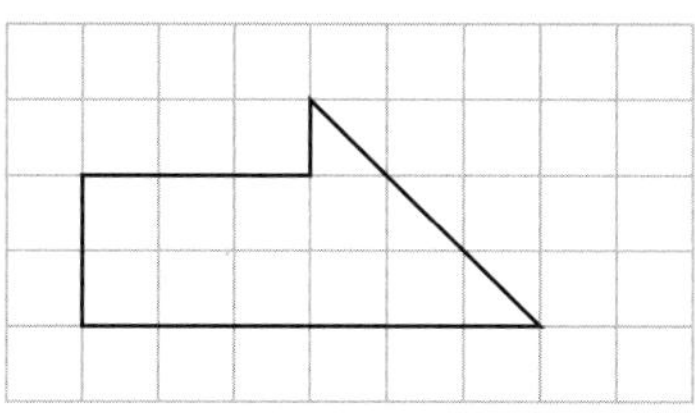

Sie braucht ____ 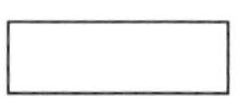 und ____ 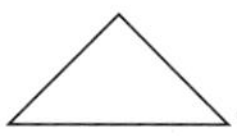.

b) 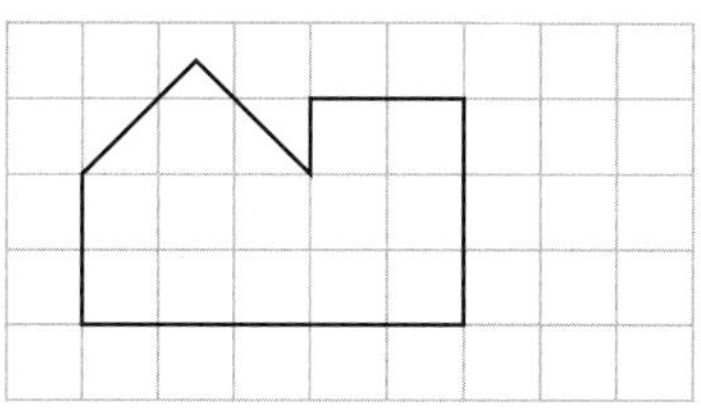

Sie braucht ____ 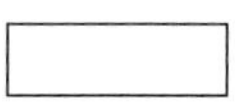 und ____ 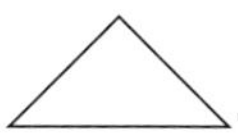.

c) 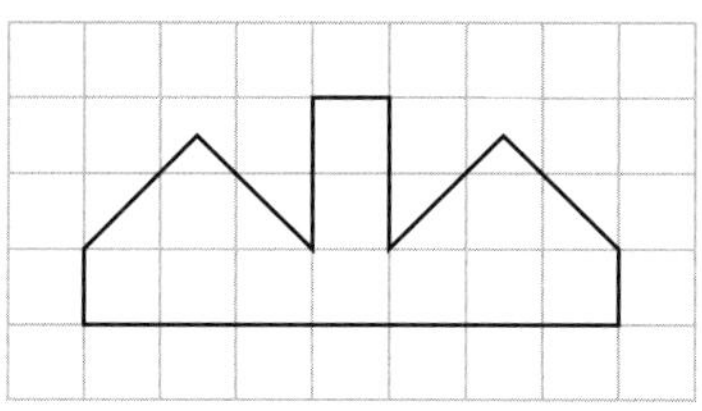

Sie braucht ____ 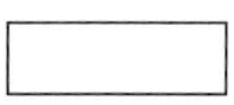 und ____ 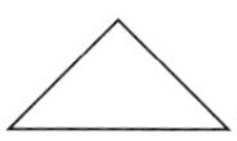.

12. Spiegle die Zeichnungen an der Spiegelachse.

a)

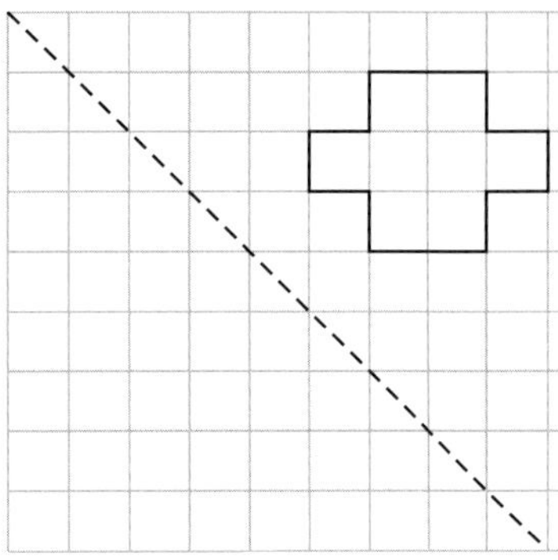

b)

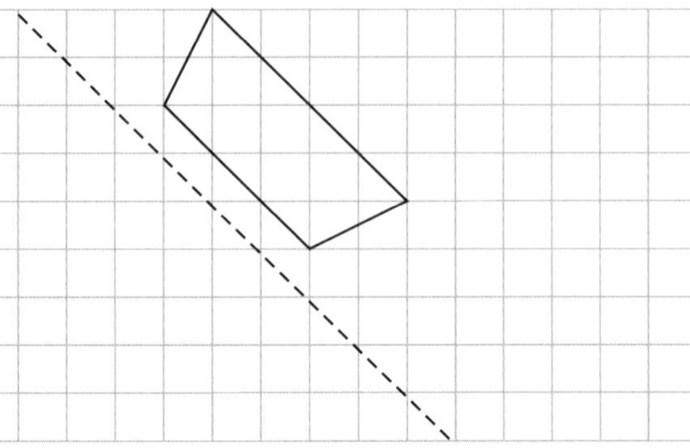

13. a) Iman hat diese Formen vor sich liegen. Sie braucht zum Basteln aber nur Rechtecke.

Welche Formen kann sie benutzen? Kreuze an.

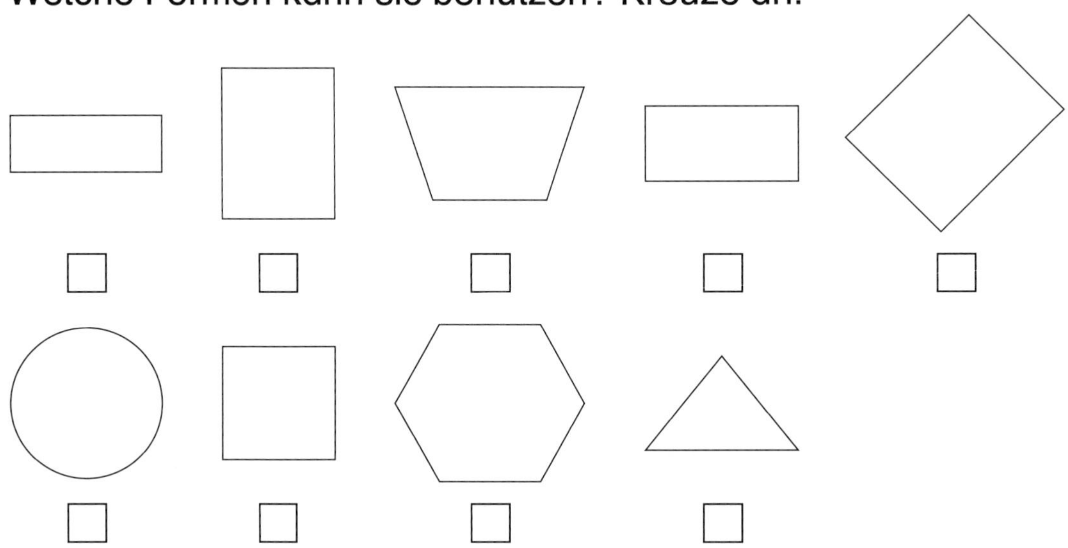

b) Für die nächste Bastelarbeit braucht Iman alle Fünfecke. Kreuze an.

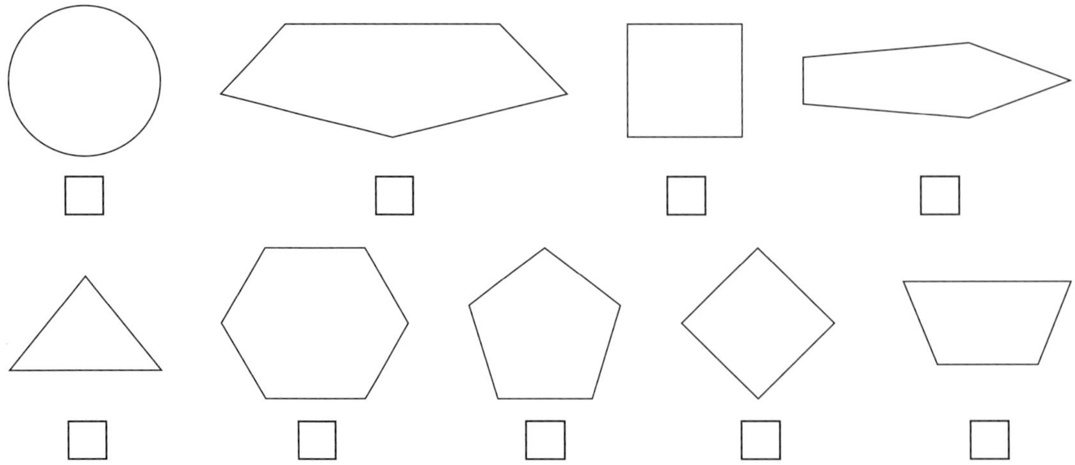

c) 

Wie heißt diese Figur?

Diese Figur heißt ______________________.

14. a) Zeichne zwei gerade Linien so, dass ein Dreieck und ein Fünfeck entstehen.

b) Zeichne zwei gerade Linien so, dass drei Quadrate entstehen.

c) Zeichne eine gerade Linie so, dass zwei Rechtecke entstehen.

15. Theresa baut einen großen Würfel aus kleinen Würfeln. Für die mittleren Würfel an den Kanten wählt sie jeweils kleine schwarze Würfel.

Wie viele kleine schwarze Würfel hat sie für ihren großen Würfel benutzt?

Sie hat ________ kleine schwarze Würfel benutzt.

16. Welche zwei Teile lassen sich zu einem Kegel zusammensetzen? Kreuze an.

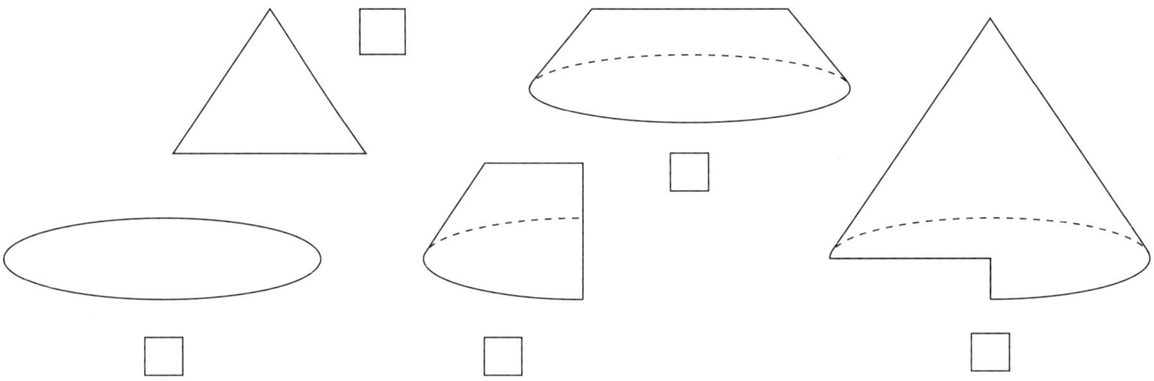

17. Kreuze alle Bezeichnungen für Flächen an.

- ☐ Quader
- ☐ Pyramide
- ☐ Quadrat
- ☐ Würfel
- ☐ Kreis
- ☐ Kugel

18. Zeichne die Figur noch einmal.

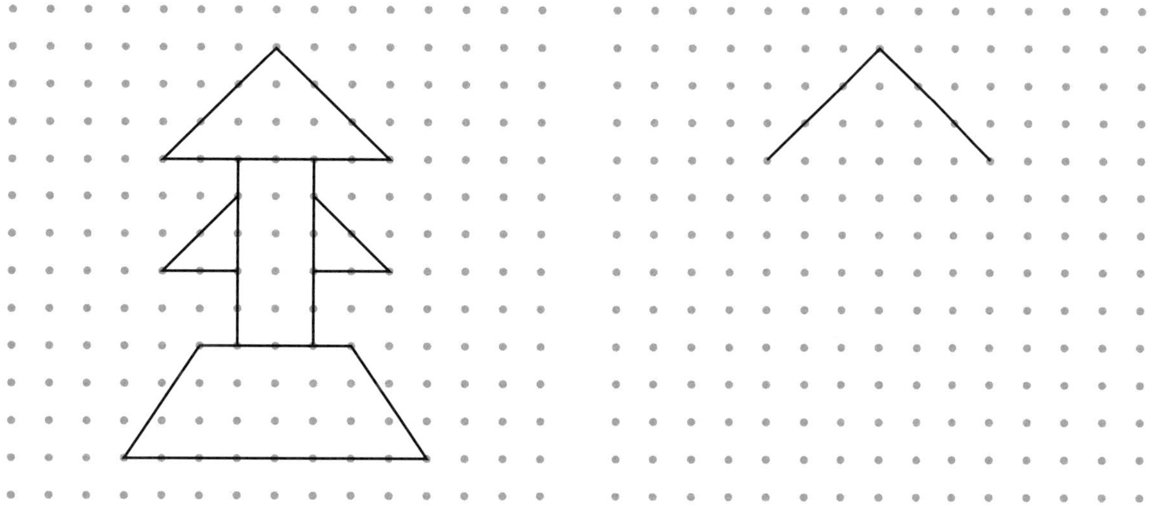

19. 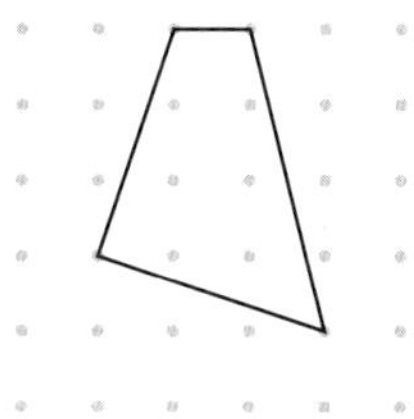 Welches Spiegelbild gehört dazu? Kreuze an.

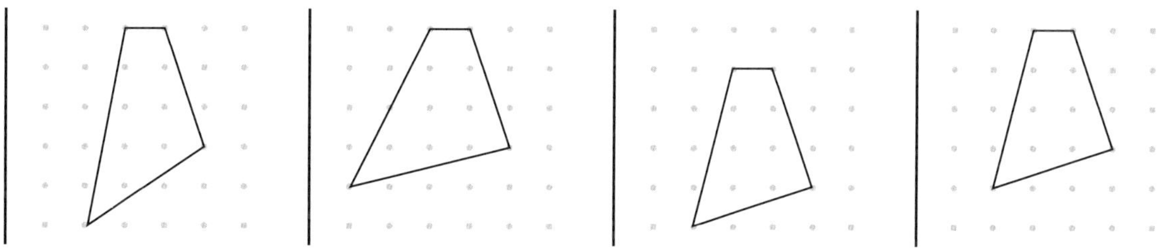

☐ A ☐ B ☐ C ☐ D

20. Kennzeichne im Würfelnetz mit einem Kreuz die Seite, die der gefärbten Seite gegenüberliegt.

a) 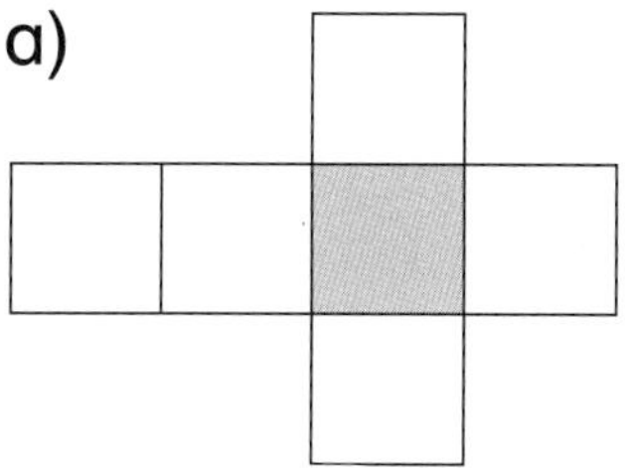

b) 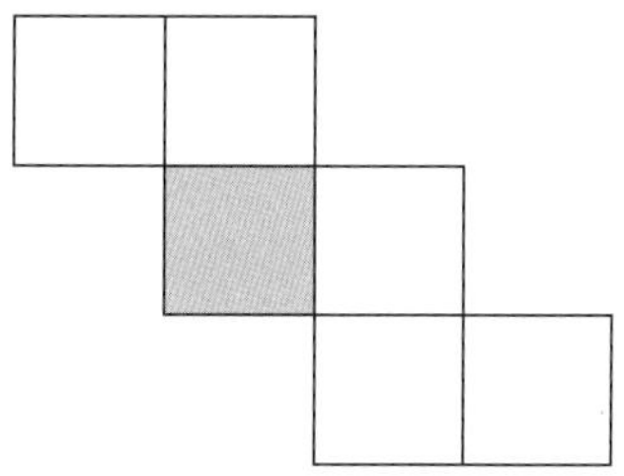

21. Du hast genau diese geometrischen Formen:

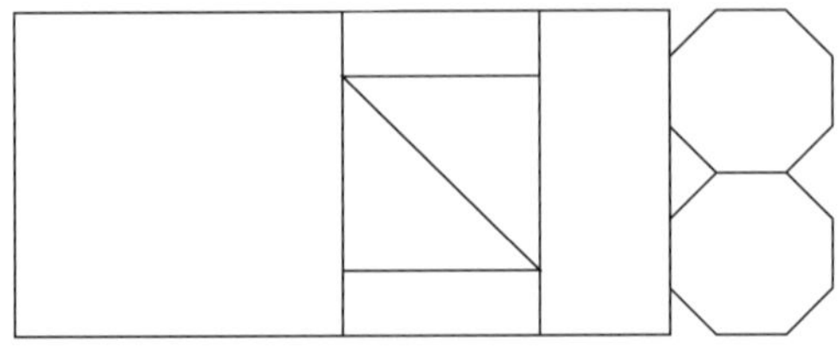

Welche der unteren Bilder kannst du aus den Teilen legen? Kreuze an.

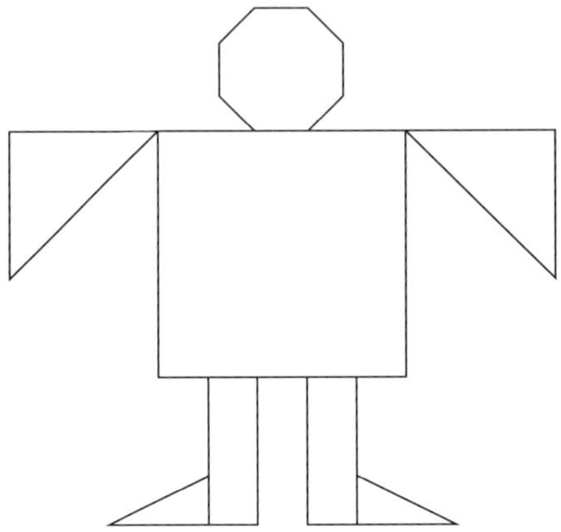

☐ möglich
☐ nicht möglich

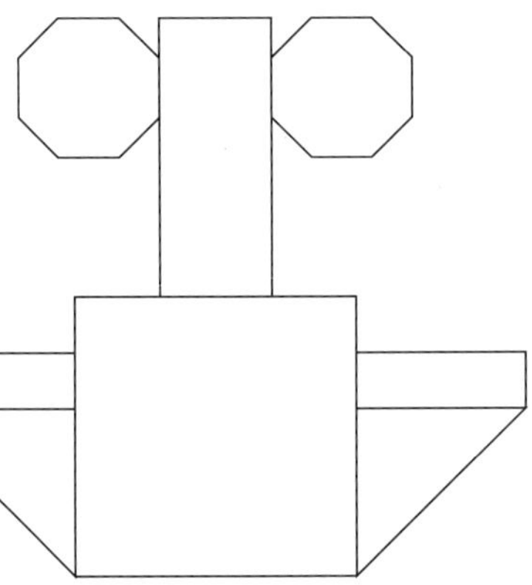

☐ möglich
☐ nicht möglich

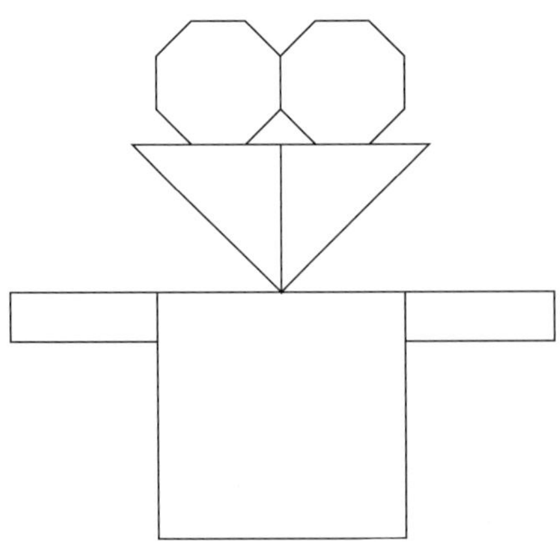

☐ möglich
☐ nicht möglich

22. Ela möchte alle Seiten des Würfels mit gleich großen Quadraten bekleben.

Wie viele Quadrate benötigt sie dazu insgesamt?

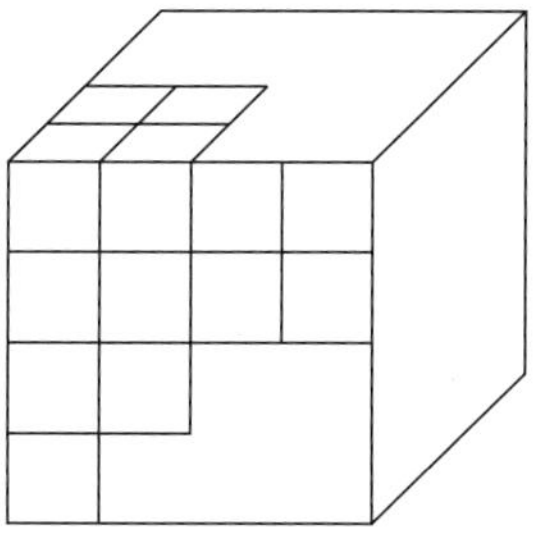

Ela benötigt insgesamt ______ Quadrate.

23. Teile das Trapez mit zwei geraden Linien in …

a) ein Dreieck und zwei Vierecke.

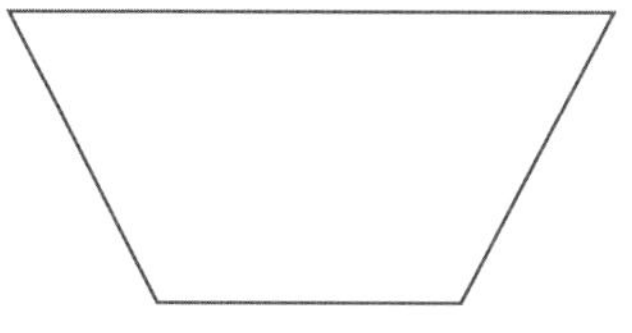

b) drei Dreiecke.

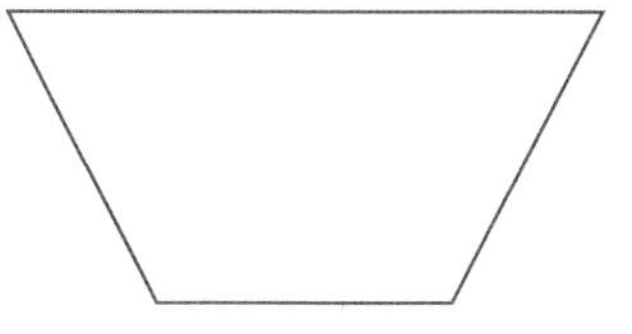

24. Wie viele kleine Würfel brauchst du mindestens noch, um aus dem Körper einen großen Würfel zu machen?

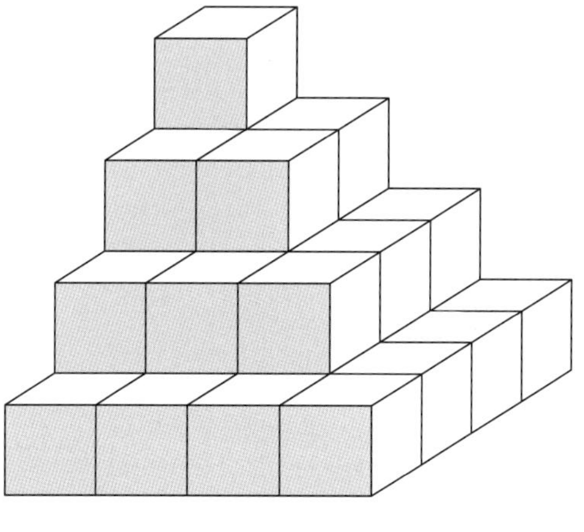

Ich brauche noch mindestens ______ Würfel.

25. Aus drei Dreiecken und einem Quadrat kann man ein Dreieck legen.

Welche Dreiecke musst du umlegen?

a)

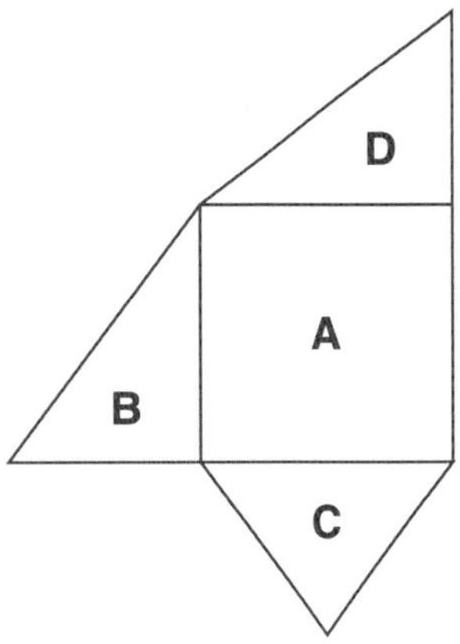

Ich muss ______________ umlegen.

b)

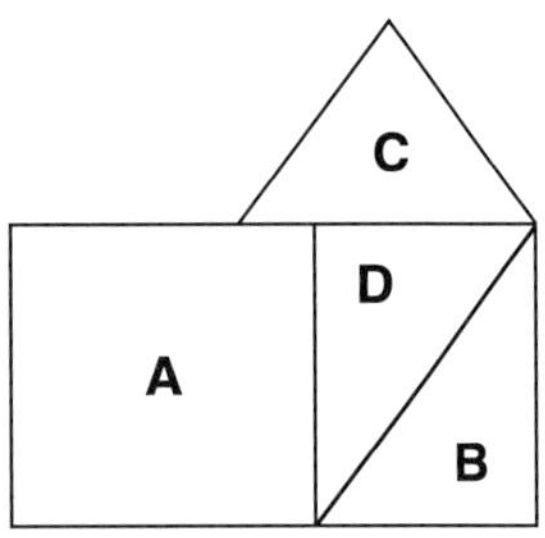

Ich muss ______________ umlegen.

26. Du hast 16 Streichhölzer und sollst aus ihnen ein Trapez legen. Zur Erinnerung: So sieht ein Trapez aus:

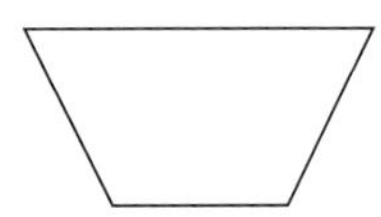

Gib eine Möglichkeit an, wie viele Streichhölzer du an jede Seite legen musst.

Seite 1: __________ Seite 2: __________

Seite 3: __________ Seite 4: __________

27. Ergänze zu einem Quadrat. Verwende ein Lineal.

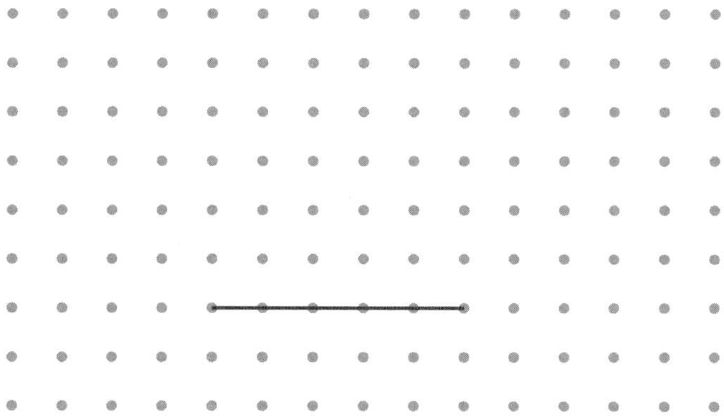

28. Zeichne in das Quadrat alle Spiegelachsen ein.

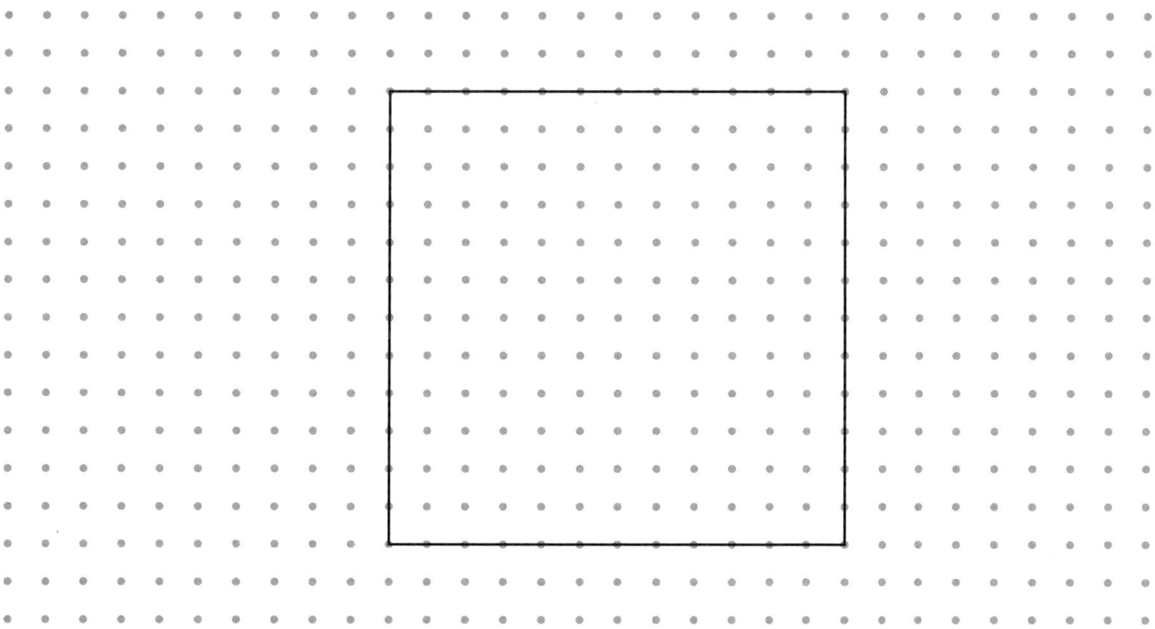

29. Hier siehst du ein kleines Gebäude aus Bausteinen.

Was siehst du von hinten? Kreuze an.

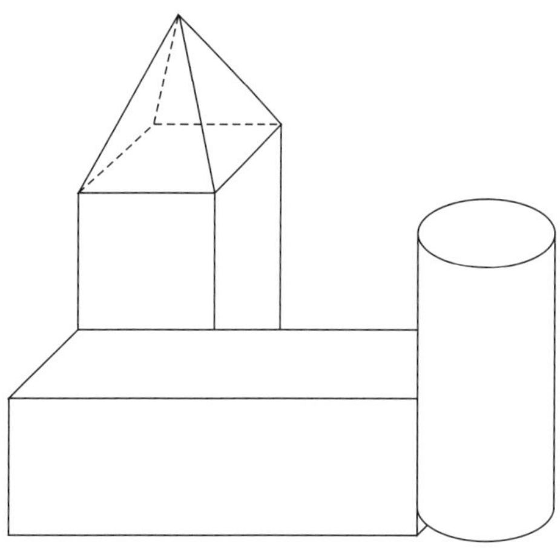

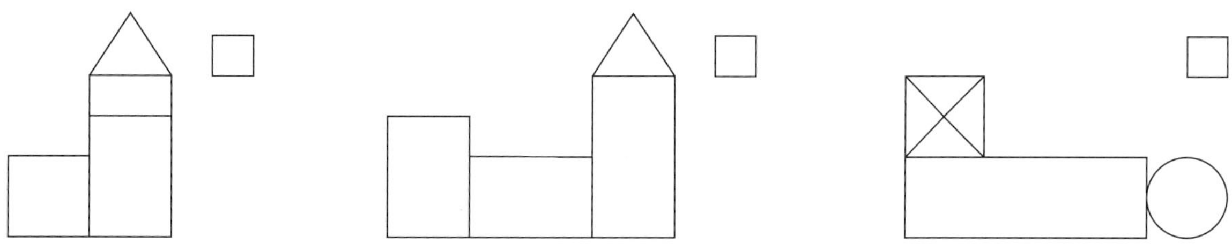

Dritter Kompetenzbereich: Muster und Strukturen

1 Vorbereitungs- und Lerntipps

Bei den Aufgaben im Bereich „Muster und Strukturen" musst du Reihen fortsetzen. Dafür ist es wichtig, dass du die Regeln herausfindest, nach denen die Folgen aufgebaut sind. Die folgenden Tipps helfen dir dabei, Muster aus verschiedenen Bereichen zu erkennen.

Geometrische Figuren

- Schau dir die Figuren genau an und vergleiche sie miteinander: Was bleibt gleich? Was verändert sich? So findest du heraus, wie die Folge weitergeht.
- Mach zu deinen Überlegungen Zeichnungen auf deinem Notizzettel. Dadurch kannst du die Figuren leichter weiterdenken und du kommst auch bei kniffligen Aufgaben Schritt für Schritt zur Lösung.

Zahlenfolgen

- Überlege dir genau, wie du von der ersten zur zweiten und von der zweiten zur dritten Zahl kommst. Wenn du willst, kannst du es dir auch aufschreiben.
- Denke daran: Werden die Zahlen größer, wurde addiert (+) oder multipliziert (·). Werden die Zahlen kleiner, wurde subtrahiert (–) oder dividiert (:).

Aufgabenfolgen

- Schau dir die untereinanderstehenden Zahlen genau an und überlege wie bei den Zahlenfolgen, wie sich die einzelnen Zahlen verändern. Auch in den Ergebnissen kannst du oft eine Regel finden.
- Notiere deine Überlegungen auf deinem Schmierzettel. Du kannst dann verschiedene Ideen vergleichen und erkennst schnell die richtige Lösung.

2 Übungsaufgaben

1. Vervollständige die Reihen.

a) 30; 60; 90; 120; ______; ______; ______; 240

b) 400; 390; 370; 340; ______; ______; ______; 120

2. Rechne die Aufgaben und setze die Aufgabenmuster um zwei Aufgaben fort.

a)	b)	c)
11 + 22 = ______	123 – 31 = ______	1 · 48 = ______
22 + 44 = ______	234 – 42 = ______	2 · 24 = ______
33 + 66 = ______	345 – 53 = ______	4 · 12 = ______
______	______	______
______	______	______

3. Wie viele Punkte hat die siebte Figur?

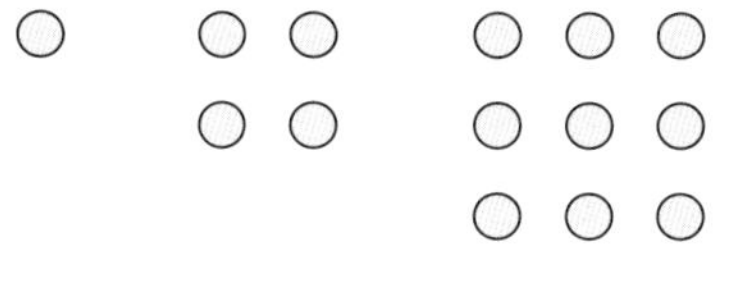

Antwort: ______________________________

4. Beschreibe das Muster und setze jeweils um zwei Zahlen fort.

Beispiel: 9; 18; 27; 36 — immer +9

a) 10; 22; 34; 46; ______; ______ — immer ______________

b) 81; 64; 49; 36; ______; ______ — immer ______________

____

5. Eine Zahl passt nicht. Streiche sie durch.

a) 978; 867; 765; 645; 534; 423

b) 14; 29; 44; 59; 73; 89

c) 88; 84; 85; 82; 82; 78

6. Schau dir das Parkettmuster genau an. Zeichne es bis zum Ende der Kästchenreihe weiter wie in der Vorgabe.

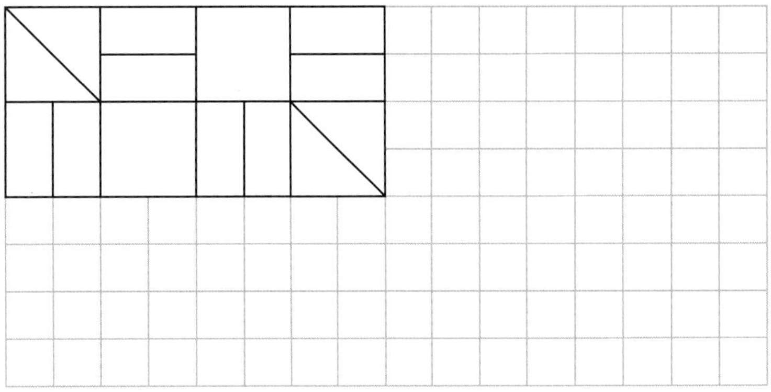

7. Zeichne die nächsten beiden Muster der Folge.

8. Welche Zahlenfolge passt zu welchem Muster? Verbinde.

Pippi
• ♦ ♦ ♥ ♠ ♠
Kakao
⊕ ⊕ ⊕ ∅ ∅ ⊗ ∅ ∅ ⊕ ⊕ ⊕

62628
44477977444
39339
755433

9. Rechne die Aufgaben und setze die Aufgabenmuster um zwei Aufgaben fort.

a)	b)	c)
62 + 21 = ______	18 : 3 = ______	120 – 21 = ______
57 + 25 = ______	28 : 4 = ______	115 – 27 = ______
52 + 29 = ______	40 : 5 = ______	110 – 33 = ______
______________	______________	______________
______________	______________	______________

10. Vervollständige die Reihen.

a) 10; 10; 20; 30; 50; ______; ______; ______; 340

b) 159; 137; 115; ______; ______; ______; 27

11. Laras Großeltern haben ein Sparbuch für Lara eingerichtet, als sie geboren wurde. Sie zahlen für jeden Lebensmonat von Lara 2 Euro dort ein. Jetzt wird Lara zehn Jahre alt und möchte wissen, wie viel Geld auf dem Sparbuch ist. Dafür legt sie sich folgende Tabelle an.

Vervollständige die Tabelle und berechne, wie viel Geld Lara an ihrem zehnten Geburtstag auf ihrem Sparbuch hat.

Jahr	**1**	**2**	**3**	**4**	**5**	**6**	**7**	**8**	**9**	**10**
eingezahlt	24									
Kontostand	24									

An Laras zehntem Geburtstag sind ______ Euro auf ihrem Konto.

12. Schau dir das Parkettmuster genau an. Zeichne es bis zum Ende der Kästchenreihe weiter und färbe es wie in der Vorgabe.

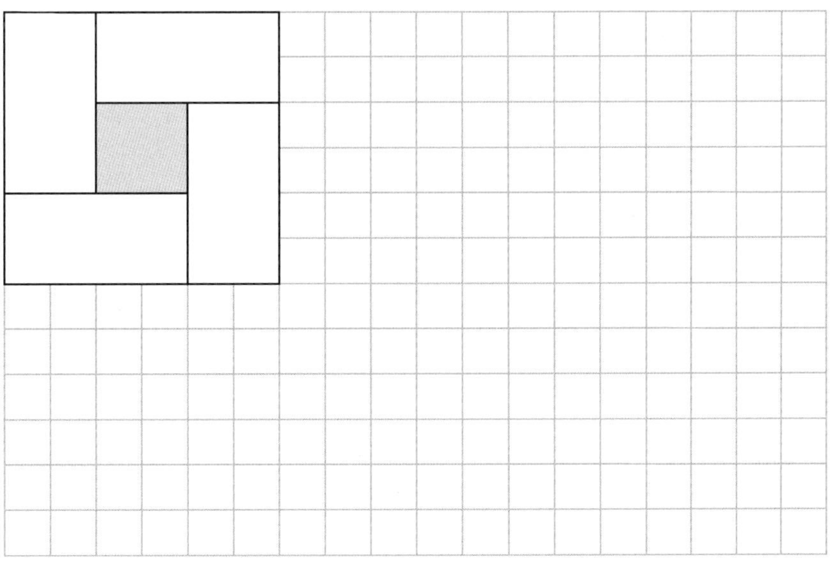

13. Zeichne die nächsten beiden Figuren der Folge.

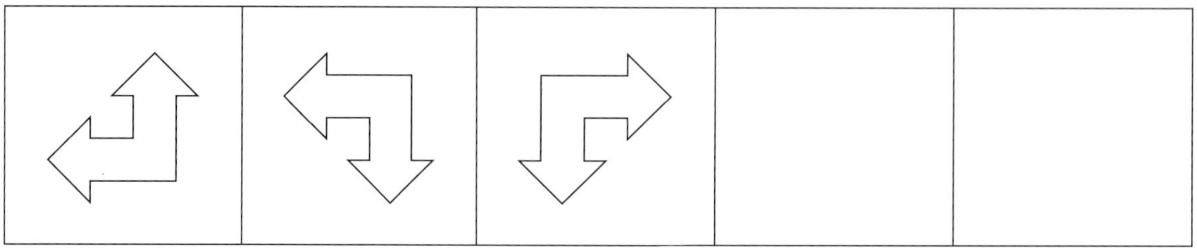

14. Beschreibe das Muster und setze jeweils um zwei Zahlen fort.

Beispiel: 40; 52; 64; 86 immer + 12

a) 11; 16; 22; 26; 33; ______; ______ immer ______________

____

b) 704; 352; 176; 88; 44; ______; ______ immer ______________

15. Wie viele Dreiecke hat die neunte Figur?

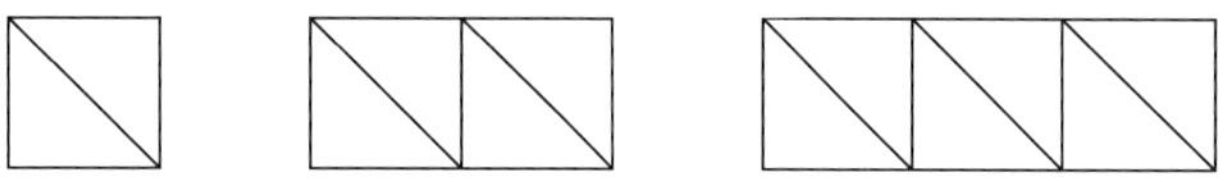

Antwort: ______________________________

16.

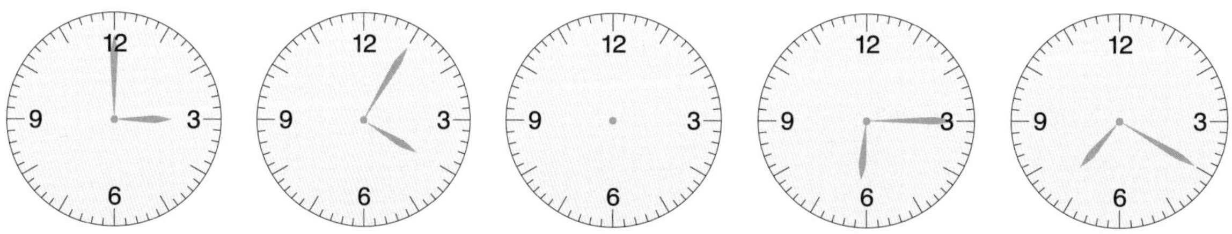

Welche der folgenden Uhren gehört an die dritte Stelle? Kreuze an.

☐ 17.05 ☐ 16.10 ☐ 17.10 ☐ 17.15

17. Marie und Emma bereiten für ein Schulfest eine Quarkspeise zu. Für eine Riesenschüssel benötigen sie folgende Nahrungsmittel: 2 kg Obst, 500 g Zucker, 4 ℓ Milch, 6 Packungen Quark.

Damit sie wissen, wie viel sie für 5 Schüsseln und für 8 Schüsseln brauchen, haben sie sich eine Tabelle gemacht. Ergänze die fehlenden Angaben in der Tabelle.

	1 Schüssel	**5 Schüsseln**	**8 Schüsseln**
Obst	2 kg	kg	kg
Zucker	g	2 500 g	g
Milch	ℓ	ℓ	32 ℓ
Quark	6 Pck.		

18. Ein Zahlenpaar ist falsch. Streiche es durch und begründe deine Entscheidung.

56 / 40   29 / 17   28 / 12   35 / 19   23 / 7   40 / 24

19. Familie Meier braucht 12 Joghurts. Ein Joghurt kostet 0,60 €.

Wie viel muss Familie Meier dank des Angebots der Woche bezahlen?

ANGEBOT
4 Joghurts zum Preis von 3 Joghurts
der Woche

Antwort: Familie Meier muss ________ € bezahlen.

20. Lisa hat aus Pappdeckeln Kartenhäuser gebaut.
Schau sie dir genau an.
Zu jedem Muster hat sie eine Aufgabe geschrieben, mit der sie ausgerechnet hat, wie viele Pappdeckel sie benötigt.

❶

$3 \cdot 2 + 1$

❷

$6 \cdot 2 + 3$

❸

$10 \cdot 2 + 6$

❹

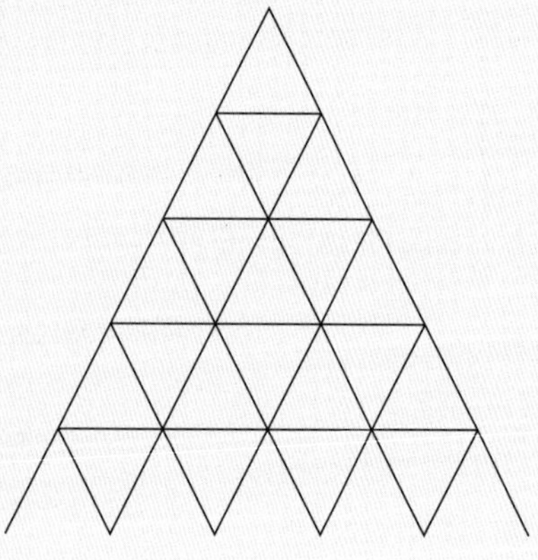

____

❺

____

a) Zeichne das dritte Muster ein.

b) Schreibe zum vierten Muster die passende Aufgabe.

c) Zeichne das fünfte Muster und schreibe die passende Aufgabe.

21. Vervollständige die Reihen.

a) 10; 15; 25; 40; ______; ______; ______; 150

b) 124; 110; 96; 82; ______; ______; ______; 26

22. Zeichne jeweils die beiden nächsten Figuren der Folge.

a)

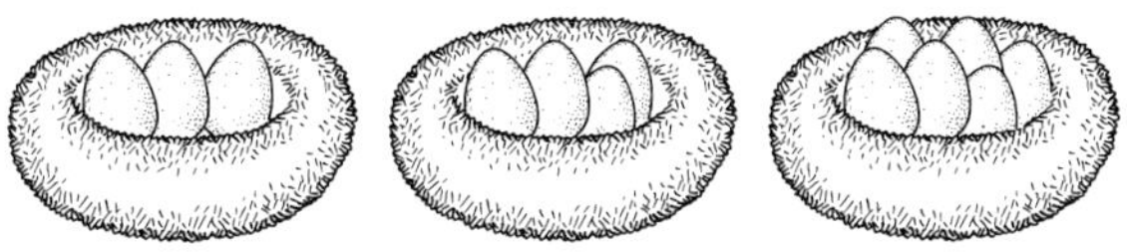

b)

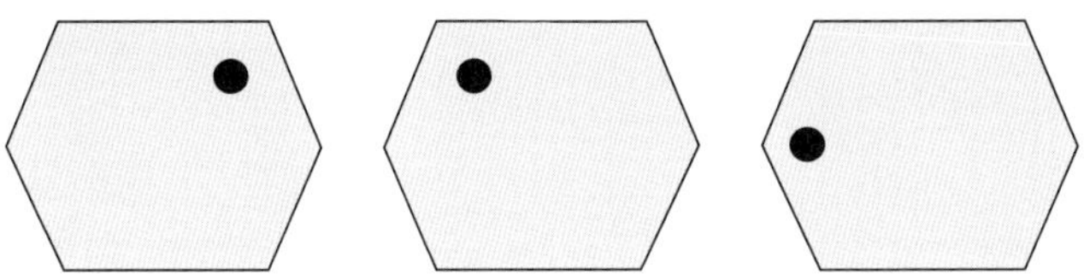

23. Rechne die Aufgaben und setze die Aufgabenmuster um je zwei Aufgaben fort.

a)		b)		c)	
	4 + 240 = ______		919 – 30 = ______		81 : 9 = ______
	8 + 120 = ______		828 – 60 = ______		64 : 8 = ______
	16 + 60 = ______		737 – 90 = ______		49 : 7 = ______
	______________		______________		______________
	______________		______________		______________

24. Wie viele Kreuze hat die siebte Figur?

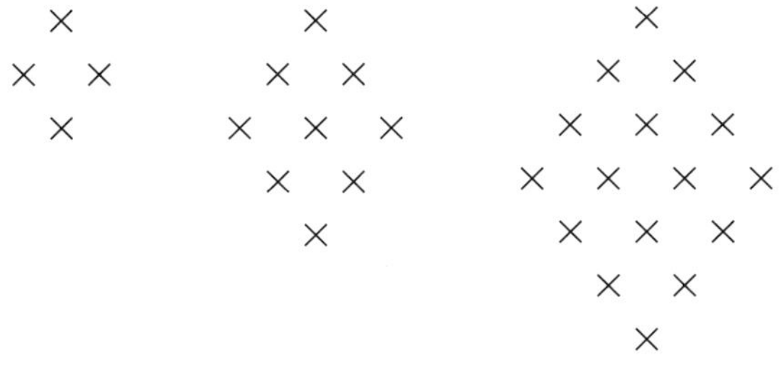

Antwort: ____

25. Hier siehst du eine Zahlenfolge.

1; 2; 3; 5; 8; ________; 21

a) Setze die fehlende Zahl ein.

b) Schreibe die Rechenregel auf.

____

____

26. Setze das Aufgabenmuster um eine Aufgabe fort.

$4 \cdot 6 + 5 \cdot 6 \quad = \quad (4 + 5) \cdot 6$

$5 \cdot 7 + 6 \cdot 7 \quad = \quad (5 + 6) \cdot 7$

__________ = __________

27. Schau dir das Parkettmuster genau an. Ergänze das Muster bis zum Ende der Kästchenreihe und färbe es wie in der Vorgabe.

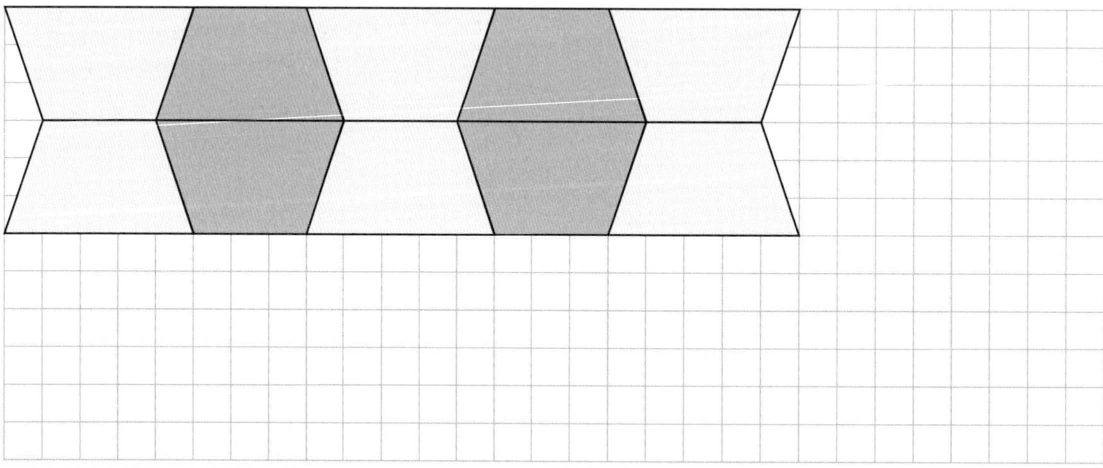

28. Hier siehst du Zugwaggons.
Die Waggons sind logisch durchnummeriert.
Welche Nummer hat der letzte Waggon?

☐ 49 ☐ 50 ☐ 45 ☐ 51

Vierter Kompetenzbereich: Größen und Messen

1 Vorbereitungs- und Lerntipps

Im Bereich „Größen und Messen“ findest du Aufgaben mit Geld, Zeitmaßen, Längen, Gewichten, Hohlmaßen und Geschwindigkeiten. Wie du sie geschickt bearbeitest, zeigen dir die folgenden Tipps.

Vorbereitung

- Es ist wichtig, dass du die Maße kennst und sicher mit ihnen umgehen kannst. Dadurch musst du beim Lösen der Aufgaben nicht mehr lange nachdenken. Das spart im Test wertvolle Zeit.
- Das Rechnen mit Größen kannst du im Alltag üben. Beim Einkaufen kannst du z. B. mit Geld rechnen. Und wenn du dich mit Freundinnen und Freunden verabredest, übst du nebenbei das Lesen der Uhr und den Umgang mit der Zeit.
- Schau dir die Dinge in deiner Umgebung genau an, um Größen besser einschätzen zu können. So wiegt eine Büroklammer z. B. etwa 1 g, eine Tafel Schokolade 100 g und eine Packung Mehl 1 kg. Auch für andere Maße kannst du solche Bezugsgrößen finden.

Umrechnungsaufgaben

- Schreibe dir die Umrechnungseinheiten am besten auf deinen Schmierzettel. So hast du einen guten Überblick und kannst immer wieder nachsehen.
- Achte bei der Kommaschreibweise genau darauf, wo du das Komma setzen musst. Das Komma trennt immer die angegebene von der nächstkleineren Einheit.

Sachaufgaben

- Lies die Aufgabe genau und unterstreiche wichtige Dinge.
- Mach dir einen Rechenplan und schreibe dir zuerst in Worten auf, welche Dinge du wie ausrechnen kannst.
- Benutze Zwischenüberschriften, damit du schneller siehst, was du gerade ausrechnest.
- Vergiss nicht, einen Antwortsatz zu schreiben.

2 Übungsaufgaben

1. Die Kinder der 3a haben aufgeschrieben, wie lang ihr Schulweg ist.

Alex: 2 km 350 m	Timo: 1 km 800 m	Lukas: 1 km 400 m	Lea: 2 km 100 m

a) Wer hat den längsten Schulweg?

______ hat den längsten Schulweg.

b) Rebekkas Schulweg ist 200 m kürzer als Leas Schulweg.

Rebekkas Schulweg ist ______ lang.

2. Linus findet auf dem Boden vor dem Supermarkt vier Münzen. Zwei davon haben den gleichen Wert, die anderen beiden sind unterschiedlich.

Welchen Betrag kann er nicht gefunden haben? Kreuze an.

- ☐ 2,30 €
- ☐ 2,70 €
- ☐ 1,15 €
- ☐ 0,40 €
- ☐ 6,00 €

3. Frau Schatz braucht 3 m Stoff.
3 m Stoff kosten im Kaufhaus 18,00 €.
Am Samstag auf dem Markt bekommt sie 4,50 m Stoff für 18,00 €.

Wie viel Stoff bekommt sie mehr, wenn sie den Stoff auf dem Markt kauft?

Frau Schatz bekommt ______ m mehr Stoff.

4. Moritz ist 35,5 kg schwer. Er ist 1,5 kg leichter als Leo. Leo ist 500 g schwerer als Nico.

a) Wie schwer ist Leo?

Leo ist ____________ kg schwer.

b) Wie schwer ist Nico?

Nico ist ____________ kg schwer.

5. Verbinde mit der richtigen Maßeinheit.

Ein Stürmer läuft bei einem Fußballspiel eine Strecke von etwa 9 ?.

Mein Lineal ist 30 ? lang.

Die große Pause dauert 20 ?.

Beim Sportfest springt Ina 2,74 ?.

Ein Kind schläft nachts etwa 9 bis 10 ?.

m | min | h | cm | km

6. Anne hilft ihrem Vater. Er braucht für die Umrandung seines Blumenbeets 30 kg Steine. In einen Eimer passen 5 kg Steine.

Wie oft muss Anne ihrem Vater einen Eimer voller Steine bringen?

Anne muss ihrem Vater ____________ Eimer voller Steine bringen.

7. Julius hat in seiner Spardose zwei 10-€-Scheine, einen 20-€-Schein und drei 5-€-Scheine. Er möchte sich ein Spiel für 44,90 € kaufen.

Reicht das Geld aus der Spardose? Kreuze an.

☐ ja ☐ nein

Begründe deine Meinung:

____

____

____

8. Verbinde jeden Wecker mit der richtigen Uhrzeit.

9. In der Bäckerei kostet Brot vom Vortag nur die Hälfte.

Wie viel kosten die Brote am nächsten Tag?

Bauernbrot: ____________ €

Vollkornbrot: ____________ €

10. Schreibe mit Komma.

a) 1 m 50 cm = ____________ m

b) 5 € 5 Cent = ____________ €

11. Elif steht jeden Morgen um 6.40 Uhr auf.
Sie geht um 7.35 Uhr in die Schule.

Wie viele Minuten hat Elif Zeit, bis sie losgehen muss?

Elif hat __________ Minuten Zeit, bis sie losgehen muss.

12. Die Kinder wollen wissen, wie schnell sich kleine Tiere im Wald bewegen. Sie messen, wie weit die Tiere in einer Minute kommen.

Wie lange brauchen die Tiere für 1 Meter?

Strecke nach 1 Minute	Laufkäfer: 100 cm	Spinne: 50 cm	Marienkäfer: 20 cm	Schnecke: 10 cm
Zeit für 1 Meter				

13. Hier siehst du den Fahrplan für die Haltestelle am Schwimmbad.

Haltestellen	**Abfahrtszeiten**			
Schwimmbad	16.45	17.20	18.00	18.50
Stadtpark	16.54	17.29	18.09	18.59
Grundschule	17.12	17.47	18.27	19.17
Wiesenweg	17.23	17.58	18.38	19.28

Lea kommt um 17.05 Uhr aus dem Schwimmbad.

a) Wie lange muss Lea auf den nächsten Bus warten?

Sie muss __________ Minuten warten.

b) Lea muss an der Grundschule aussteigen.
Wie lange dauert die Fahrt?

Die Fahrt dauert __________ Minuten.

14. Simon hat gerechnet: In 3 Monaten und 1 Woche ist Heiligabend.

An welchem Tag sagt Simon das? Kreuze an.

- ☐ 24. September
- ☐ 17. September
- ☐ 24. Oktober
- ☐ 17. Dezember

15. Paula und Karolin spielen ein Sportlerinnenquartett. Karolin sagt: „Meine Sportlerin läuft auf 100 Meter 2 Sekunden schneller als deine, sie springt 40 Zentimeter weiter, aber nur halb so hoch."

Trage die Werte von Karolins Sportlerin mit den richtigen Maßeinheiten in die Tabelle ein.

	Weitsprung	**100-m-Lauf**	**Hochsprung**
Paulas Sportlerin	6,20 m	13,5 sec	1,80 m
Karolins Sportlerin			

16. Die Kinder wiegen in der Schule ihre Ranzen.

Welche Aussage kann nicht stimmen? Kreuze an.

- ☐ Ayla: 3 kg 150 g
- ☐ Dana: 3 kg 600 g
- ☐ Ferhat: 4 kg 200 g
- ☐ Max: 15 kg 450 g
- ☐ Lisa: 2 kg 900 g

Warum kann das nicht stimmen? Begründe deine Entscheidung.

17. Nele backt mit ihrem Vater Brot. Sie benötigen 1 kg Mehl und haben schon $\frac{1}{2}$ kg Mehl in die Schüssel gegeben.

Wie viel Gramm Mehl fehlen noch?

Antwort: Es fehlen noch ________ g Mehl.

18. Wie lang sind alle Linien zusammen? Schreibe als Kommazahl.

1 cm 5 mm

3 cm 5 mm

2 cm

4 cm 5 mm

6 cm

8 cm

Antwort: Es sind ________ cm.

19. Ergänze die richtige Einheit.

Ein Bleistift kostet etwa 1 ______.

Eine Packung Butter wiegt 250 ______.

Ein Klassenraum ist etwa 9 ______ lang.

Eine Geburtstagsfeier dauert oft etwa 3 ______.

Ein Hund ist etwa 80 ______ lang.

20. Maries kleiner Bruder ist jetzt 150 Stunden alt.
Wie viele Tage und Stunden ist er alt? Kreuze an.

- ☐ 6 Tage und 0 Stunden
- ☐ 5 Tage und 23 Stunden
- ☐ 6 Tage und 6 Stunden
- ☐ 7 Tage und 2 Stunden

21. Die Kinder der Klasse 3c besuchen gemeinsam das Freibad. Der Eintritt kostet pro Kind 2,50 €. Drei Kinder haben keine Schwimmkleidung dabei und können nicht mitschwimmen. Die Klassenlehrerin bezahlt an der Kasse 50 € für alle Kinder, die mitschwimmen können.

a) Wie viele Kinder gehen in die Klasse 3c?

_______ Kinder gehen in die Klasse 3c.

b) Schreibe auf, wie du zu der Lösung gekommen bist.

____

____

____

22. Hier siehst du zwei Waagen.

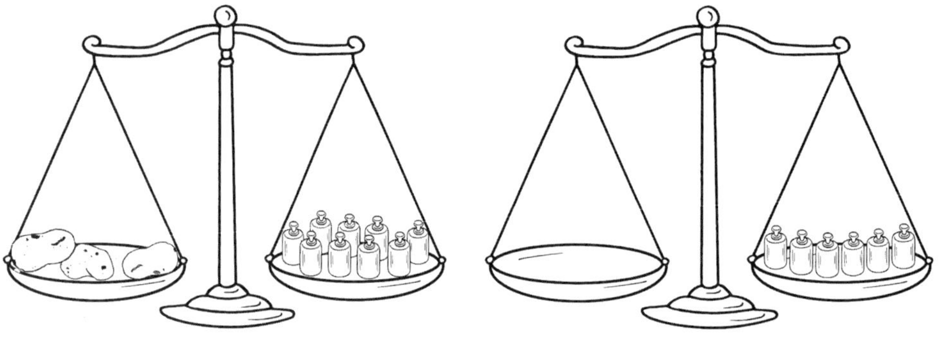

Wie viele gleich schwere Kartoffeln musst du auf die zweite Waage legen, damit sie im Gleichgewicht ist?

Antwort: Ich muss _______ Kartoffeln auf die zweite Waage legen.

23. Die Kinder wiegen gemeinsam in der Klasse ihre Lieblingsbücher. Lukas' Lieblingsbuch ist schwerer als Leas Lieblingsbuch. Mias Lieblingsbuch ist leichter als Leas Lieblingsbuch.

Wessen Lieblingsbuch ist am schwersten?

- [ ] Mias
- [ ] Leas
- [ ] Lukas'
- [ ] alle gleich
- [ ] Das kann man nicht sagen.

24. Wandle um.

1 kg 500 g = ________ g

3 450 m = ________ km ________ m

52 mm = ________ cm ________ mm

5 min = ________ sec

25. Was ist schwerer? Kreuze in jeder Zeile an.

☐	Auto	☐	Motorrad
☐	Amsel	☐	Katze
☐	Schulranzen	☐	Mathebuch
☐	Büroklammer	☐	Radiergummi
☐	Teller	☐	Packung Zucker

26. An einem Stand auf einem Kinderflohmarkt hängt folgendes Schild.

Nils hat 5 € dabei. Reicht das Geld …

für 3 Bücher und 2 Autos?	☐ ja	☐ nein
für 1 Spiel und 3 CDs?	☐ ja	☐ nein
für 1 Puppe, 1 Buch und 1 Auto?	☐ ja	☐ nein
für 2 Spiele?	☐ ja	☐ nein
für 4 Autos, 2 CDs und 1 Buch?	☐ ja	☐ nein

27. Eva braucht neue Bleistifte. Sie vergleicht die Preise im Supermarkt, im Schreibwarenladen und im Drogeriemarkt.

Welches Angebot ist am preiswertesten?

Supermarkt	Drogeriemarkt	Schreibwarenladen
5 Bleistifte nur 2,99 €	10 Bleistifte nur 5,45 €	2 Bleistifte nur 0,99 €

Antwort: Das Angebot aus dem ______________________
ist am preiswertesten.

28. Mona feiert mit ihren 4 Freundinnen ihren Geburtstag am Mittwoch im Zoo. Manas Mama ist auch dabei.
Wie viel kostet der Eintritt für alle zusammen?

Karlstädter Zoo

Eintrittspreise		**Mittwoch ist Zootag!**	
Erwachsener	7,50 €	Erwachsener	5,00 €
Kind	3,00 €	Kind	2,00 €

Gruppeneintrittspreise (für Gruppen ab 5 Personen)

Immer 5 Kinder zusammen	10,00 €
Jedes weitere Kind	1,50 €
Pro 5 Kinder ein Erwachsener frei.	
Jeder weitere Erwachsene	4,00 €

Antwort: Der Eintritt kostet für alle zusammen ____________ Euro.

29. Leila und ihre Klasse nehmen an den Bundesjugendspielen teil. Sie fahren um 8.10 Uhr mit dem Bus gemeinsam zum Sportplatz. Die Fahrt dauert 15 Minuten. Dann können sich die Kinder aufwärmen und um 9.00 Uhr machen sie Weitsprung. Um 10.00 Uhr beginnt der 50-m-Lauf und 35 Minuten später das Werfen. Um 11.00 Uhr sind damit alle Klassen fertig. Vor der Siegerehrung um 12.10 Uhr finden noch Staffelläufe statt.

a) Wie viel Zeit haben die Kinder, um sich aufzuwärmen?

Die Kinder haben ________ Minuten Zeit, um sich aufzuwärmen.

b) Wann beginnt Leilas Klasse mit dem Werfen?

Leilas Klasse beginnt um ________ Uhr mit dem Werfen.

c) Wie viel Zeit bleibt den Kindern für die Staffelläufe?

Die Kinder haben ________ Minuten Zeit für die Staffelläufe.

Fünfter Kompetenzbereich: Daten, Häufigkeiten und Wahrscheinlichkeiten

1 Vorbereitungs- und Lerntipps

Bei den Aufgaben im Bereich „Daten, Häufigkeiten und Wahrscheinlichkeiten" ist logisches Denken und Kombinieren gefragt. Dazu musst du dich gut konzentrieren. Mit den folgenden Tipps kommst du den Lösungen leicht auf die Spur.

Kombinatorikaufgaben

- Kombinatorikaufgaben nennt man die Aufgaben, bei denen dir verschiedene Dinge oder Personen genannt werden, die auf verschiedene Arten kombiniert werden können (z. B. Ostereier und Verstecke oder die Reihenfolge der Kinder beim Zieleinlauf).
- Gehe bei diesen Aufgaben am besten systematisch vor und schreibe dir alle Möglichkeiten auf. So vergisst du keine und zählst auch keine doppelt.

Aufgaben zur Wahrscheinlichkeit

- Überlege genau, wie hoch die Chancen für die gefragten Ereignisse stehen. Bei einem Würfelwurf ist die Wahrscheinlichkeit, eine 1 zu würfeln, zum Beispiel genauso hoch, wie eine 6 zu würfeln. Mach dir am besten eine kurze Notiz, welches Ereignis wie wahrscheinlich sein könnte.
- Wenn du bei einer solchen Aufgabe nicht weiterkommst, hilft es auch oft, wenn du deinem Bauchgefühl vertraust. Häufig schätzt man solche Wahrscheinlichkeiten richtig ein.

Aufgaben zu Daten

- Hier ist es wichtig, dass du sehr konzentriert und sorgfältig arbeitest. Schau dir die Daten und Diagramme aufmerksam an und lies die Daten möglichst genau ab.
- Zeichne in Diagrammen immer mit Bleistift und beachte die Einteilung, die neben dem Diagramm steht.

2 Übungsaufgaben

1. Pia, Lea und Iman stellen ihre Fahrräder nebeneinander in den Fahrradständer.

Welche der folgenden Aussagen stimmt? Kreuze an.

- ☐ Es ist sicher, dass Pias und Leas Fahrräder nebeneinanderstehen.
- ☐ Es ist unmöglich, dass Pias und Imans Fahrräder nebeneinanderstehen.
- ☐ Es ist sicher, dass Leas und Imans Fahrräder nicht nebeneinanderstehen.
- ☐ Es ist möglich, aber nicht sicher, dass Pias und Leas Fahrräder nebeneinanderstehen.

2. Die Kinder der dritten Klassen haben eine Umfrage gemacht: „Was ist dein Lieblingsessen?“

Dies ist das Ergebnis:

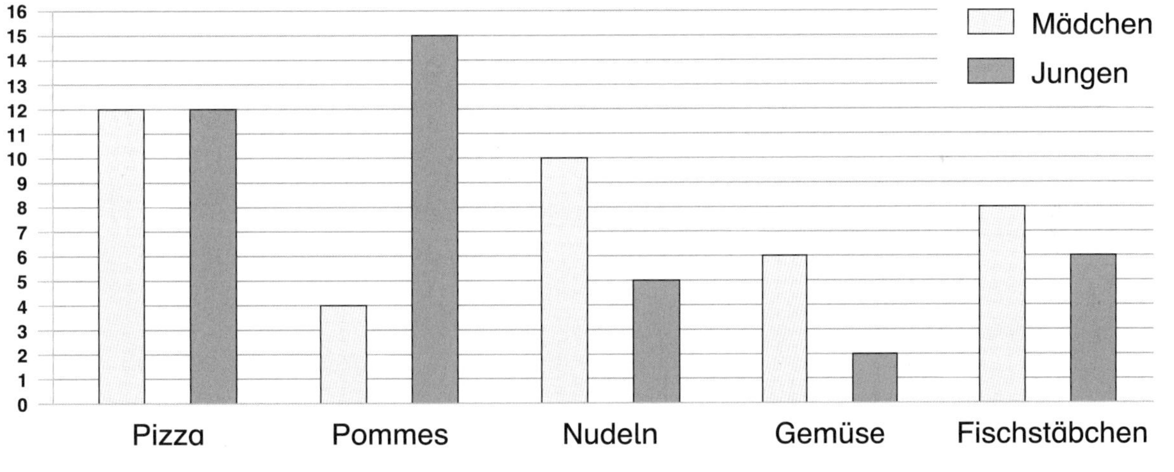

a) Was essen die Jungen am liebsten?

Jungen essen ______________________ am liebsten.

b) Wie viele Kinder essen am liebsten Gemüse?

__________ Kinder essen am liebsten Gemüse.

c) 14 weitere Kinder haben das gleiche Lieblingsessen wie Nils.

Nils isst am liebsten ______________________.

3. Die Kinder der Klasse 3b verkaufen beim Schulfest Lose. In einem Säckchen sollen 100 Lose sein, aufgeteilt in Gewinne und Nieten. Die Kinder sollen die gleichen Chancen haben, einen Gewinn oder eine Niete zu ziehen.

Wie müssen die Kinder das Säckchen füllen?

Sie müssen das Säckchen mit _____ Gewinnen und _____ Nieten füllen.

4. Die Kinder zählen eine Woche lang, wie viele Kinder jeden Tag zwischen 15.00 Uhr und 17.00 Uhr auf dem Spielplatz spielen.

Die Ergebnisse siehst du in dem Diagramm.

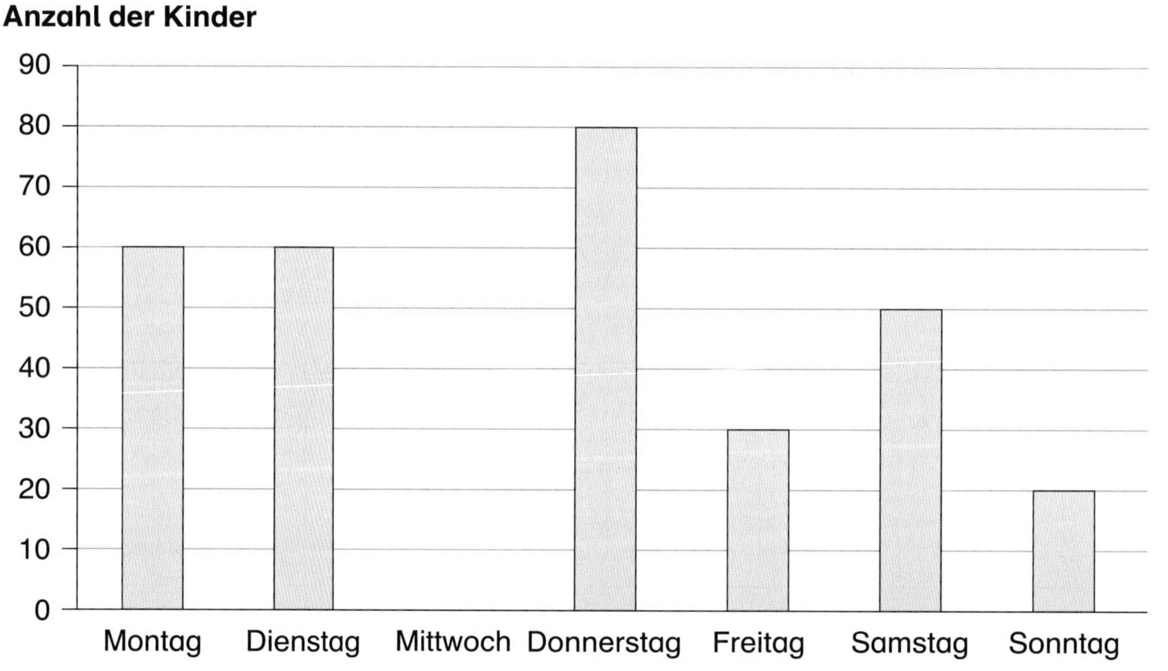

a) Am Mittwoch kommen doppelt so viele Kinder wie am Sonntag. Zeichne die Anzahl der Kinder in das Diagramm ein.

b) An welchem Tag kamen die wenigsten Kinder auf den Spielplatz?

____

c) Wie viele Kinder kamen am Donnerstag und Freitag insgesamt auf den Spielplatz?

____

5. Kreuze jeweils an.

	sicher	möglich, aber nicht sicher	unmöglich
Dieses Jahr wird es im Sommer jeden Tag über 25 Grad haben.	☐	☐	☐
Dieses Jahr beginnt der Winter im Juli.	☐	☐	☐
Wenn ich nach der vierten Klasse die Grundschule verlasse, komme ich in den Kindergarten.	☐	☐	☐
Nach April kommt Mai.	☐	☐	☐

6. Klara hängt Luftballons für ihr Geburtstagsfest auf. Sie hat zwei gelbe (G), einen roten (R) und einen blauen (B) Luftballon. Die beiden gelben Luftballons hängen nicht nebeneinander.

Notiere alle Möglichkeiten.

G, R, B, G

7. Leons Onkel und Tante fahren mit einem Kreuzfahrtschiff auf dem Main. In den Ferien darf Leon fünf Tage mit ihnen fahren. Auf einer Karte steckt er kleine Fähnchen auf die Orte, an denen sie haltmachen.

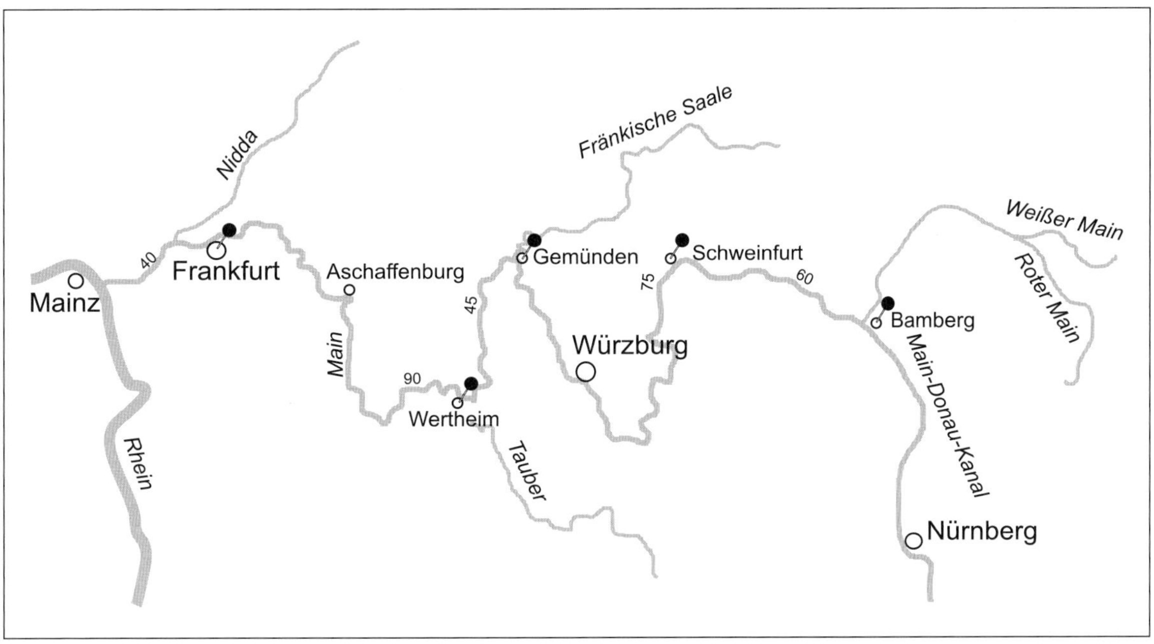

Leon beginnt, eine Übersicht zu den einzelnen Tagen zu erstellen. Vervollständige seine Tabelle.

	von	**nach**	**Kilometer**
1. Tag	Mainz	Frankfurt	40
2. Tag			
3. Tag			
4. Tag			
5. Tag			

8. Emre, Kai und Bastian schlafen auf der Klassenfahrt in einem Zimmer in den Betten 1, 2 und 3.

Wie viele Möglichkeiten gibt es für die drei Jungen, sich die Betten aufzuteilen?

Es gibt ________ Möglichkeiten.

9. Begründe, bei welchem Spiel du die größeren Gewinnchancen hast.

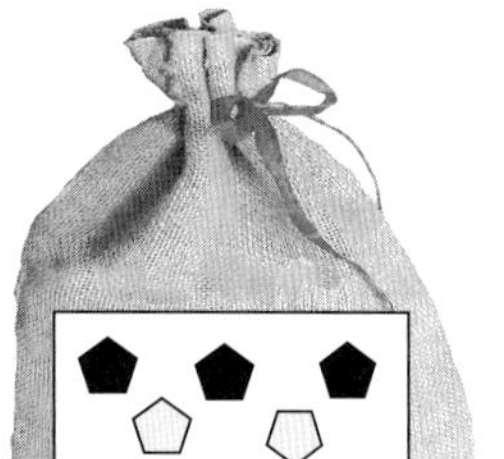

Du ziehst ein Plättchen und gewinnst, wenn du ein dunkles Plättchen ziehst.

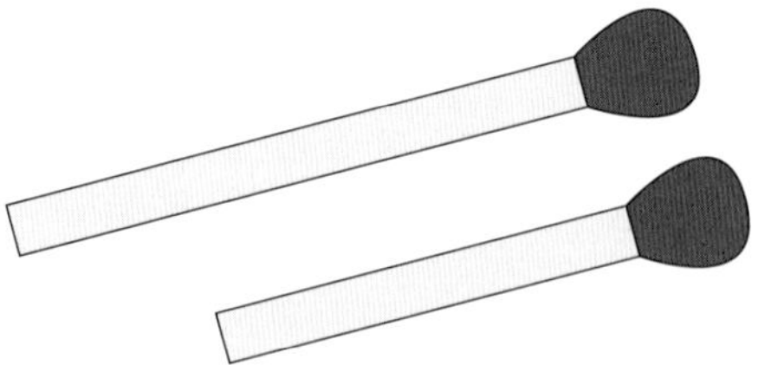

Du ziehst ein Streichholz aus der Hand und gewinnst, wenn du das lange Streichholz ziehst.

____

____

10. Melanie zieht mit verbundenen Augen eine Zahlenkarte.

Kreuze die richtige Aussage an.

- ☐ Es ist sicher, dass Melanie eine Zahl zwischen 1 und 6 zieht.
- ☐ Es ist unmöglich, dass Melanie eine Zahl größer als 5 zieht.
- ☐ Es ist sicher, dass Melanie die Zahl 4 zieht.
- ☐ Es ist möglich, aber nicht sicher, dass Melanies Zahl kleiner als 5 ist.

11. Klara (K), Leila (L), Mia (M) und Nina (N) machen einen Wettlauf. Klara kommt nach Mia ins Ziel.

Schreibe alle Möglichkeiten auf, wie die Kinder ins Ziel kommen können.

____

____

12. Anna versteckt an Ostern zwei gleiche Ostereier. Sie hat drei Verstecke zur Wahl.
Wie viele verschiedene Möglichkeiten gibt es, die beiden Ostereier zu verstecken?

Es gibt ________ Möglichkeiten.

13. Du würfelst einmal mit drei normalen Spielwürfeln und addierst die Augenzahlen.

Welches Ergebnis ist unmöglich? Kreuze an.

☐ 13	☐ 20
☐ 5	☐ 9

14. In einem Beutel sind drei dunkle und ein helles Bonbon. Marie greift hinein und nimmt drei Bonbons.

Wie können die Bonbons aussehen? Kreuze jeweils an.

	sicher	möglich, aber nicht sicher	unmöglich
Alle Bonbons sind dunkel.	☐	☐	☐
Ein Bonbon ist hell, zwei sind dunkel.	☐	☐	☐
Alle drei Bonbons sind hell.	☐	☐	☐
Ein Bonbon ist dunkel, zwei sind hell.	☐	☐	☐

15. Susi nimmt zwei Karten und legt damit eine zweistellige Zahl.

3 5 7 9

Kreuze jeweils an.

	sicher	möglich, aber nicht sicher	unmöglich
Die Zahl ist größer als 33 und kleiner als 99.	☐	☐	☐
Die Zahl ist ohne Rest durch 2 teilbar.	☐	☐	☐
Die Zahl ist größer als 57.	☐	☐	☐
Die Ziffern der Zahl sind gleich.	☐	☐	☐

16. Hier siehst du ein Diagramm mit den höchsten Gebäuden der Welt:

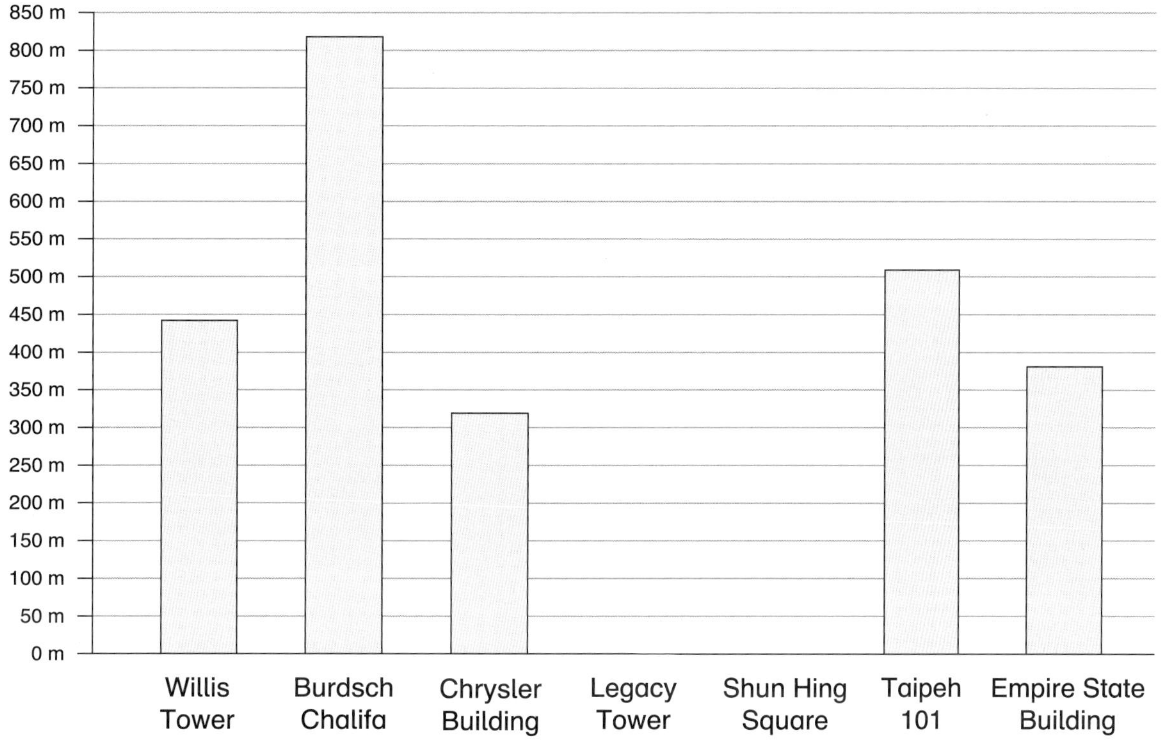

a) Der Legacy Tower ist 250 m hoch.
Zeichne die entsprechende Säule in das Diagramm.

b) Der Shun Hing Square ist genauso hoch wie das Empire State Building. Zeichne die entsprechende Säule in das Diagramm.

c) Schreibe die Gebäude auf, die größer als 300 m und kleiner als 400 m sind.

17. Hier siehst du die Anzahl der Zoobesucher*innen im letzten Jahr:

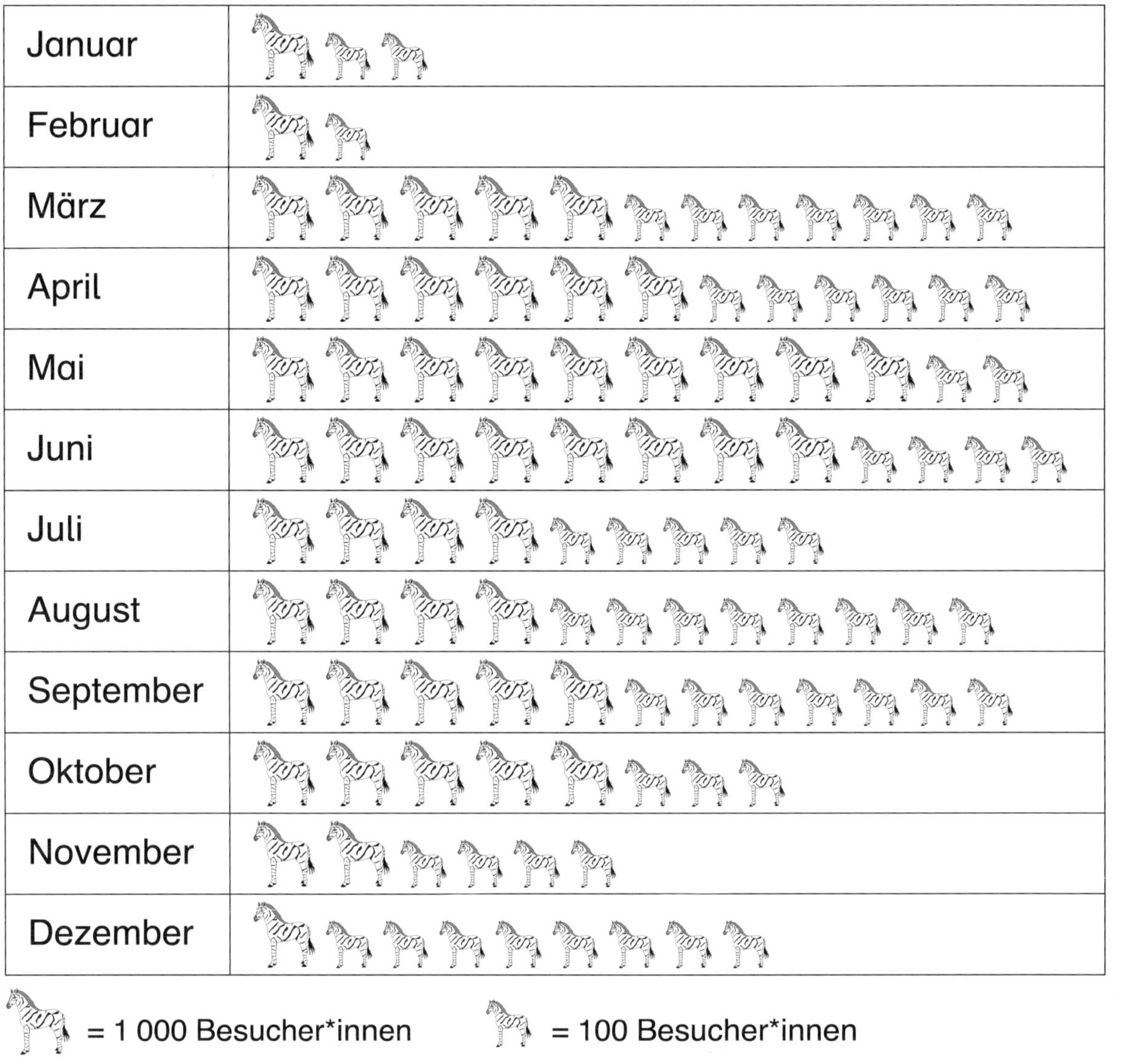

a) In welchem Monat hatte der Zoo die meisten Besucher*innen?

Im ____________________.

b) Wie viele Besucher*innen waren es im Juni?

____________________ Besucher*innen.

c) In welchem Monat kamen die wenigsten Besucher*innen?

Im ____________________.

18. Die Kinder der Klasse 3a haben gezählt, wie viele Kinder in welcher Jahreszeit Geburtstag haben. Hierzu haben sie ein Kreisdiagramm gezeichnet. Ordne die Jahreszeiten zu.

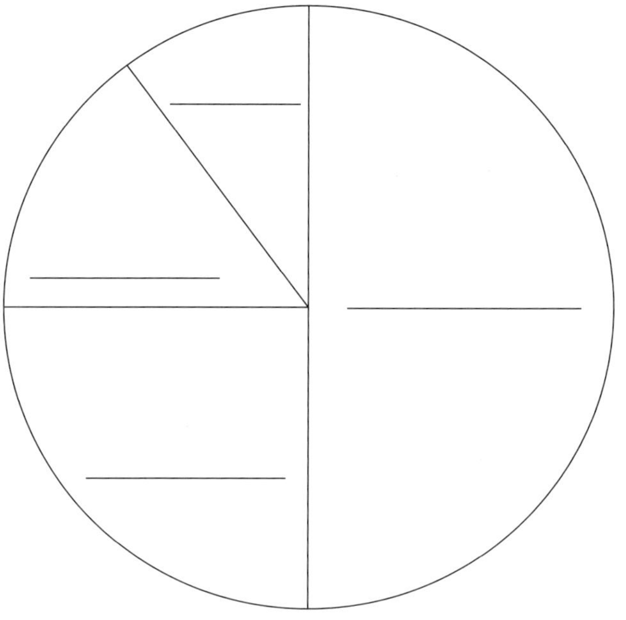

Die meisten Kinder haben im Frühling Geburtstag.

Im Sommer haben halb so viele Kinder Geburtstag wie im Frühling.

Im Winter haben mehr Kinder Geburtstag als im Herbst.

19. Im Urlaub wollen Linda und ihre Familie Fahrräder leihen. Linda möchte gern ein Fahrrad mit einem Fahrradcomputer haben, aber ihr Vater sagt, bei den Fahrradverleihen muss man nehmen, was man bekommt.

Bei welchem Fahrradverleih ist die Wahrscheinlichkeit am größten, ein Fahrrad mit einem Fahrradcomputer zu bekommen?

Fahrradverleih	**Fahrräder mit Fahrradcomputer**	**Fahrräder insgesamt**
Verleih A	30	70
Verleih B	40	70
Verleih C	40	60

Die Wahrscheinlichkeit, ein Fahrrad mit einem Fahrradcomputer zu bekommen, ist bei Verleih ______ am größten.

20. Alle Drittklässler*innen einer Grundschule wurden danach befragt, wie lange sie etwa jeden Tag fernsehen.

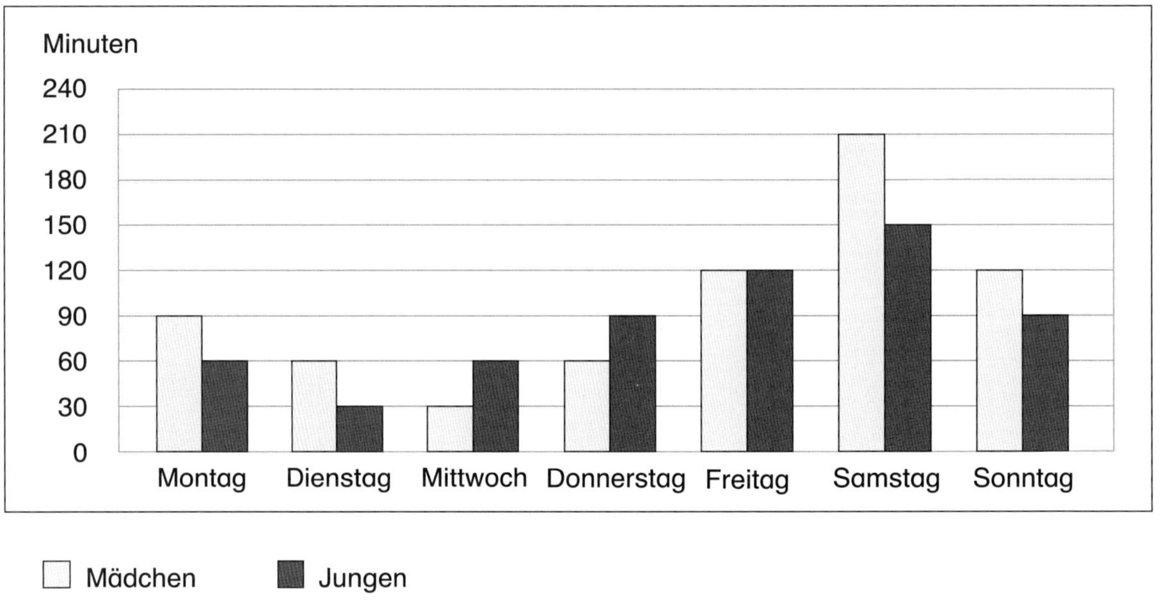

a) An welchem Wochentag sehen die Kinder zusammen am längsten fern?

____

b) An welchen Wochentagen sehen die Kinder zusammen am wenigsten fern?

____

c) Wie lange sehen die Kinder in der Woche insgesamt fern?

____

d) An welchen Wochentagen sehen die Mädchen mehr fern als die Jungen?

____

21. Bei einer Tombola mit 13 Losen gibt es genau einen 1. Preis, zwei 2. Preise, einen 3. Preis, einen Sonderpreis und acht Trostpreise.

a) Wie hoch sind die Chancen, einen der ersten drei Preise oder den Sonderpreis zu bekommen? Kreuze an.

- ☐ Höher, als einen Trostpreis zu bekommen.
- ☐ Genauso hoch, wie einen Trostpreis zu bekommen.
- ☐ Niedriger, als einen Trostpreis zu ziehen.
- ☐ Das kann man nicht feststellen.

b) Wie viele Lose musst du ziehen, um **sicher** einen der ersten Preise zu bekommen?

Um **sicher** einen der ersten Preise zu bekommen, muss ich

______ Lose ziehen.

22. Leo hat ein Glücksspiel erfunden und es gleich gebastelt. Es gibt drei Spielräder, die gedreht werden müssen – für jede mitspielende Person eines. Wenn das Spielrad bei einem grauen Feld stehen bleibt, hat man gewonnen. Wenn es bei einem weißen Feld stehen bleibt, hat man verloren. Das erste Spielrad hat Leo schon angemalt. Wie müssen die anderen beiden Spielräder gefärbt sein, damit jede Person die gleichen Gewinnchancen hat?

1

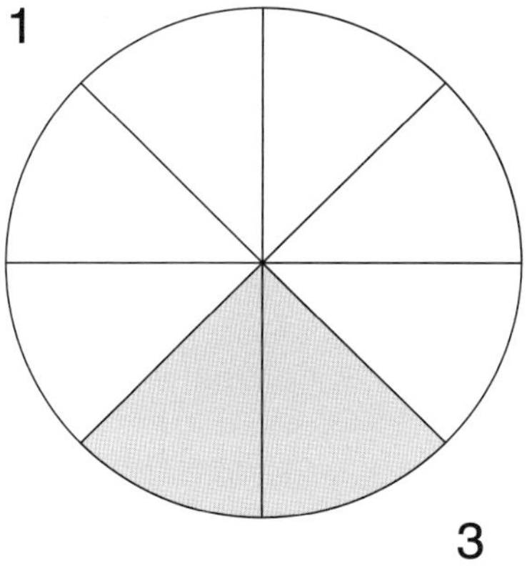

2

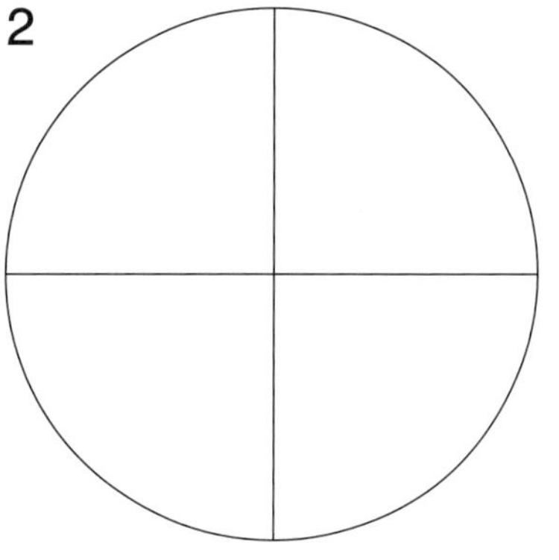

3

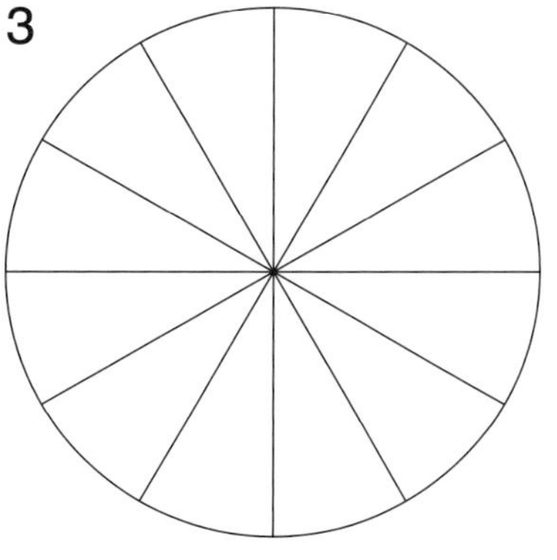

23. Wie schnell können Tiere werden?

Tierart	**Rekordgeschwindigkeit in Metern pro Sekunde**
Rennpferd	35
Schwalbe	60
Brieftaube	20
Biene	6

Beschrifte das Diagramm mit den passenden Tiernamen.

Tierart

____

____

____

____

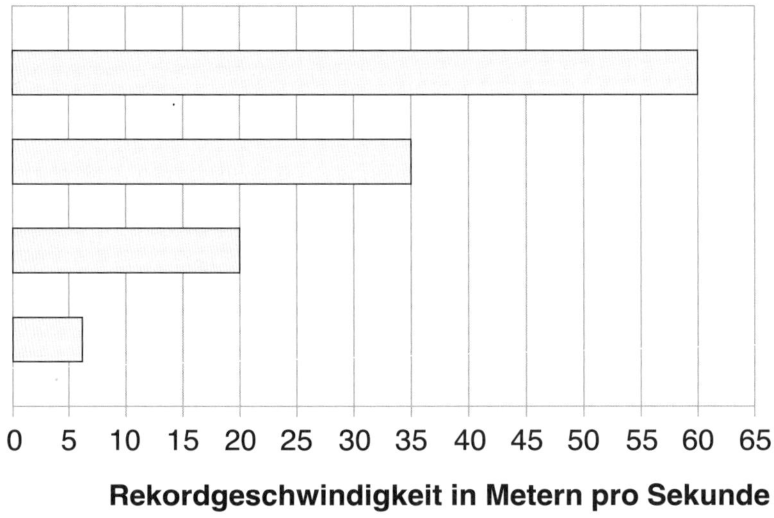

24. Die Kinder sprechen über gesunde Ernährung. Aus einer Kiste sollen sie Obst, Gemüse und Süßigkeiten angeln und die Lebensmittel anschließend sortieren. Sie können die Lebensmittel beim Angeln **nicht** sehen.

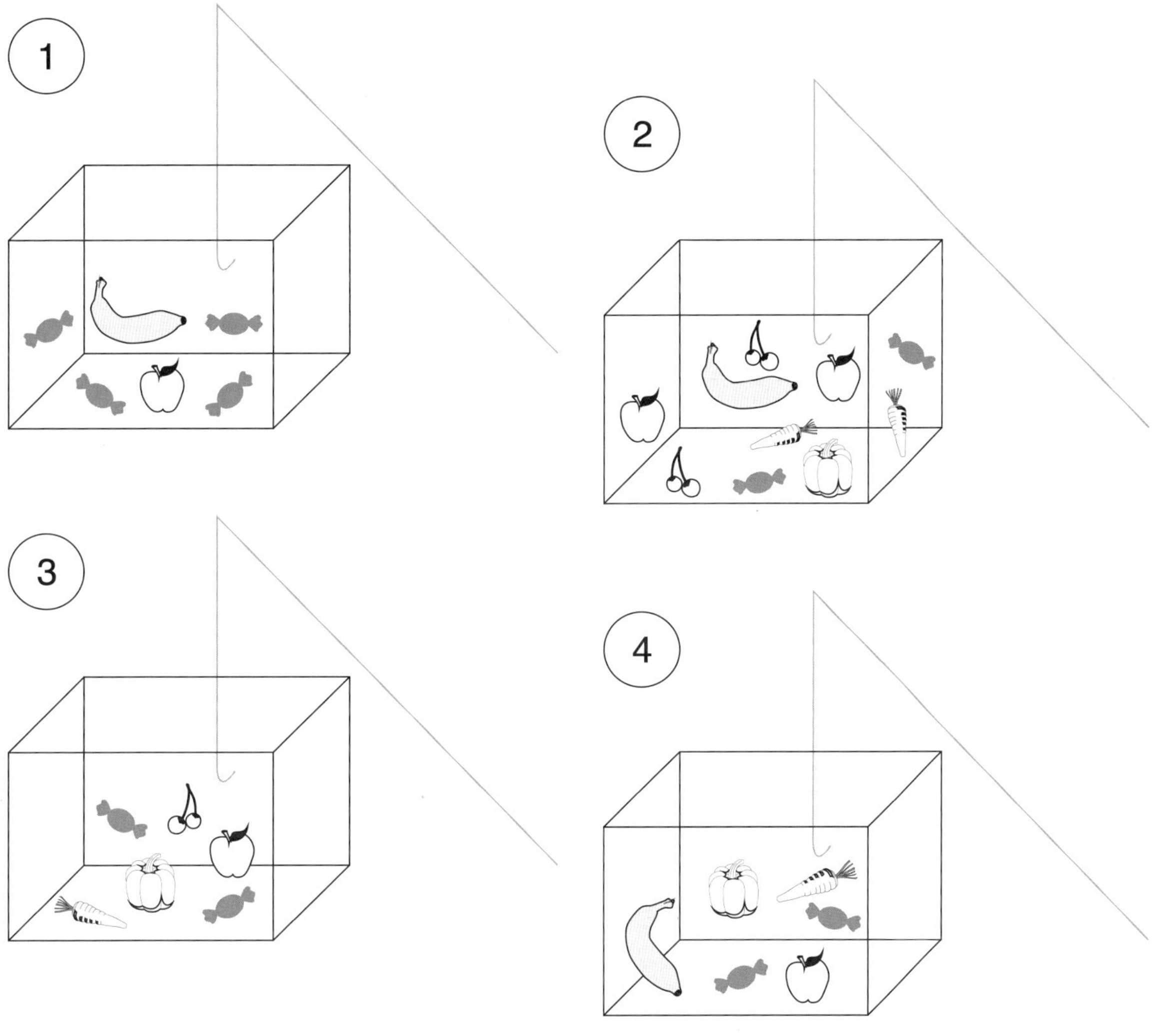

a) Bei welcher Kiste ist die Wahrscheinlichkeit am größten, ein Bonbon zu angeln?

Bei Kiste ________.

b) Bei welcher Kiste ist die Wahrscheinlichkeit am kleinsten, ein Bonbon zu angeln?

Bei Kiste ________.

c) Bei welcher Kiste ist die Wahrscheinlichkeit am größten, Obst/Gemüse zu angeln?

Bei Kiste ________.

25. Stell dir vor, du ziehst mit geschlossenen Augen Karten.

a) Alle herausgenommenen Karten sollen die **gleiche** Figur haben. Welche Aussage stimmt? Kreuze an.

	unmöglich	möglich, aber nicht sicher	sicher
Bei 3 genommenen Karten ist es			
Bei 4 genommenen Karten ist es			
Bei 5 genommenen Karten ist es			

b) Alle herausgenommenen Karten sollen **verschiedene** Figuren haben. Welche Aussage stimmt? Kreuze an.

	unmöglich	möglich, aber nicht sicher	sicher
Bei 2 genommenen Karten ist es			
Bei 3 genommenen Karten ist es			
Bei 4 genommenen Karten ist es			

26. Die Lehrerin befragt die 26 Kinder in ihrer Klasse nach ihrem Lieblingsgetränk.

Lieblingsgetränk	**Anzahl der Kinder**
Apfelschorle	卌 ||||
Limo	卌 卌	
Eistee	||||
Orangensaft	||
Wasser	

Stelle die Ergebnisse der Befragung in einem Säulendiagramm dar.

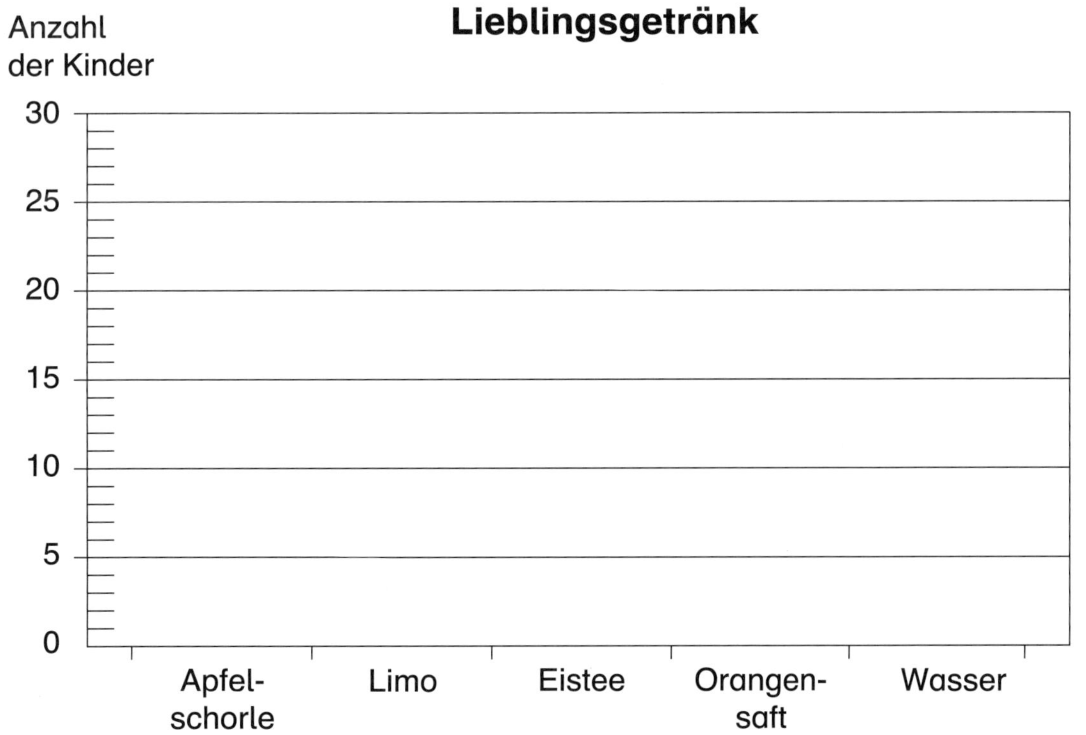

27. Timos Eltern besitzen eine Eisdiele und haben eine Woche lang gezählt, wie viele Gäste jeden Tag kommen.

 = 10 Gäste  = 1 Gast

Wochentag	**Gäste**
Montag	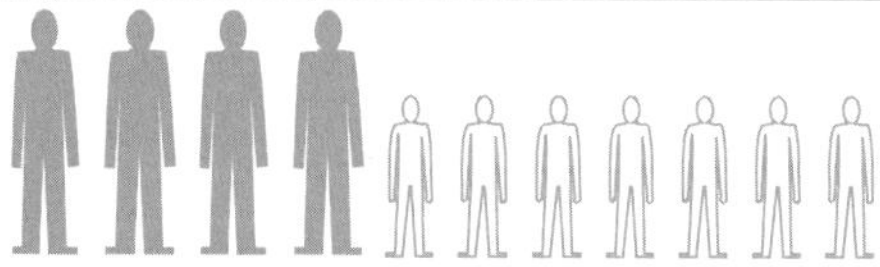
Dienstag	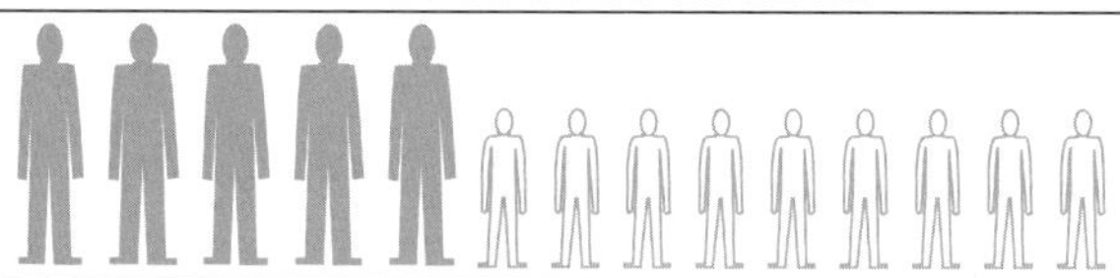
Mittwoch	
Donnerstag	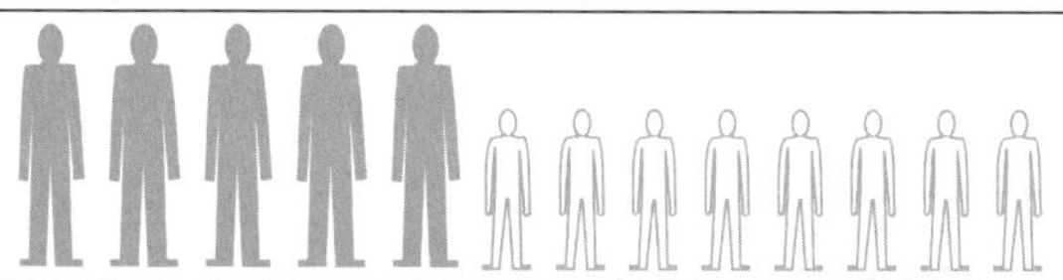
Freitag	
Samstag	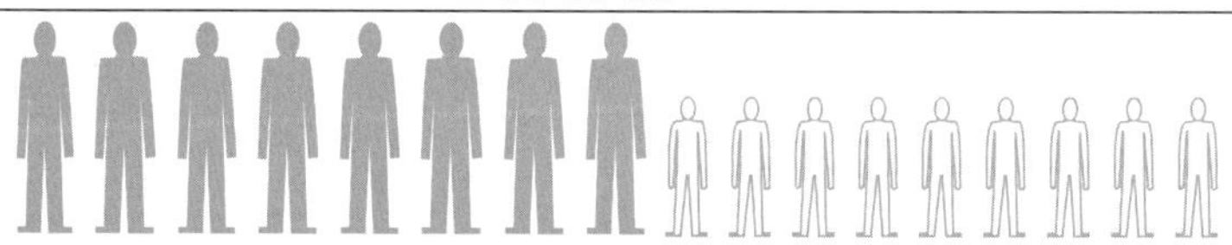
Sonntag	

a) An welchem Tag besuchten die wenigsten Gäste die Eisdiele?

b) Wie viele Gäste besuchten am Samstag und Sonntag insgesamt die Eisdiele?

28. Die Kinder haben 120 Bücher in ihrer Klassenbücherei. Sie haben sie geordnet und gezählt:

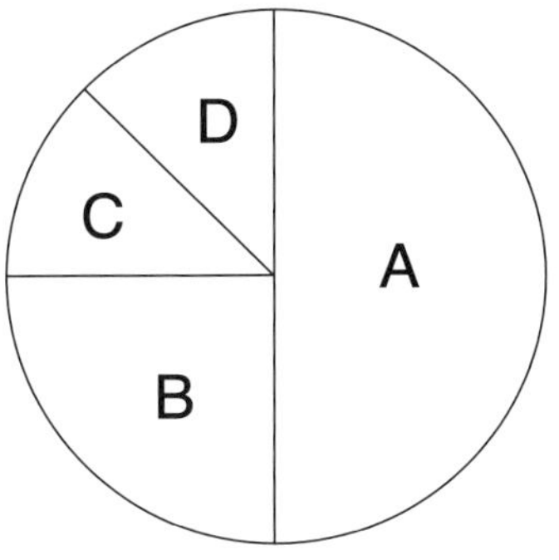

A = Kinderbücher
B = Sachbücher
C = Bilderbücher
D = Bücher aus anderen Ländern

a) Die Kinder haben ________ Kinderbücher.

b) Die Kinder haben ________ Sachbücher.

c) Die Kinder haben ________ Bilderbücher.

d) Die Kinder haben ________ Bücher aus anderen Ländern.

29. Tim und Tina streiten sich darum, wer als Erstes die neue Schaukel ausprobieren darf. Die Mutter schlägt vor, dass sie losen, und nimmt ein kleines Bonbon in die Hand. Nachdem sie ihre Hände hinter ihrem Rücken versteckt hat, darf Tim eine Hand auswählen. Wählt er die leere Hand, darf er zuerst auf die neue Schaukel und Tina bekommt dafür das Bonbon.

Wer hat die größere Chance, als Erstes die neue Schaukel auszuprobieren?

☐ Tim ☐ Tina

☐ beide gleich ☐ Das kann man so nicht sagen.

30. Du hast drei Ziffernkarten mit den Ziffern 2, 4 und 8.

Wie viele und welche verschiedenen dreistelligen Zahlen kannst du bilden?

____

____

Lösungen

Erster Kompetenzbereich: Zahlen und Operationen

1. Berechne das Produkt der Zahlen 6 und 7.

Hinweis: *Hier ist es wichtig, dass du den Begriff „Produkt" kennst: Das Produkt ist das Ergebnis einer Malaufgabe.*

6 · 7 = 42

2. a) Ina legt in einer Stellenwerttafel die Zahl 256.

H	Z	E
● ●	● ● ● ● ●	● ● ● ● ● ●

Jetzt legt sie ein Plättchen dazu. Welche der folgenden Zahlen kann Ina in der Stellenwerttafel legen? Kreuze alle möglichen Lösungen an.

Hinweis: *Du kannst das Plättchen an jede Stelle der Stellenwerttafel legen, also zu den Hundertern, zu den Zehnern und zu den Einern. Es entstehen dann drei unterschiedliche Zahlen.*

☐ 258	☒ 356
☐ 245	☐ 255
☒ 266	☒ 257

b) Ina hat in der Stellenwerttafel zwei dreistellige Zahlen gelegt. Für die erste Zahl hat sie 4 Plättchen benutzt, für die zweite Zahl hat sie 3 Plättchen benutzt. Die zweite Zahl ist um genau 10 kleiner als die erste.

Welche beiden Zahlen könnte Ina gelegt haben? Trage ein.

Hinweis: *Hier ist es wichtig, dass du die Aufgabe sehr genau liest. Du musst beachten, dass es sich um dreistellige Zahlen handelt. Die Hunderterstelle muss also immer mit mindestens einem Plättchen belegt werden. Da von der ersten zur zweiten Zahl ein Plättchen verschwindet und die Zahl um 10 kleiner wird, musst du an der Zehnerstelle ein Plättchen wegnehmen.*

Verschiedene Lösungsmöglichkeiten:

211 und **201** **121** und **111** **112** und **102**

3. Du hast die Ziffernkarten 2, 5 und 9. Bilde aus den Ziffern verschiedene dreistellige Zahlen und subtrahiere jeweils zwei von ihnen. Die Differenz soll zwischen 600 und 700 liegen.

Hinweis: *Hier musst du wieder ganz genau die Aufgabe lesen, damit du nicht zu viel machst. Zwei Begriffe musst du kennen: „subtrahieren" heißt „minus rechnen" und „Differenz" ist das Ergebnis einer Minusaufgabe. Jetzt kannst du systematisch alle Zahlen aus den Ziffernkarten bilden, die möglich sind. Mit einem System, das dir sicher aus dem Unterricht bekannt ist, geht das ganz schnell: 259 und 295, 529 und 592, 925 und 952.*
Da das Ergebnis der Minusaufgabe, die du aufschreiben sollst, zwischen 600 und 700 liegen soll, weißt du, dass als erste Zahl der Aufgabe nur die Zahlen infrage kommen, bei denen die 9 an der Hunderterstelle steht, also 952 und 925. Durch einen Überschlag erkennst du, dass du die Zahlen mit der 5 an der Hunderterstelle nicht abziehen kannst, da das Ergebnis sonst zu klein wird. Es bleibt dir also nur noch die Möglichkeit, 259 und 295 abzuziehen und hier nach Ergebnissen zu suchen, die zwischen 600 und 700 liegen.
In diesem Fall kommen alle Kombinationen dieser Zahlen infrage, zwei Aufgaben reichen als Lösung jedoch aus.

$$\begin{array}{r} 952 \\ -259 \\ \hline 693 \end{array} \qquad \begin{array}{r} 952 \\ -295 \\ \hline 657 \end{array} \qquad \begin{array}{r} 925 \\ -259 \\ \hline 666 \end{array} \qquad \begin{array}{r} 925 \\ -295 \\ \hline 630 \end{array}$$

4. Die Differenz zweier Zahlen ist 352, die kleinere Zahl ist 136. Wie heißt die größere Zahl?

Hinweis: *Hier musst du den Begriff „Differenz" (Ergebnis einer Minusaufgabe) kennen. Der Hinweis mit der kleineren Zahl ist wichtig, damit du weißt, dass die erste Zahl einer Minusaufgabe gesucht ist, denn du ziehst ja immer die kleinere von der größeren Zahl ab. Jetzt „übersetzt" du den Text in eine Aufgabe:*
____ – 136 = 352.
Zur Lösung musst du 352 und 136 addieren (+).

Die Zahl heißt: **488**

5. Die Aufgaben sind nach einer bestimmten Regel erstellt:

$100 - 9 - 7 - 5 - 5 - 3 - 1 = 100 - 3 \cdot 10$
$100 - 8 - 6 - 5 - 5 - 4 - 2 = 100 - 3 \cdot 10$
$100 - 18 - 16 - 14 - 6 - 4 - 2 = 100 - 3 \cdot 20$

Verwende diese Regel, um die folgenden Aufgaben zu vervollständigen:

Hinweis: *Wenn du die Aufgaben genau anschaust, erkennst du, dass immer sechs Zahlen von 100 subtrahiert (–) werden. Dies ist in den folgenden Aufgaben* *genauso. Jetzt musst du dir die sechs Zahlen genau anschauen. Dabei stellst du fest, dass immer zwei Zahlen zusammen 10 bzw. 20 ergeben (die erste und die letzte der sechs Zahlen, die zweite und die fünfte Zahl und die dritte und die vierte Zahl). Daher subtrahierst du 3 · 10 bzw. 3 · 20 von 100. Jetzt musst du schauen, ob du in den folgenden Aufgaben ein ähnliches Muster entdecken kannst. In der ersten Aufgabe ergeben immer zwei Zahlen zusammen 10, du musst also 3 · 10 subtrahieren. In der zweiten Aufgabe ergeben immer zwei Zahlen zusammen 5, du musst also 3 · 5 subtrahieren. In der dritten Aufgabe ergeben immer zwei Zahlen zusammen 20, du musst also 3 · 20 subtrahieren.*

a) $100 - 9 - 8 - 7 - 3 - 2 - 1 = \mathbf{100 - 3 \cdot 10}$

b) $100 - 1 - 2 - 3 - 2 - 3 - 4 = \mathbf{100 - 3 \cdot 5}$

c) $100 - 12 - 11 - 10 - 10 - 9 - 8 = \mathbf{100 - 3 \cdot 20}$

6. Schreibe die fehlenden Zahlen auf. Die Abstände auf dem Zahlenstrahl sind immer gleich.

Hinweis: *Hier hast du zwei Möglichkeiten, herauszubekommen, in welchem Abstand die Zahlen auf den Zahlenstrahl notiert sind. Vielleicht erkennst du, dass alle bereits angegebenen Zahlen zur 30er-Reihe gehören. Du kannst also die fehlenden Zahlen einfach entsprechend ergänzen.*
Als zweite Möglichkeit kannst du die Mitte zwischen 180 und 120 ausrechnen: 180 – 120 = 60; 60 : 2 = 30; 120 + 30 = 150. Die fehlende Zahl zwischen 120 und 180 ist also 150 und damit weißt du jetzt auch, dass die Zahlen immer im Abstand von 30 aufgeschrieben sind, und kannst die fehlenden Zahlen ergänzen.

30	**60**	**90**	120	**150**	180

7. Berechne.

a) $6 \cdot \mathbf{5} = 30$

b) $60 \cdot \mathbf{5} = 300$

c) $6 \cdot \mathbf{50} = 300$

8. Lisa wählt mit einer grauen Folie zwei Zahlen aus und berechnet ihre Summe. Lisa will die Folie so verschieben, dass sich die Summe der beiden Zahlen um 20 verringert.

Wie muss sie die Folie verschieben? Kreuze an.

1	2	3	4	5	6	7	8	9	10
11	12	13	14	15	16	17	18	10	20
21	22	23	24	25	26	27	28	29	30
31	32	33	34	35	36	37	38	39	40
41	42	43	44	45	46	47	48	49	50
51	52	53	54	55	56	57	58	59	60
61	62	63	64	65	66	67	68	69	70
71	72	73	74	75	76	77	78	79	80
81	82	83	84	85	86	87	88	89	90
91	92	93	94	95	96	97	98	99	100

Hinweis: *Die Summe wird genau dann um 20 kleiner, wenn jede Zahl um 10 kleiner wird. Sie muss also die Folie um ein Feld nach oben verschieben.*

- ☒ um ein Feld nach oben
- ☐ um ein Feld nach rechts
- ☐ um ein Feld nach unten
- ☐ um ein Feld nach links
- ☐ um zwei Felder nach oben

9. Rechne folgende Aufgaben.
Denke daran: Klammern werden zuerst ausgerechnet.
Punktrechnung (· und :) geht vor Strichrechnung (+ und –).

a) ***Hinweis:*** *Hier musst du die Regel „Punkt- vor Strichrechnung" beachten. Du rechnest also erst 3 · 3 = 9 und dann 12 – 9 = 3.*

$12 - 3 \cdot 3 = \mathbf{3}$

b) ***Hinweis:*** *Löse zuerst die Punktrechnung und rechne dann von links nach rechts. Zunächst also 4 · 8 = 32 und anschließend 30 + 32 – 42 = 20.*

$30 + 4 \cdot 8 - 42 = \mathbf{20}$

c) ***Hinweis:*** *Hier musst du die Klammer zuerst ausrechnen und das Ergebnis dann mit 8 multiplizieren (·). Du rechnest also zunächst 2 + 7 = 9 und anschließend 8 · 9 = 72.*

$8 \cdot (2 + 7) = \mathbf{72}$

d) ***Hinweis:*** *Hier musst du wieder die Klammer zuerst ausrechnen und 56 dann durch das Ergebnis dividieren (:). Du rechnest also 13 – 6 = 7 und anschließend 56 : 7 = 8.*

$56 : (13 - 6) = \mathbf{8}$

10. Ich denke mir eine Zahl. Wenn ich diese durch 5 dividiere, erhalte ich das gleiche Ergebnis, wie wenn ich 32 subtrahiere.

Welche Zahl denke ich mir?

Hinweis: *Die Aufgabe löst du am besten durch genaues Überlegen und systematisches Probieren. Du weißt, dass die gesuchte Zahl eine Zahl der 5er-Reihe sein muss, denn du kannst sie ja durch 5 dividieren (:). Sie muss auch größer sein als 32, denn diese Zahl sollst du subtrahieren (–). Die erste Zahl, die infrage kommt, ist 35. Wenn du 35 durch 5 dividierst, erhältst du 7. Wenn du aber von 35 32 subtrahierst, erhältst du 3. Das passt also nicht. Die nächste mögliche Zahl ist 40. 40 : 5 = 8 und 40 – 32 = 8. Dies ist also die gesuchte Zahl.*

Meine Zahl ist: **40**

11. Finde heraus, welche Zahl in das letzte Dreieck gehört, und trage sie ein.

Hinweis: *Du erkennst sicher schnell, dass die Zahl in der Mitte immer die Einmaleinsreihe angibt, aus der die außenstehenden Zahlen stammen. Oben steht immer das Produkt (Ergebnis der Malaufgabe) mit 5, links unten das Produkt mit 3 und rechts unten das Produkt mit 9. Um die Zahl im letzten Dreieck zu finden, überlegst du, zu welcher Einmaleinsreihe alle Zahlen gehören, oder du teilst eine außenstehende Zahl durch den passenden Teiler (5, 3 oder 9).*

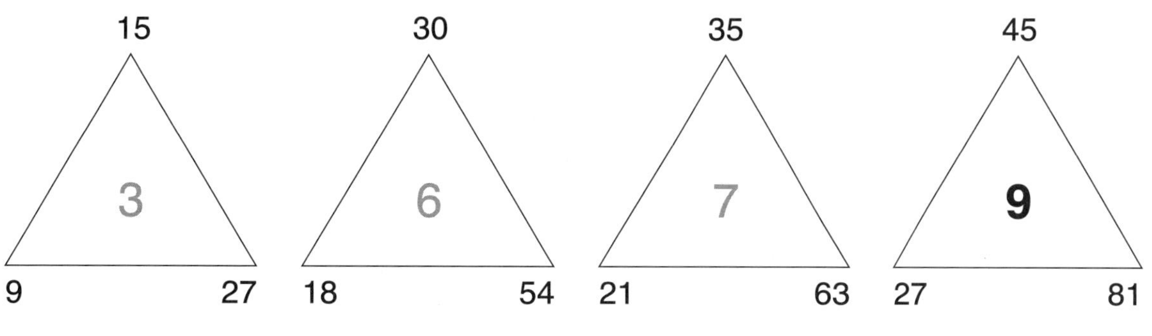

12. Fehlersuche: Tom soll die Zahlen 428 und 379 addieren.
Er hat einen Fehler gemacht.

Tom rechnet:

$$\begin{array}{r} 4\ 2\ 8 \\ +\ 3\ 7\ 9 \\ \hline 0\ 4\ 9 \end{array}$$

***Hinweis:** Beginne bei den Einern, gehe Stelle für Stelle durch und überlege, wie Tom auf sein Ergebnis gekommen ist. Dabei merkst du schnell, dass er minus und nicht plus gerechnet hat.*

Das Ergebnis ist falsch, ...

- ☐ weil 379 oben und 428 unten stehen muss.
- ☐ weil das richtige Ergebnis 159 sein muss.
- ☒ weil Tom minus und nicht plus gerechnet hat.
- ☐ weil Tom die Überträge vergessen hat.

13. Anne und ihre vier Freundinnen spielen Karten. Anne verteilt die Karten an sich selbst und an die anderen Mädchen. Alle erhalten gleich viele Karten. 4 Karten bleiben übrig. Waren es 26, 27, 28, 29 oder 30 Karten? Karoline sagt: „Es waren 29 Karten."

Begründe, warum sie recht hat.

***Hinweis:** Anne verteilt ihre Karten an sich selbst und vier Freundinnen. Das bedeutet, dass sie die Anzahl ihrer Karten durch 5 dividiert (:), denn es sind insgesamt 5 Spielerinnen. Dividiert man 29 durch 5, erhält jede Spielerin 5 Karten und 4 Karten bleiben übrig. Die Antwort ist also richtig.*

Es waren 29 Karten, weil **29 die einzige Zahl ist, bei der beim Teilen durch 5 ein Rest von 4 bleibt.**

14. Welche Rechengeschichte passt zu (15 – 3) : 2?

***Hinweis:** „Übersetze" die Texte in Rechenaufgaben und vergleiche dann mit der vorgegebenen Aufgabe.*
Erste Rechengeschichte: (15 – 3) · 2
Zweite Rechengeschichte: (15 – 3) : 2
Hier kannst du aufhören, denn du hast die passende Rechengeschichte bereits gefunden. Wenn du dir jedoch unsicher bist, solltest du dir auch zu der dritten und vierten Geschichte noch die Rechnung überlegen.
Dritte Rechengeschichte: (15 : 2) – 3
Vierte Rechengeschichte: 15 – 3

- [ ] 15 Personen sitzen schon im Bus. Dann steigen 3 Personen aus und an der nächsten Haltestelle steigen noch einmal genauso viele Personen in den Bus ein, wie schon darin sitzen. Wie viele Personen sitzen dann im Bus?
- [x] Zwei Kinder bekommen für das Rasenmähen 15 € vom Nachbarn. Für 3 € kaufen sie sich Eis und den Rest teilen sie. Wie viel Geld bekommt jeder?
- [ ] Zwei Kinder bekommen für das Rasenmähen 15 € vom Nachbarn. Sie teilen das Geld und kaufen sich dann für 3 € Süßigkeiten. Wie viel Geld bekommt jeder?
- [ ] Zwei Kinder haben zusammen 15 € gespart. Dafür kaufen sie für 3 € ein Buch. Wie viel Geld haben sie am Ende zusammen?
- [ ] Keine der Rechengeschichten passt.

15. Die Zahlen auf den Karten sind nach einer Regel geordnet und werden immer kleiner.

		96				48			
	108		84		**60**		**36**		**12**
120				**72**				**24**	

Hinweis: *Alle Zahlen gehören zur 12er-Reihe. Die Zahl auf der markierten Karte ist also die 72. Kleiner als 50 werden die Zahlen ab der 7. Karte, denn hier steht die 48. Wenn es dir hilft, kannst du natürlich alle Zahlen in die Karten schreiben.*

a) Welche Zahl muss auf der markierten Karte stehen?
Die Zahl **72**.

b) Ab welcher Karte ist die Zahl kleiner als 50?
Ab der **7.** Karte ist die Zahl kleiner als 50.

16. Was ist richtig? Kreuze an.

Hinweis: *Vergleiche hier genau die einzelnen Stellen (Hunderter-, Zehner- und Einerstelle) und die Richtung des Zeichens. Zur Erinnerung: Die Spitze zeigt immer auf die kleinere Zahl.*

☐ $621 < 261$

☒ $356 > 289$

☒ $597 > 579$

☐ $725 < 527$

17. Ordne die Zahlen der Größe nach. Beginne mit der kleinsten Zahl.

Hinweis: *Achte bei diesen Aufgaben darauf, dass du wirklich mit der kleinsten Zahl beginnst. Bei der Sortierung darfst du nicht vergessen, Hunderter, Zehner und Einer zu berücksichtigen.*

a) 27 46 72 64

Antwort: **27, 46, 64, 72**

b) 527 279 297 572

Antwort: **279, 297, 527, 572**

c) 186 681 861 816 168 618

Antwort: **168, 186, 618, 681, 816, 861**

18. Setze die passenden Rechenzeichen (+, –, · oder :) ein.

Hinweis: *Wenn du die Rechenzeichen setzt, denke daran: Wenn das Ergebnis größer ist, musst du addieren (+) oder multiplizieren (·). Wenn das Ergebnis kleiner ist, musst du subtrahieren (–) oder dividieren (:).*

a) $160 \boxed{+} 40 = 200$

b) $160 \boxed{:} 40 = 4$

c) $64 \boxed{\cdot} 2 = 128$

d) $64 \boxed{-} 2 = 62$

19. Trage die fehlende Zahl in das graue Kästchen ein.

Hinweis: *Diese Hundertertafel kennst du aus dem Unterricht. Wenn du senkrecht nach oben gehst, verringern sich die Zehner, wenn du senkrecht nach unten gehst, vermehren sich die Zehner. Gehst du waagerecht nach links, werden die Einer kleiner, gehst du waagerecht nach rechts, werden die Einer größer. Der Hunderter (hier die 3) verändert sich nicht.*

			314						
				365					
								389	

20. Auf dem Bild siehst du die kleinen Päckchen, von denen der Lehrer an seinem Geburtstag an jedes Kind in der Klasse eines verschenkt. In jedem Päckchen sind drei kleine Überraschungen.

Welche Rechnung zeigt, wie viele Überraschungen der Lehrer insgesamt braucht? Kreuze an.

Hinweis: *Anhand der Anordnung siehst du, dass es 4 · 5 Geschenke (also 20) gibt. Da in jedem Geschenk drei kleine Überraschungen versteckt sind, musst du auch noch mit 3 multiplizieren (·).*

☐ $4 + 5 + 3$

☒ $4 \cdot 5 \cdot 3$

☐ $4 \cdot 5 + 3$

☐ $4 + 5 \cdot 3$

21. Du hast diese drei Ziffernkarten:

a) Bilde aus den Ziffern die kleinste dreistellige Zahl. Benutze jede Ziffernkarte nur einmal.

Hinweis: *Für die kleinste dreistellige Zahl ordnest du die Ziffern von links nach rechts von der kleinsten zur größten Ziffer.*

468

b) Bilde aus den Ziffern die größte dreistellige Zahl. Benutze jede Ziffernkarte nur einmal.

Hinweis: *Für die größte dreistellige Zahl ordnest du die Ziffern von links nach rechts von der größten zur kleinsten Ziffer.*

864

22. Kreuze an.

$5 \cdot 3 \cdot 10 \cdot 2 = ?$

Hinweis: *Hier rechnest du einfach von links nach rechts.*

☐ 15

☐ 6

☒ 300

☐ 30

23. Berechne.

63 : 7 = **9**

24. Die Lehrerin diktiert den Kindern Zahlen. Eine Zahl lautet „achthundertsechsundsiebzig".

Wie sieht die Zahl in Ziffern aus? Kreuze an.

☐ 80 076

☐ 80 067

☐ 8 670

☒ 876

25. Timo kauft mit seiner Mutter Eier auf dem Markt. Er hört, wie die Verkäuferin zählt: 2, 4, 6, 8, 10. Im Kopf rechnet er: 2 + 2 + 2 + 2 + 2 = ✦.

Schreibe die Rechnung als Multiplikationsaufgabe auf.

Hinweis: *Anhand der Additionsaufgabe (+) weißt du, dass die Multiplikationsaufgabe 5 · 2 sein muss.*

5 · 2 = 10

26. Frau Möller weiß, dass in ihre neue Klasse 26 Kinder gehen. Sie stellt Gruppentische auf. An jedem Gruppentisch sitzen vier Kinder. Die übrigen Kinder sitzen an Einzeltischen.

Wie viele Kinder müssen an Einzeltischen sitzen?

Hinweis: *Wenn 26 Kinder in die Klasse gehen, ist die nächstkleinere Zahl, die ohne Rest durch 4 teilbar ist, die 24. Es können also 24 Kinder an Gruppentischen sitzen, 2 Kinder müssen an Einzeltischen sitzen.*

Antwort: **2** Kinder sitzen an Einzeltischen.

27. Welche Zahl kann man hier einsetzen, damit das Ergebnis von 13 + ______ kleiner als 24 ist?

Kreuze an.

Hinweis: *Wenn du hier die 11 einsetzt, ist das Ergebnis schon 24. Das heißt, dass die Zahl, die du einsetzen kannst, kleiner als 11 sein muss.*

☒ 10 ☐ 12

☐ 11 ☐ 13

28. Wie heißt die Zahl? Die Zahl ist ein Vielfaches von 7 und gerade und größer als 44 und kleiner als 70.

Hinweis: *Hier gehst du am besten wieder systematisch vor. Die Zahl, die gesucht ist, ist eine Zahl aus der 7er-Reihe. Sie ist größer als 44 und kleiner als 70. Es kommen also 49, 56 und 63 infrage. Die einzige passende Zahl, die gerade ist, wie es die Aufgabe verlangt, ist jedoch die 56.*

Antwort: **56**

29. ♥ steht für die Anzahl der Gäste auf Steffis Geburtstagsparty. Steffi wird 15 Waffeln an ihre Gäste verteilen. Jetzt möchte sie wissen, wie viele Waffeln jeder Gast bekommt.

Welche Rechnung ist richtig? Kreuze an.

Hinweis: *Es werden 15 Waffeln an die Gäste verteilt. Wenn etwas verteilt wird, musst du immer dividieren (:).*

☒ 15 : ♥ ☐ 15 + ♥

☐ 15 · ♥ ☐ 15 – ♥

30. Zwei nebeneinanderliegende Mauersteine werden multipliziert. Das Ergebnis steht im Mauerstein darüber. Setze die fehlenden Zahlen in die rechte Mauer ein.

Hinweis: *Hier setzt du am besten systematisch Zahlen in den unteren Mauerstein ein. Die Zahl 1 geht nicht, das siehst du ganz schnell. Versuche als Nächstes die Zahl 2. Das ist in diesem Fall schon die richtige Lösung. Rechne konzentriert, damit du keine Fehler machst.*

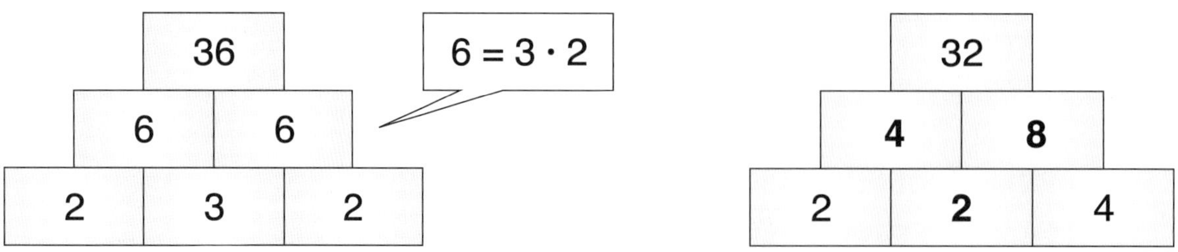

31. a) Welche Zahl ist dreimal so groß wie die Summe der Zahlen 5 und 6? Kreuze an.

*✎ **Hinweis:** „Summe" ist das Ergebnis einer Plusaufgabe. Du musst also 5 und 6 addieren (5 + 6), das ergibt 11. Die gesuchte Zahl ist dreimal so groß, daher musst du die 11 noch mit 3 multiplizieren (11 · 3).*

☐ 15 ☒ 33

☐ 30 ☐ 90

b) Welche Zahl ist um 12 kleiner als die Differenz aus 90 und 30? Kreuze an.

*✎ **Hinweis:** „Differenz" ist das Ergebnis einer Minusaufgabe. Du musst also von 90 30 subtrahieren (90 – 30), das ergibt 60. Die gesuchte Zahl ist noch um 12 kleiner, daher musst du noch 60 – 12 rechnen.*

☐ 42 ☐ 72

☒ 48 ☐ 132

32. Welche Rechenzeichen fehlen? Kreuze an.

*✎ **Hinweis:** Wenn du die Rechenzeichen setzt, denke daran: Wenn das Ergebnis größer ist, musst du addieren (+) oder multiplizieren (·). Wenn das Ergebnis kleiner ist, musst du subtrahieren (–) oder dividieren (:).*

a) 8 ___ 12 = 96	b) 78 ___ 46 = 124	c) 84 ___ 6 = 14
☐ +	☒ +	☐ +
☒ ·	☐ ·	☐ ·
☐ –	☐ –	☐ –
☐ :	☐ :	☒ :

33. Trage die fehlenden Zahlen ein.

a) *✎ **Hinweis:** Hier musst du überlegen, wie viel du von 872 subtrahieren (–) musst, damit du 775 erhältst. Für die Lösung musst du 872 – 775 rechnen.*

872 – **97** = 775

b) *✎ **Hinweis:** Hier musst du überlegen, wie viel du zu 775 addieren (+) musst, um 864 zu erhalten. Für die Lösung musst du 864 – 775 rechnen.*

775 + **89** = 864

c) *Hinweis:* *Hier musst du überlegen, wie viel du von 864 subtrahieren (–) musst, um 739 zu erhalten. Für die Lösung musst du 864 – 739 rechnen.*

864 – **125** = 739

34. Setze die Rechenzeichen +, –, · oder : so ein, dass die Gleichung stimmt.

a) ***Hinweis:*** *Hier siehst du, dass jeweils die kleinere Zahl vorne steht. – und : geht also nicht. Wenn 7 und 8 multipliziert (·) werden, wird das Ergebnis zu hoch. Es bleibt also 7 + 8 = 15, und wenn man jetzt noch 3 · 5 = 15 rechnet, hat man die richtige Lösung.*

3 [·] 5 = 7 [+] 8

b) ***Hinweis:*** *Da hier nur eine große Zahl (56) zu finden ist, wird wohl nicht multipliziert (·) oder addiert (+), und auch wenn du subtrahierst (–), ist das Ergebnis noch zu groß. Es bleibt also 56 : 7 = 8 und dann kommt nur noch die Lösung 2 · 4 infrage.*

56 [:] 7 = 2 [·] 4

c) ***Hinweis:*** *Hier ist es wie in Aufgabe b. Nur durch das Dividieren (:) wird die große Zahl (64) deutlich kleiner. Wenn du dann noch 9 – 1 rechnest, kommst du auf das richtige Ergebnis.*

64 [:] 8 = 9 [–] 1

d) ***Hinweis:*** *Hier steht in beiden Rechnungen die Null auf der rechten Seite, dividieren (:) geht also nicht. Beim Addieren (+) und Subtrahieren (–) würde die Gleichung nicht stimmen. Wenn du aber multiplizierst (·), ergeben beide Rechnungen null, und die Gleichung stimmt.*

75 [·] 0 = 5 [·] 0

Zweiter Kompetenzbereich: Raum und Form

1. Spiegle die Zeichnungen an der Spiegelachse.

Hinweis: *Achte darauf, dass die vorgegebene Zeichnung und die gespiegelte Zeichnung gleich weit von der Spiegelachse entfernt sind. Du kannst auch zuerst die Eckpunkte der Zeichnung spiegeln und diese dann verbinden.*

a)

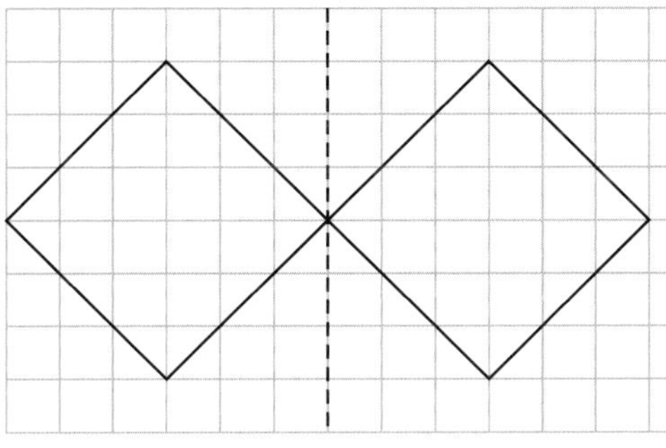

b)

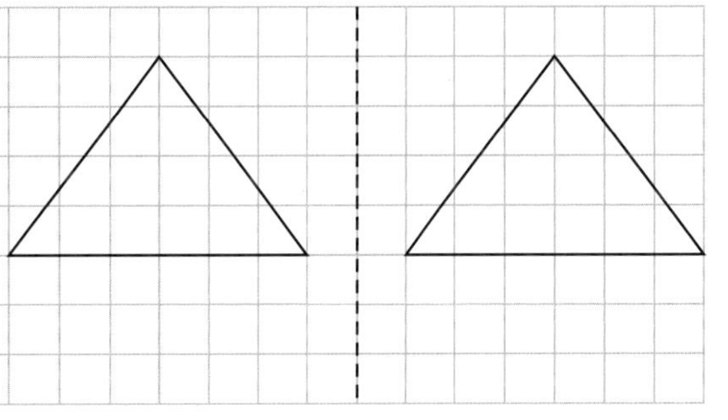

2. Zeichne bei den folgenden Figuren alle Spiegelachsen ein. Eine Figur kann keine, eine oder mehrere Spiegelachsen haben.

Hinweis: *Stell dir vor, du faltest eine Figur so, dass die beiden Hälften genau übereinanderliegen. Die Faltkante ist die Spiegelachse. Achte auch auf Kleinigkeiten, wie die geknickte Ecke in Figur e, und zeichne genau und mit Lineal.*

a)

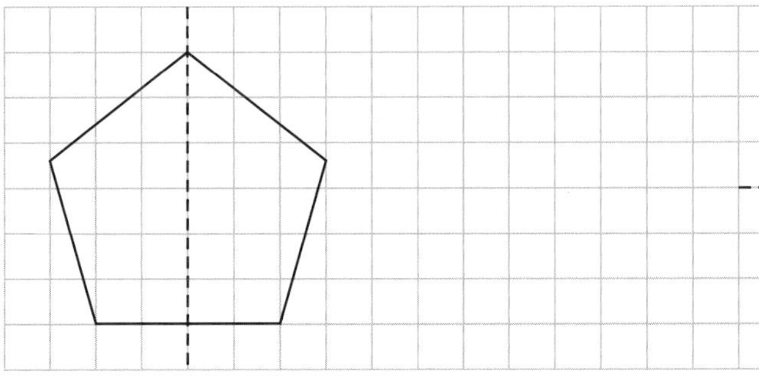

b)

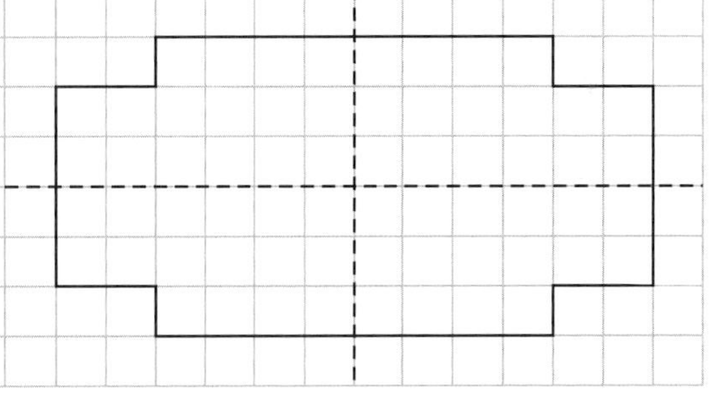

c)

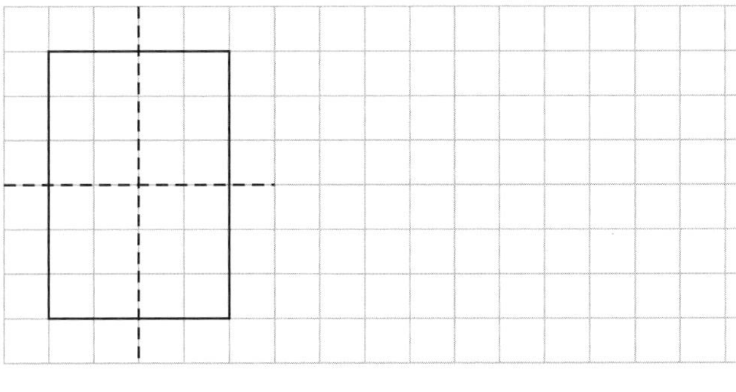

d)

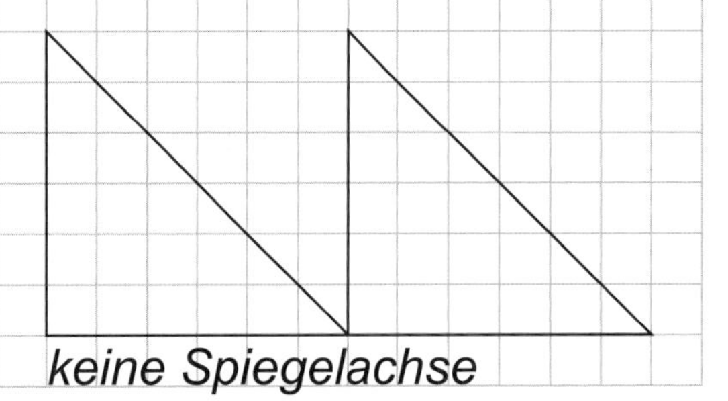

keine Spiegelachse

e) f)

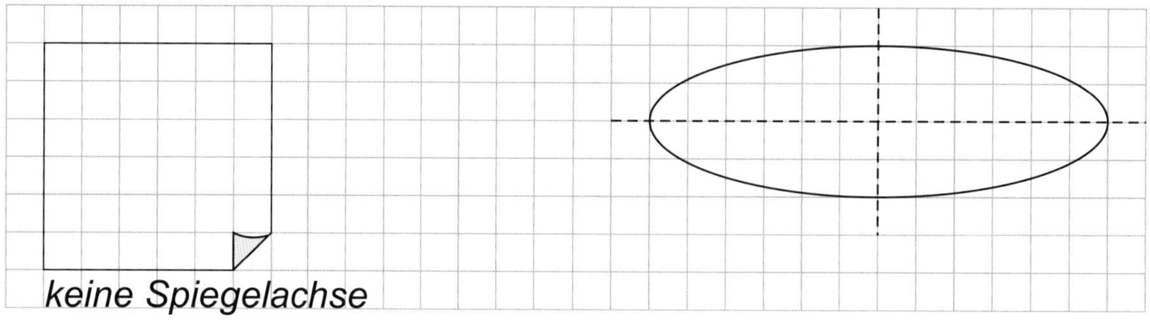

3. Welcher Bauplan gehört zu diesem Würfelgebäude? Kreuze an.

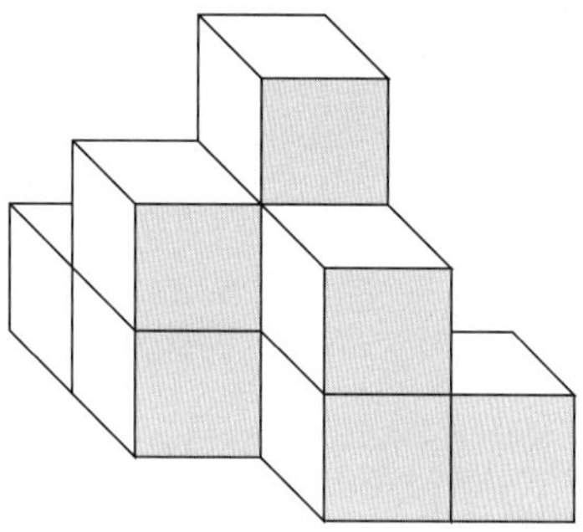

Hinweis: *Von oben entsprechen alle Baupläne im Grundriss dem gezeigten Würfelgebäude. Du musst also genau darauf achten, wie viele Würfel an welcher Stelle im Bauplan aufeinanderliegen.*

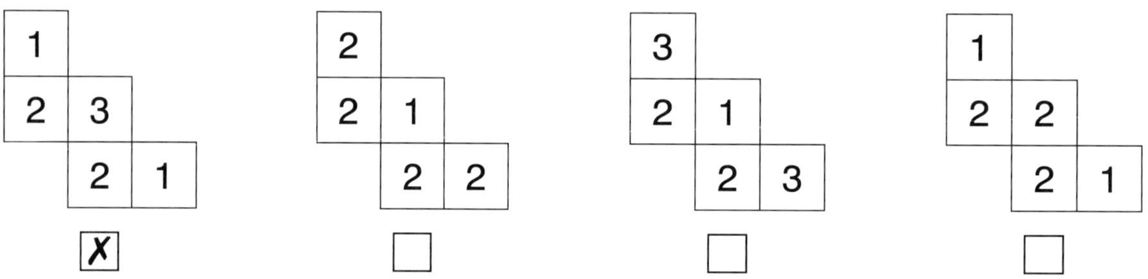

4. Wie musst du diesen Würfel kippen, damit die 1 unten liegt?

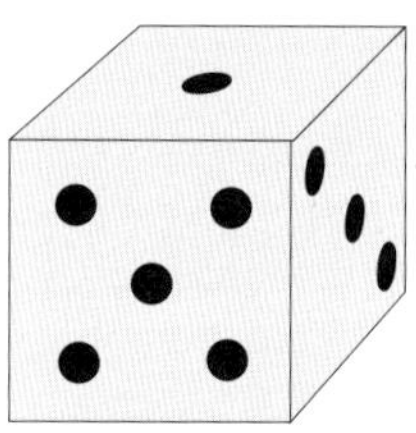

Hinweis: *Damit die 1 unten liegt, musst du den Würfel zweimal in die gleiche Richtung (nach vorne, hinten, links oder rechts) kippen. Es gibt also mehrere Möglichkeiten.*

Ich muss den Würfel zweimal in die gleiche Richtung (zweimal nach links, rechts, hinten oder vorne) kippen, damit die 1 unten liegt.

5. Aus welchem Netz kann kein Würfel entstehen? Kreuze an.

Hinweis: *Lies genau: Du sollst das Würfelnetz ankreuzen, aus dem kein Würfel entstehen kann. In einem Würfelnetz sind alle Seiten gleich groß. Wenn du in Gedanken die Würfelnetze zusammenklappst, achte darauf, dass sich keine Seiten überlappen.*

a)

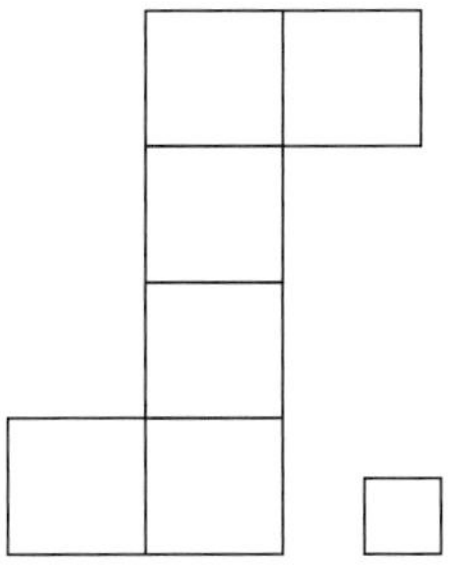

b)

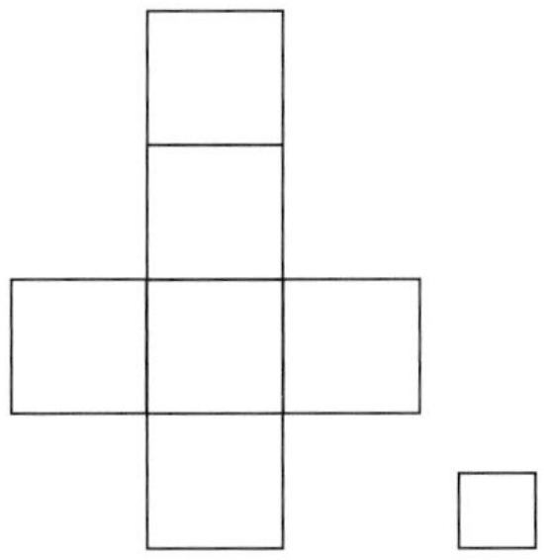

c)

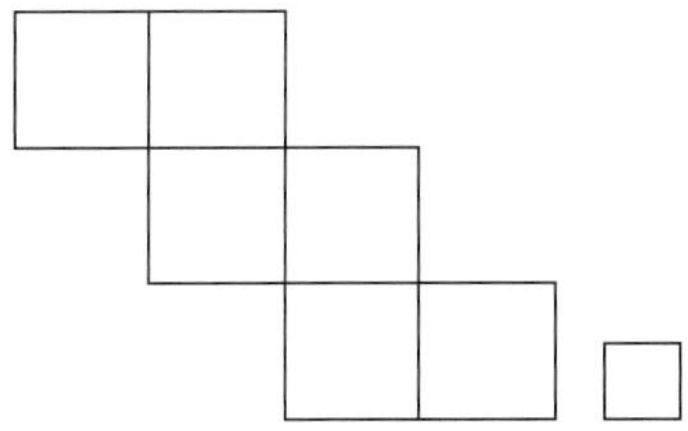

d)

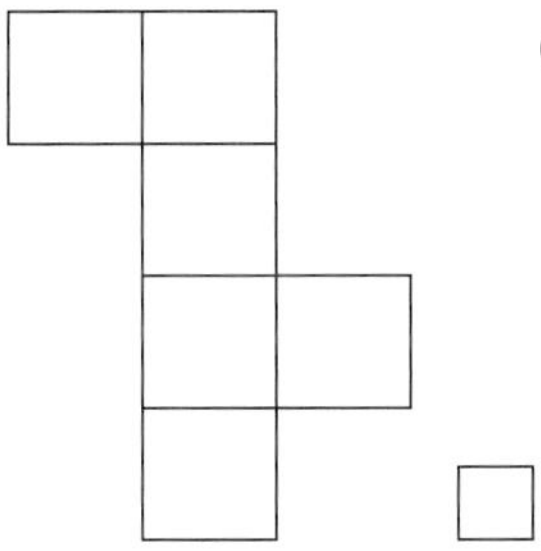

e)

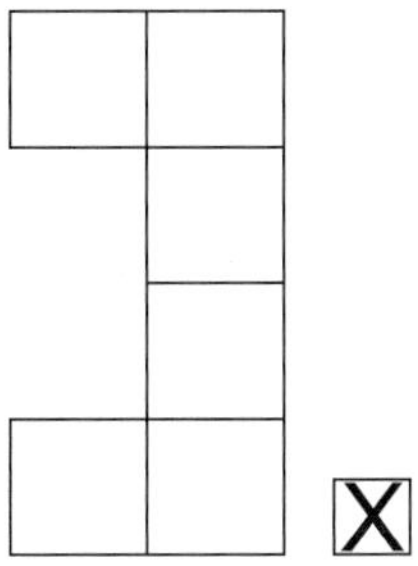

6. Wie sieht dieses Bauwerk aus Bausteinen von oben aus?

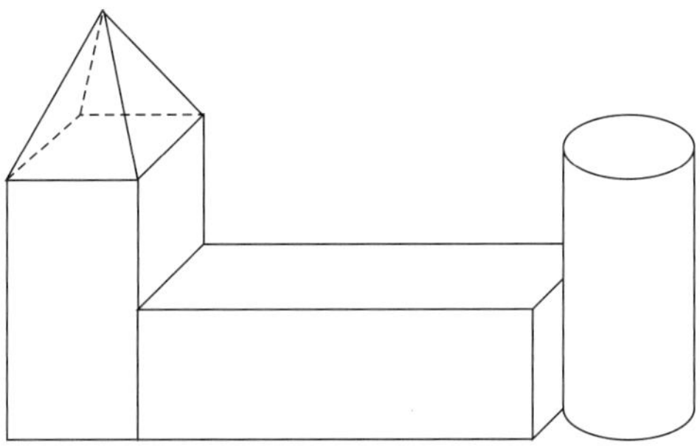

Hinweis: *Das Bauwerk hat links oben eine Pyramide, von oben muss man also eine Spitze sehen. Daher kommen nur die zweite und dritte Zeichnung infrage. Bei der dritten Zeichnung sieht man auch im Rechteck ein Kreuz, das heißt, hier ist ebenfalls eine Spitze eingezeichnet. Die ist bei dem Bauwerk nicht vorhanden, richtig ist also die Zeichnung oben rechts.*

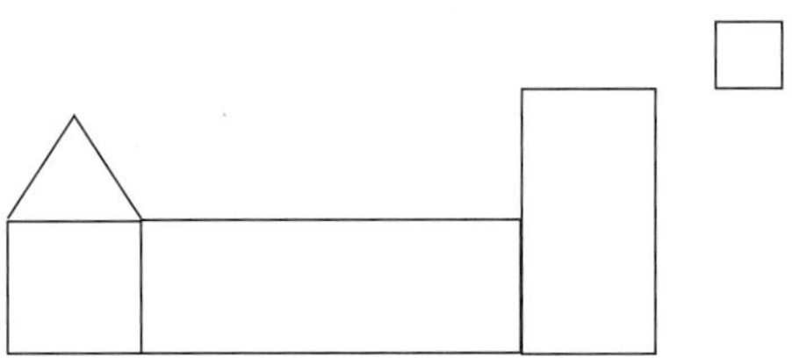

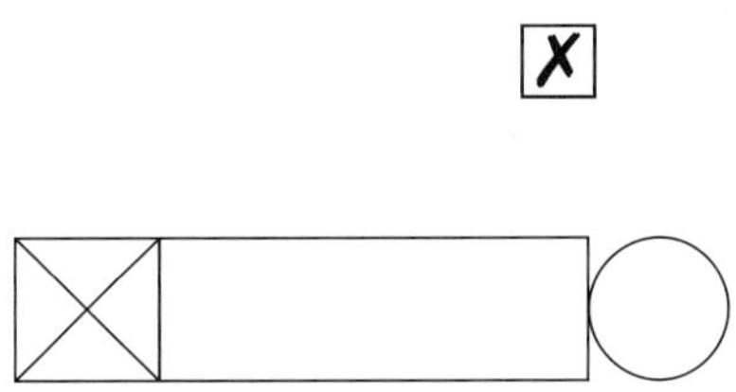

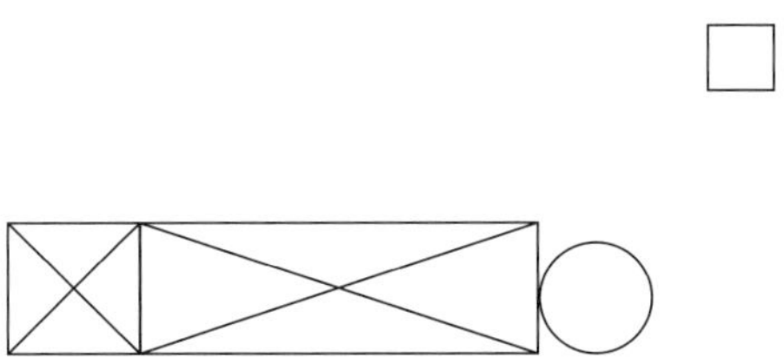

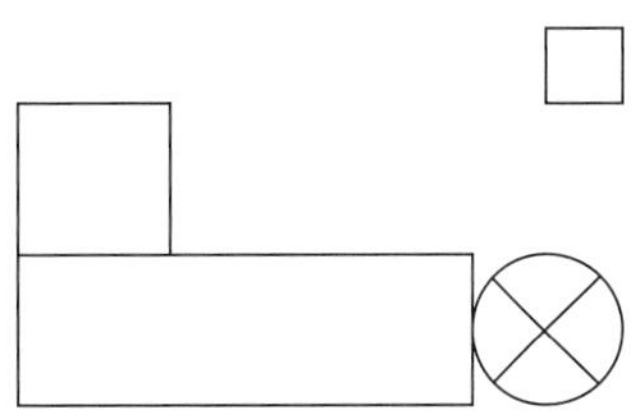

7.

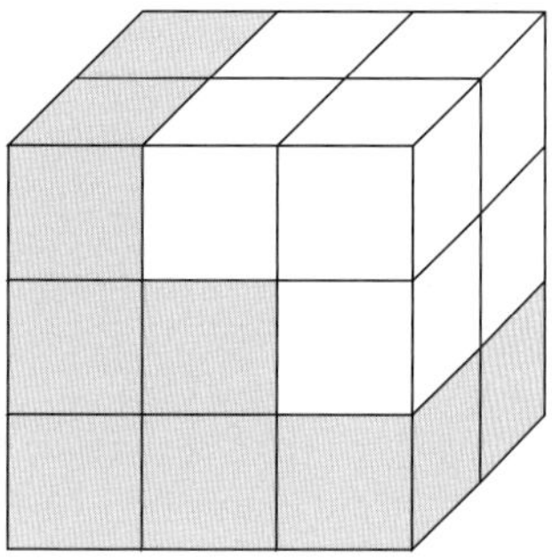

Der weiße Teil oben im Quader besteht aus sieben kleinen Würfeln.
Wie sieht er aus?

Hinweis: *An der Form der angebotenen Lösungen erkennst du schon, dass nur die zweite und die vierte Möglichkeit in Betracht kommen. Richtig ist aber nur die zweite Lösung, denn nur hier kann man den geforderten siebten Würfel erkennen. Diesen kann man im Quader nicht sehen, aber er wird in der Aufgabenstellung erwähnt.*

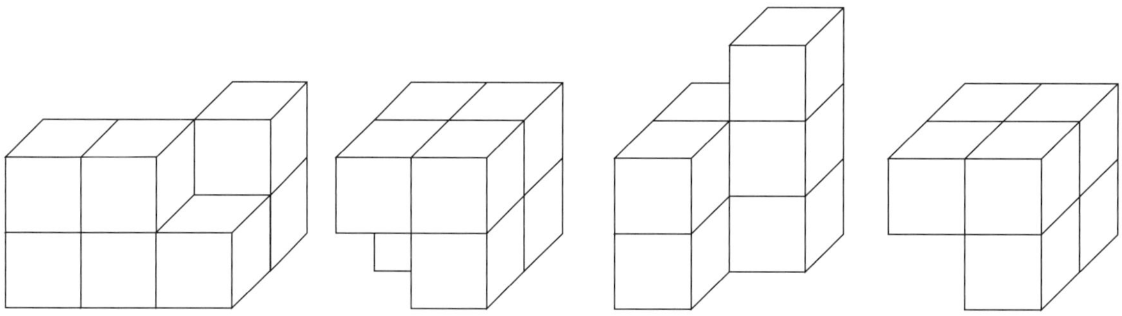

☐ ☒ ☐ ☐

8. Vera legt Figuren.

Welche der folgenden Figuren braucht sie, um ein Fünfeck zu legen? Kreuze an.

Hinweis: *Ein Fünfeck besteht immer aus fünf Ecken. Ein Fünfeck kann nur mit dem Dreieck und dem Quadrat entstehen, da aus dem Kreis kein Fünfeck werden kann und beim Sechseck keine Ecke verschwinden kann. Lege das Dreieck in Gedanken an das Quadrat, dann kannst du dir das Fünfeck sicher gut vorstellen.*

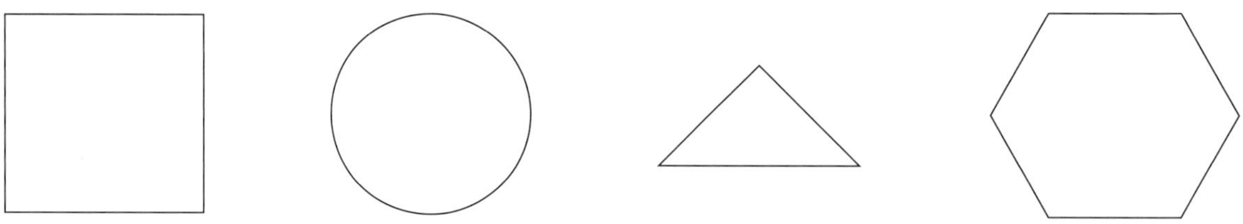

☒ ☐ ☒ ☐

9. Tom hat in einem Hunderterfeld auf alle äußeren Felder rote Plättchen gelegt. Jetzt will er noch auf alle inneren Felder blaue Plättchen legen.

Wie viele blaue Plättchen braucht Tom?

1	2	3	4	5	6	7	8	9	10
11	12	13	14	15	16	17	18	19	20
21	22	23	24	25	26	27	28	29	30
31	32	33	34	35	36	37	38	39	40
41	42	43	44	45	46	47	48	49	50
51	52	53	54	55	56	57	58	59	60
61	62	63	64	65	66	67	68	69	70
71	72	73	74	75	76	77	78	79	80
81	82	83	84	85	86	87	88	89	90
91	92	93	94	95	96	97	98	99	100

***Hinweis:** In der Zeichnung erkennst du, dass noch 8 · 8 = 64 Felder für die blauen Plättchen übrig bleiben.*

Tom braucht **64** Plättchen.

10. Hier siehst du einen Fliesenboden mit einem Teppich darauf.

Wie viele Fliesen sind es insgesamt?

***Hinweis:** Du siehst, dass alle Fliesen gleich groß sind, das wird also auch unter dem Teppich so sein. Da der Fliesenboden rechteckig ist, zählst du am besten ab, wie viele Fliesen in einer Reihe liegen: Es sind 8. Insgesamt sind es 5 Reihen. Du rechnest also 8 · 5 = 40.*

Es sind **40** Fliesen.

11. Sina legt mit den folgenden Plättchen Muster aus.

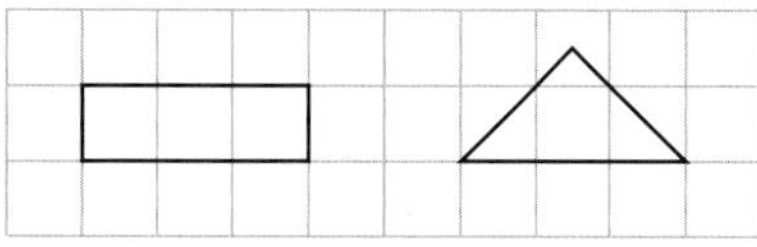

Wie viele von diesen Plättchen braucht sie?

Hinweis: *Lege in Gedanken die Muster mit den Figuren aus. Wenn du dir nicht sicher bist, wie oft eine Figur hineinpasst, kannst du auch mit deinem Lineal abmessen.*

a) 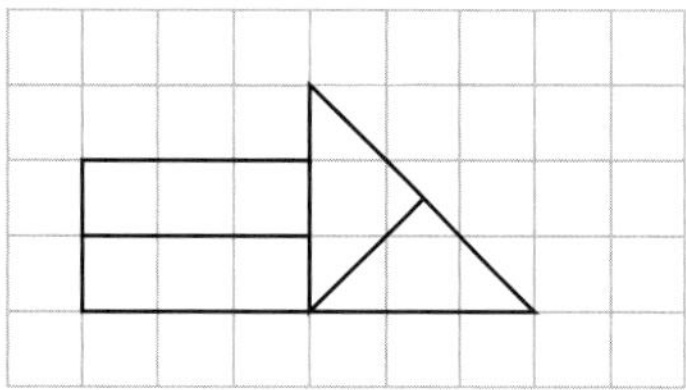

Sie braucht **2** 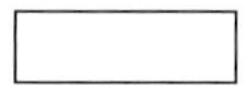 und **2** 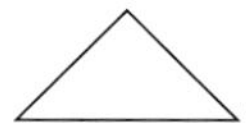.

b) 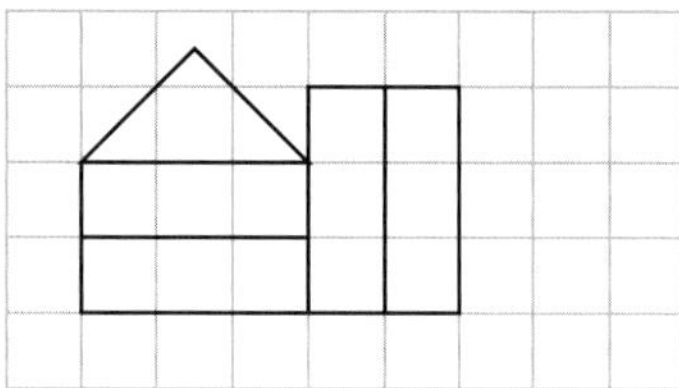

Sie braucht **4** 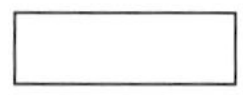 und **1** 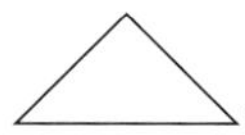.

c) 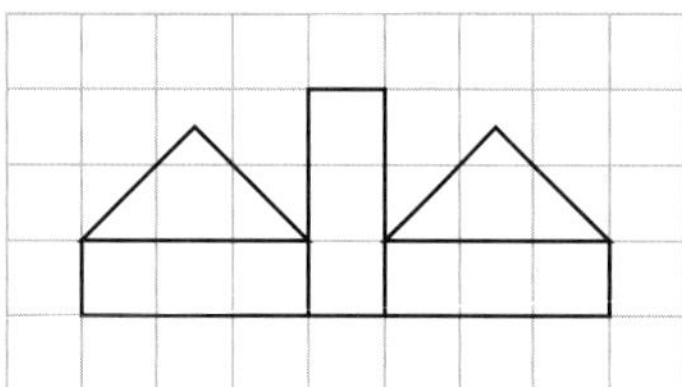

Sie braucht **3** 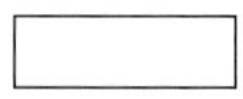 und **2** 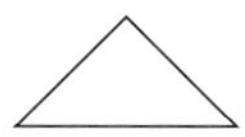.

12. Spiegle die Zeichnungen an der Spiegelachse.

Hinweis: *Achte darauf, dass die vorgegebene Zeichnung und die gespiegelte Zeichnung gleich weit von der Spiegelachse entfernt sind. Du kannst auch zuerst die Eckpunkte der Zeichnung spiegeln und diese dann verbinden.*

a)

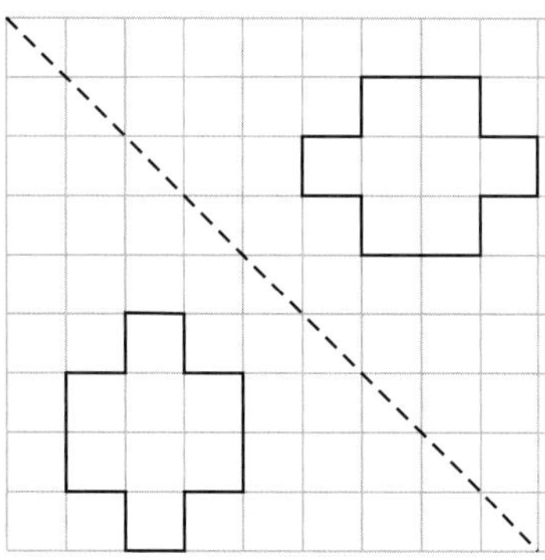

b)

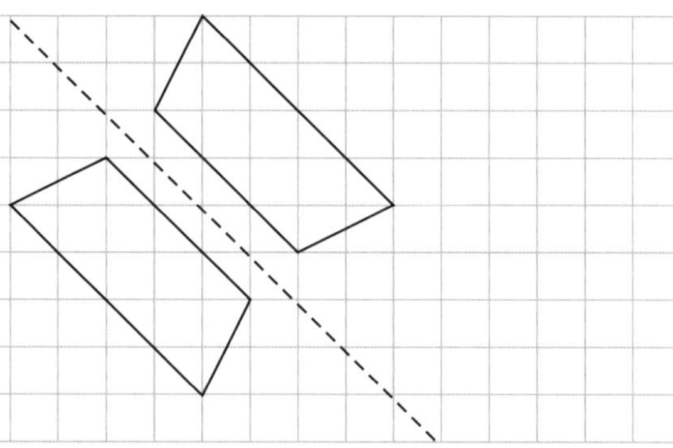

13. a) Iman hat diese Formen vor sich liegen.
Sie braucht zum Basteln aber nur Rechtecke.

Welche Formen kann sie benutzen? Kreuze an.

Hinweis: *Denke daran, dass in einem Rechteck immer zwei Seiten gleich lang sind. Diese liegen sich gegenüber. (Auch ein Quadrat ist eine besondere Form des Rechtecks. Vergiss daher nicht, auch dieses anzukreuzen.)*

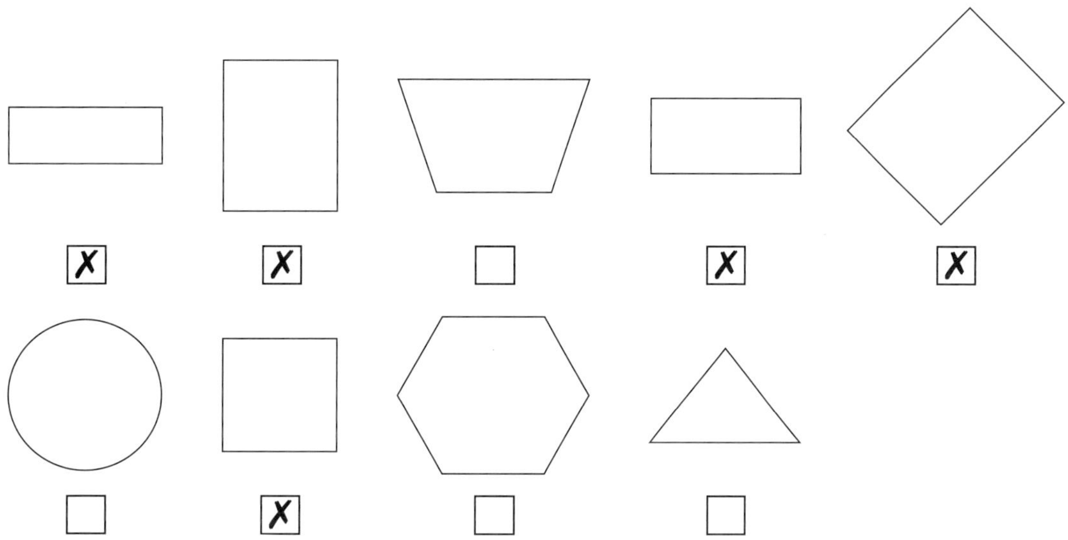

b) Für die nächste Bastelarbeit braucht Iman alle Fünfecke.
Kreuze an.

Hinweis: *Fünfecke haben keine besondere Form. Sie müssen nur fünf Ecken haben.*

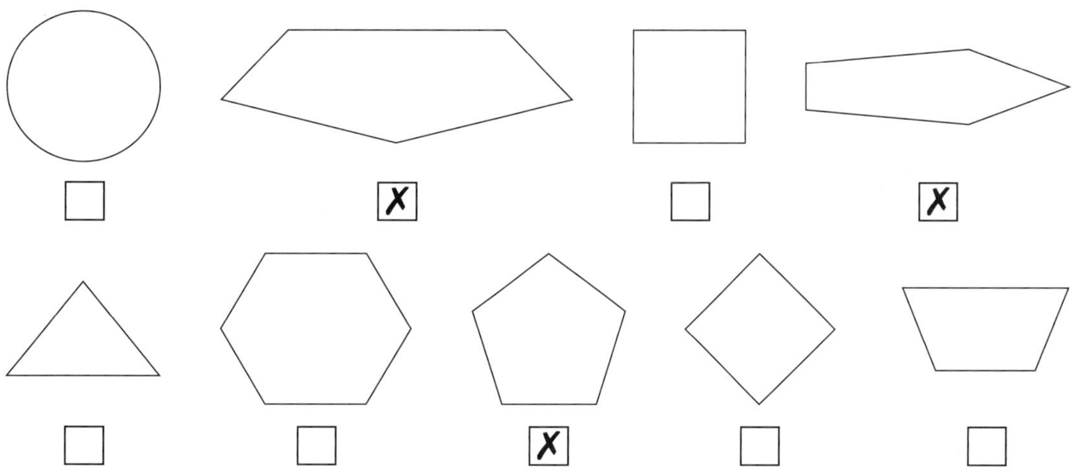

c) Wie heißt diese Figur?

Hinweis: *Hier siehst du, dass alle Seiten gleich lang sind und die Winkel 90 Grad betragen.*

Diese Figur heißt **Quadrat**.

14. a) Zeichne zwei gerade Linien so, dass ein Dreieck und ein Fünfeck entstehen.

Hinweis: *Dreiecke und Fünfecke haben keine festgelegte Form, sondern haben einfach drei oder fünf Ecken. Wenn es dir schwerfällt, für diese und die nächsten beiden Aufgaben Lösungen zu finden, zeichne auf einen Zettel Rechtecke und probiere einfach aus. Hier siehst du jeweils einen Lösungsvorschlag. Wenn du dir nicht sicher bist, ob deine Lösung auch richtig ist, frage deine Eltern oder deinen Lehrer/deine Lehrerin.*

Lösungsvorschlag:

b) Zeichne zwei gerade Linien so, dass drei Quadrate entstehen.

Hinweis: *Bei Quadraten müssen alle Seiten gleich lang sein.*

Lösungsvorschlag:

c) Zeichne eine gerade Linie so, dass zwei Rechtecke entstehen.

Hinweis: *Bei einem Rechteck sind gegenüberliegende Seiten gleich lang.*

Lösungsvorschlag:

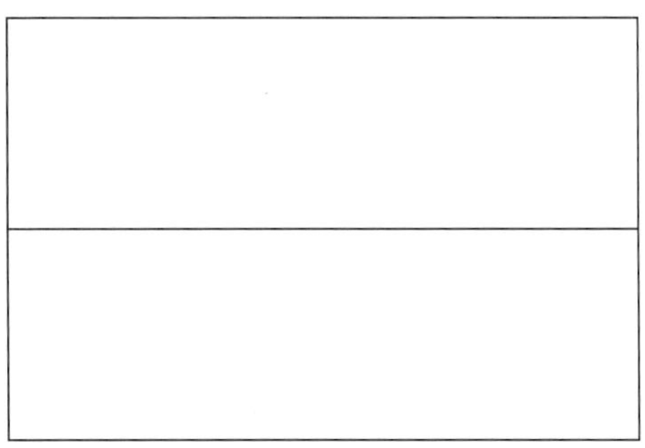

15. Theresa baut einen großen Würfel aus kleinen Würfeln. Für die mittleren Würfel an den Kanten wählt sie jeweils kleine schwarze Würfel.

Wie viele kleine schwarze Würfel hat sie für ihren großen Würfel benutzt?

Hinweis: *Anhand der Färbung des Würfels in der Zeichnung kannst du dir vorstellen, wie der Würfel aussieht. Die schwarzen Würfel kannst du an den sichtbaren Seiten gut abzählen. Anschließend musst du dir überlegen, wie viele schwarze Würfel du nicht sehen kannst. Diese musst du auch noch addieren (+).*

Sie hat **24** kleine schwarze Würfel benutzt.

16. Welche zwei Teile lassen sich zu einem Kegel zusammensetzen? Kreuze an.

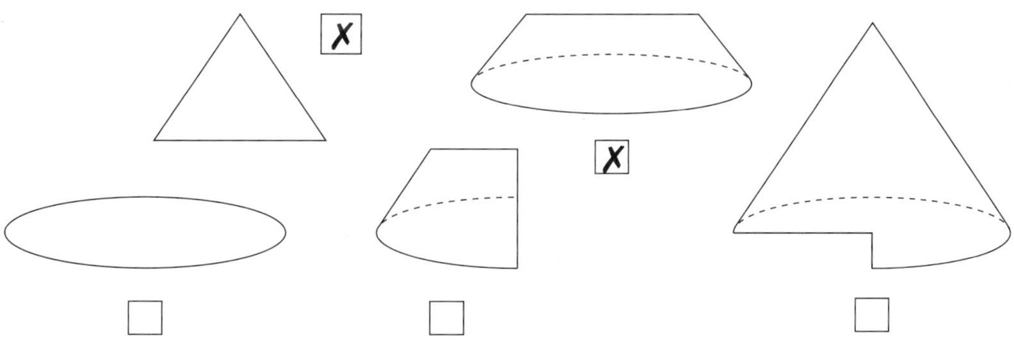

17. Kreuze alle Bezeichnungen für Flächen an.

Hinweis: *Eine Fläche ist flach. (Einen Körper kannst du umfassen.)*

- ☐ Quader
- ☐ Pyramide
- ☒ Quadrat
- ☐ Würfel
- ☒ Kreis
- ☐ Kugel

18. Zeichne die Figur noch einmal.

Hinweis: *Achte darauf, dass du die Linien und Abstände genauso lang zeichnest wie in der Vorgabe. Zeichne mit dem Lineal.*

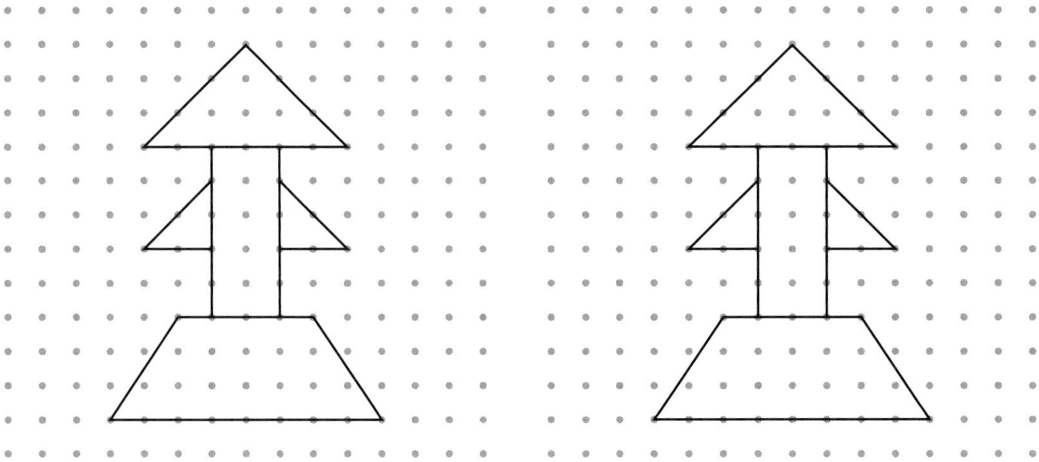

19. 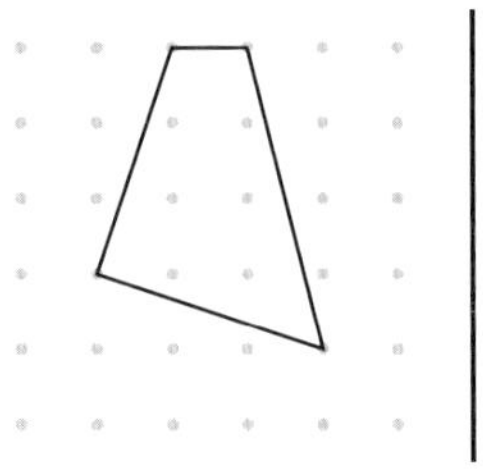

Welches Spiegelbild gehört dazu? Kreuze an.

Hinweis: *Denke daran: Bei einem Spiegelbild müssen alle Eckpunkte der Figur den gleichen Abstand zur Spiegelachse haben.*

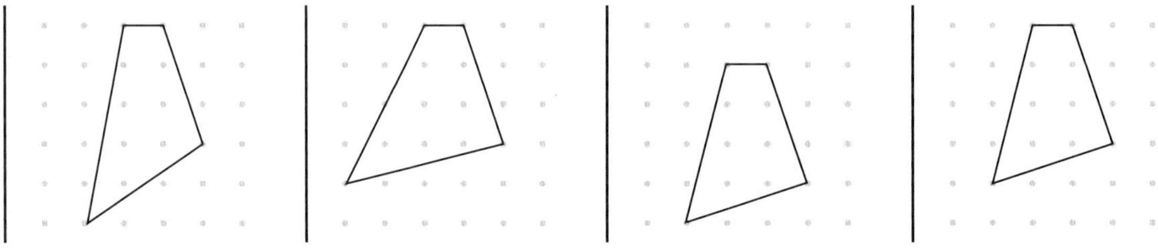

☐ A ☐ B ☐ C ☒ D

20. Kennzeichne im Würfelnetz mit einem Kreuz die Seite, die der gefärbten Seite gegenüberliegt.

Hinweis: *Setze die Würfelnetze im Kopf zu Würfeln zusammen. Es ist nicht möglich, dass die gegenüberliegende Seite direkt neben der gefärbten Seite liegt.*

a) 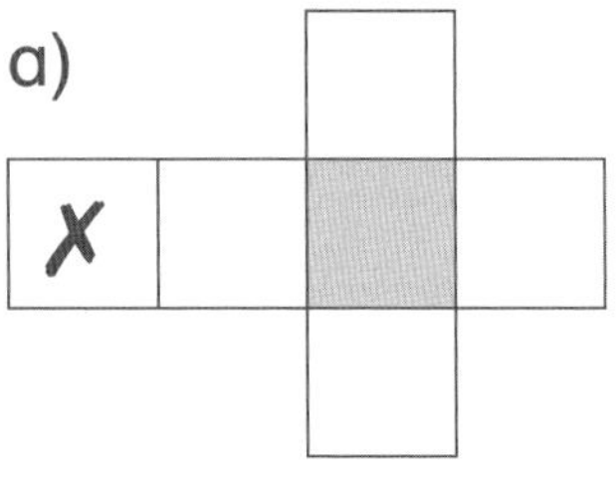

b) 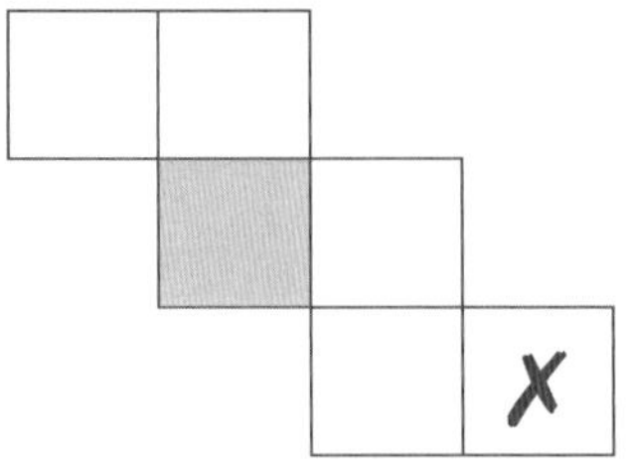

21. Du hast genau diese geometrischen Formen:

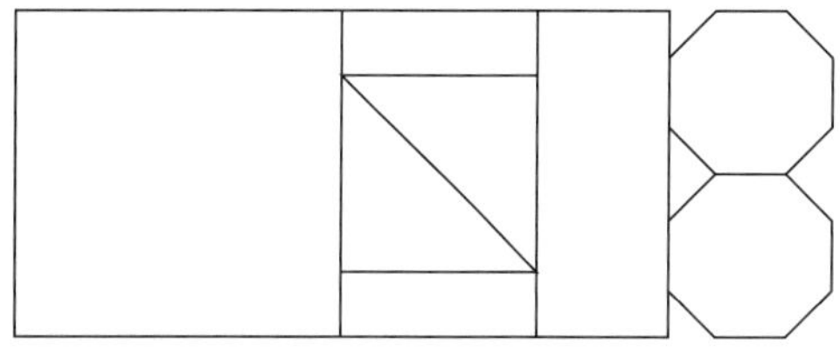

Welche der unteren Bilder kannst du aus den Teilen legen? Kreuze an.

***Hinweis:** Zähle am besten zuerst die verschiedenen Formen, die du zur Verfügung hast, und vergleiche dann mit den angegebenen Figuren. Du siehst bei der ersten Figur vier kleine Dreiecke. Diese Figur kannst du also nicht legen, weil du nur zwei Dreiecke zur Verfügung hast.*

☐ möglich
☒ nicht möglich

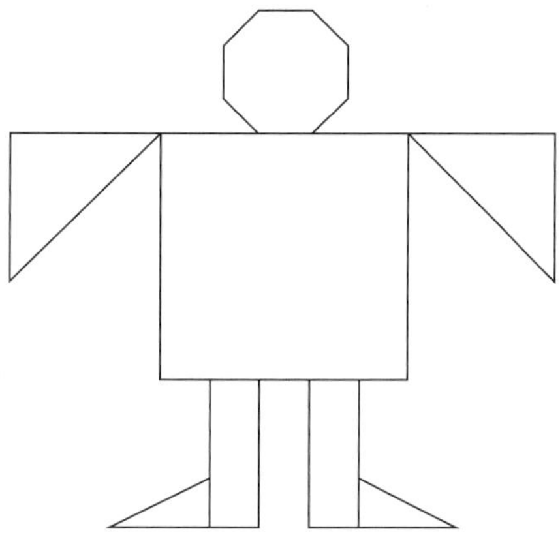

☒ möglich
☐ nicht möglich

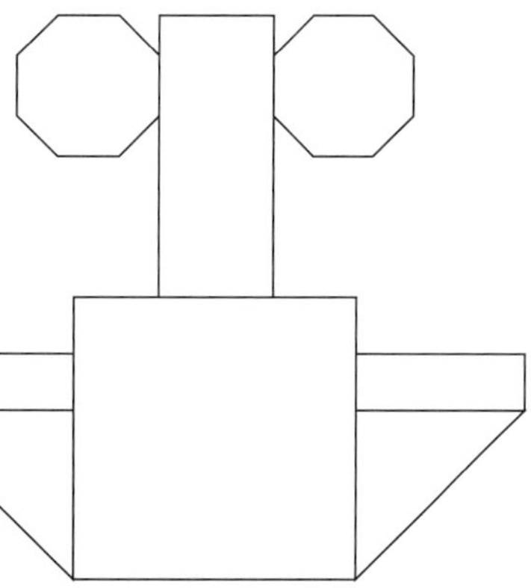

☒ möglich
☐ nicht möglich

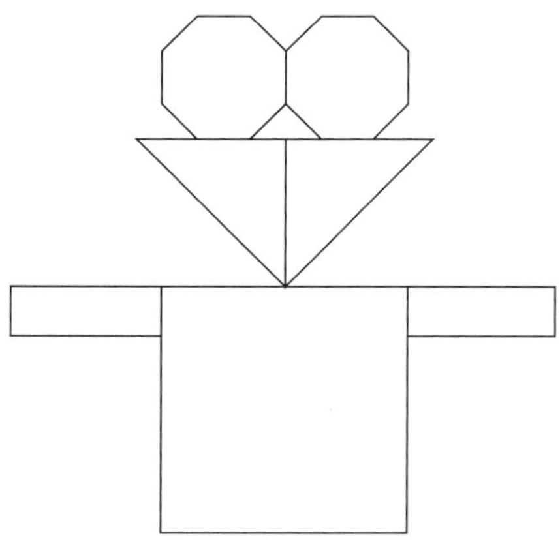

22. Ela möchte alle Seiten des Würfels mit gleich großen Quadraten bekleben.

Wie viele Quadrate benötigt sie dazu insgesamt?

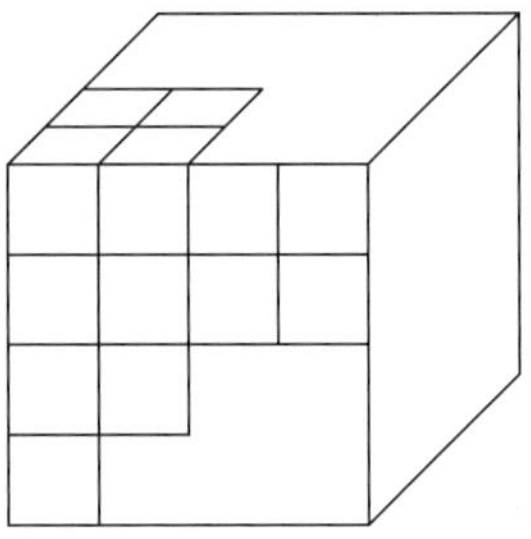

Hinweis: *Auf der Vorderseite des Würfels kannst du sehen, dass $4 \cdot 4 = 16$ Quadrate darauf passen. Insgesamt hat ein Würfel 6 Seiten. Um alle Quadrate zu berechnen, die auf den Würfel passen, musst du also $16 + 16 + 16 + 16 + 16 + 16 = 96$ rechnen.*

Ela benötigt insgesamt **96** Quadrate.

23. Teile das Trapez mit zwei geraden Linien in …

Hinweis: *Wenn es dir schwerfällt, Lösungen zu finden, zeichne am besten auf einen Zettel Trapeze und probiere einfach aus. Denke daran, dass ein Viereck (im Gegensatz zum Rechteck) an den Ecken keine rechten Winkel haben muss. Es gibt für diese Aufgabe jeweils mehrere Lösungen, es reicht jedoch, wenn du eine Lösung angibst.*

Lösungsvorschläge:

a) ein Dreieck und zwei Vierecke.

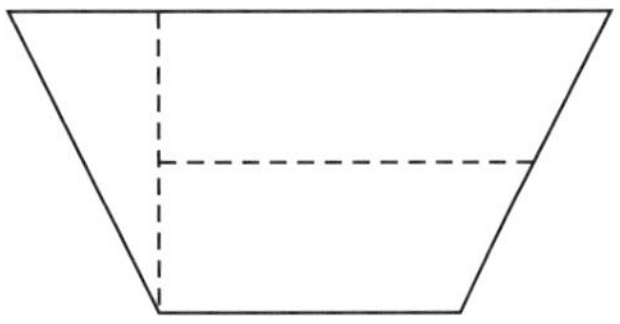

b) drei Dreiecke.

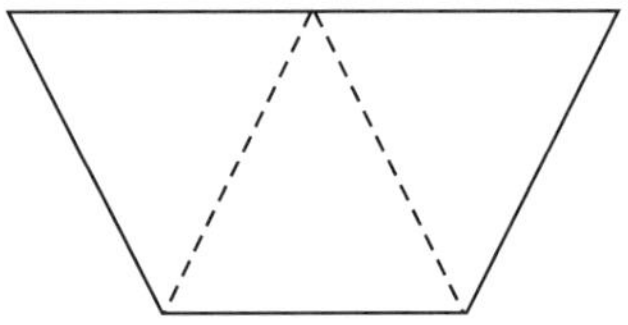

24. Wie viele kleine Würfel brauchst du mindestens noch, um aus dem Körper einen großen Würfel zu machen?

Hinweis: *Die erste Etage ganz unten ist schon komplett. Um die zweite Etage zu vervollständigen, brauchst du noch sieben Würfel. Diese sieben Würfel brauchst du auch in der dritten Etage und zusätzlich noch weitere fünf Würfel, also $7 + 5 = 12$. Diese zwölf Würfel brauchst du dann auch in der dritten Etage und noch drei weitere Würfel, also $12 + 3 = 15$. Insgesamt brauchst du also noch mindestens $7 + 12 + 15 = 34$ kleine Würfel, damit ein großer Würfel entsteht.*

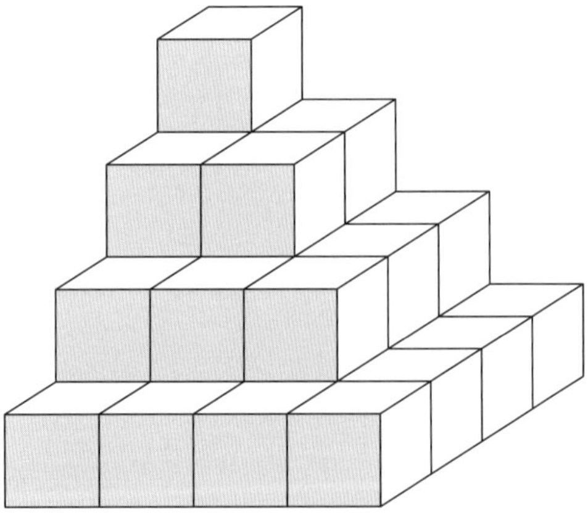

Ich brauche noch mindestens **34** Würfel.

25. Aus drei Dreiecken und einem Quadrat kann man ein Dreieck legen.

Welche Dreiecke musst du umlegen?

a) ***Hinweis:*** *Es gibt für diese Aufgabe mehrere Lösungen, es reicht jedoch, wenn du eine Lösung angibst. Lösungsvorschlag: Die Dreiecke B und D sind gleich groß und müssen deshalb an die Seiten des Quadrats gelegt werden. Wenn du dann das Dreieck C oben auf das Quadrat legst, entsteht ein großes Dreieck.*
Wenn du dir nicht sicher bist, ob deine Lösung auch richtig ist, frage deine Eltern oder deinen Lehrer/deine Lehrerin.

Lösungsvorschlag:

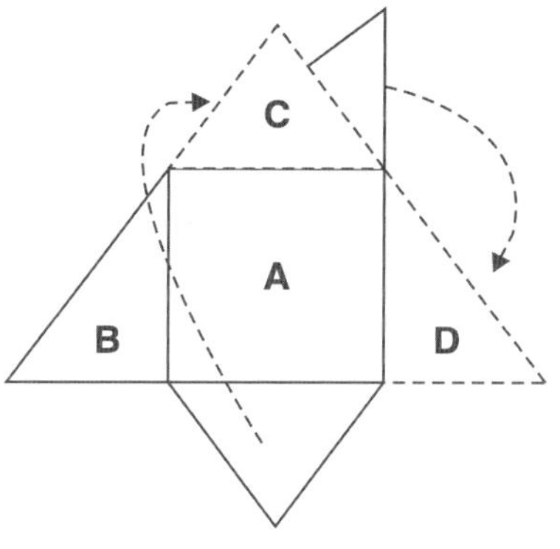

Ich muss **C und D** umlegen.

b) ***Hinweis:*** *Es gibt für diese Aufgabe mehrere Lösungen, es reicht jedoch, wenn du eine Lösung angibst. Lösungsvorschlag: Die Dreiecke B und D sind gleich groß. Du schiebst also das Dreieck B links neben das Quadrat und drehst das Dreieck D um. Das Dreieck C schiebst du dann oben auf das Quadrat. Wenn du dir nicht sicher bist, ob deine Lösung auch richtig ist, frage deine Eltern oder deinen Lehrer/deine Lehrerin.*

Lösungsvorschlag:

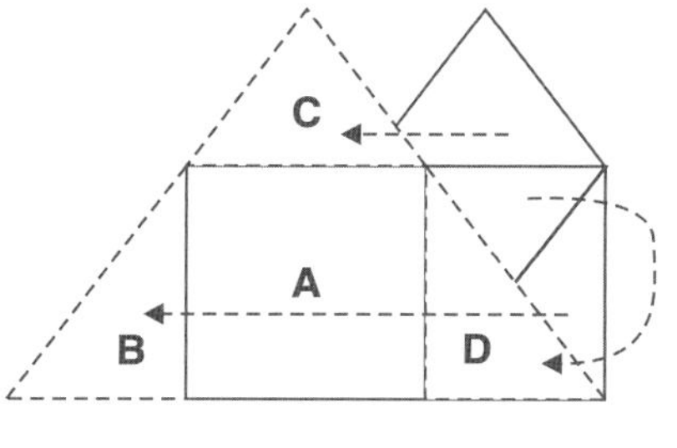

Ich muss **B, C und D** umlegen.

26. Du hast 16 Streichhölzer und sollst aus ihnen ein Trapez legen. Zur Erinnerung: So sieht ein Trapez aus:

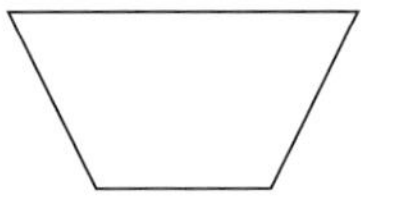

Gib eine Möglichkeit an, wie viele Streichhölzer du an jede Seite legen musst.

Hinweis: *Wie ein Trapez aussieht, kannst du an der Zeichnung erkennen. Die beiden schrägen Seiten sind gleich lang und bei den waagrechten Seiten ist eine Seite kürzer als die andere. Als Hilfe hast du keine Streichhölzer, aber du kannst dir natürlich Zeichnungen zum Ausprobieren machen. Achte darauf, dass du auch wirklich genau 16 Streichhölzer benutzt.*
Wenn du ein Streichholz an die untere Seite legst, musst du mindestens drei Streichhölzer an die obere Seite legen. Achte darauf, dass du für die untere und obere Seite zusammen immer eine gerade Anzahl von Streichhölzern nimmst. Denn damit die beiden anderen Seiten gleich lang sind, musst du die übrigen Streichhölzer durch 2 teilen können. In unserem Fall hast du noch 12 Streichhölzer für die beiden schrägen Seiten übrig, also 6 für jede Seite.
Natürlich gibt es für diese Aufgabe noch viele weitere Lösungen. Es reicht aber, wenn du eine Lösung angibst. Wenn du dir nicht sicher bist, ob deine Lösung auch richtig ist, frage deine Eltern oder deinen Lehrer/deine Lehrerin.

Lösungsvorschlag:

Seite 1: **1 Streichholz** Seite 2: **6 Streichhölzer**
Seite 3: **3 Streichhölzer** Seite 4: **6 Streichhölzer**

27. Ergänze zu einem Quadrat. Verwende ein Lineal.

Hinweis: *Denke daran, dass ein Quadrat vier gleich lange Seiten und vier rechte Winkel hat.*

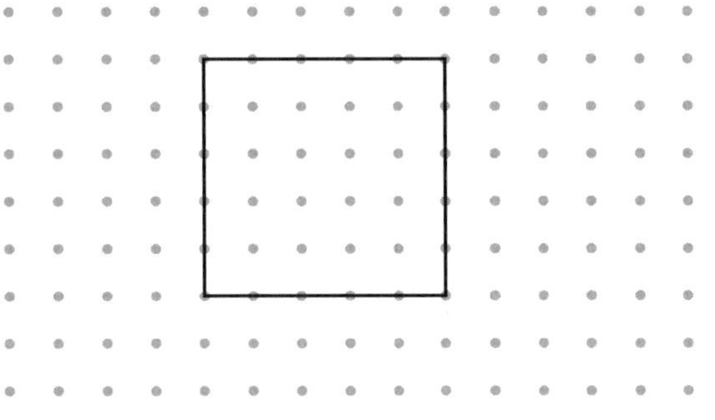

28. Zeichne in das Quadrat alle Spiegelachsen ein.

Hinweis: *Denke daran, die waagrechte und die senkrechte Spiegelachse wirklich genau in die Mitte zu zeichnen. Vergiss nicht die diagonalen Spiegelachsen, sie führen genau durch die Ecken. Benutze ein Lineal.*

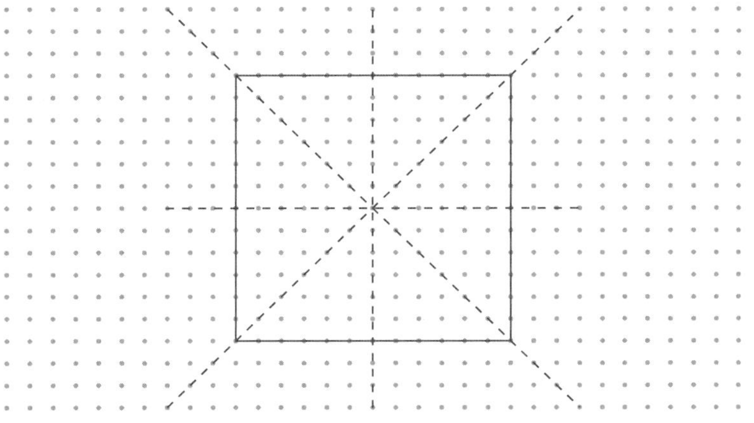

29. Hier siehst du ein kleines Gebäude aus Bausteinen.

Was siehst du von hinten?
Kreuze an.

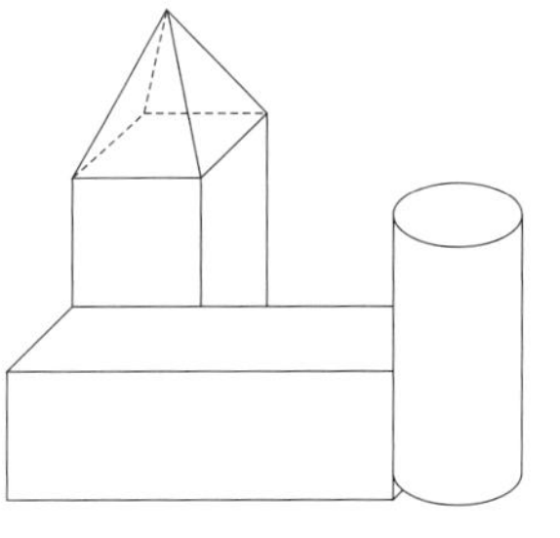

Hinweis: *Bei der Abbildung dieses Gebäudes von hinten siehst du den Turm mit der Spitze, einen kleineren und kürzeren Abschnitt des liegenden Quaders, und der Zylinder sieht aus wie ein Rechteck.*

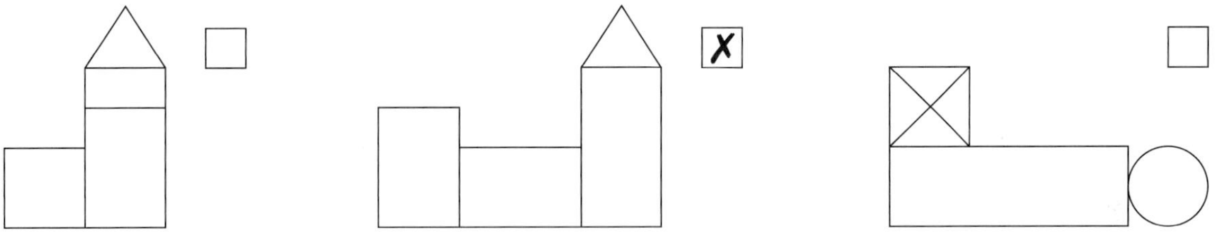

Dritter Kompetenzbereich: Muster und Strukturen

1. Vervollständige die Reihen.

Hinweis: *Bei diesen Aufgaben musst du genau überlegen, wie du von der ersten zur zweiten Zahl kommst. Werden die Zahlen größer, wurde addiert (+) oder multipliziert (·); werden die Zahlen kleiner, wurde subtrahiert (–) oder dividiert (:). Wenn du weißt, wie du von der ersten zur zweiten Zahl kommst, musst du überprüfen, ob du auf die gleiche Art und Weise auch zu den weiteren Zahlen gelangst.*
Es ist auch möglich, dass sich die Art und Weise, wie du zur nächsten Zahl gelangst, systematisch verändert – wie in Aufgabe b.

a) ***Hinweis:*** *Hier erkennst du die 30er-Reihe (also immer +30). Vielleicht erkennst du aber auch die 3er-Reihe, an deren Zahlen immer eine 0 angehängt wurde.*

30; 60; 90; 120; **150**; **180**; **210**; 240

b) ***Hinweis:*** *Hier erkennst du, dass immer 10 mehr subtrahiert werden (–10, –20, –30).*

400; 390; 370; 340; **300**; **250**; **190**; 120

2. Rechne die Aufgaben und setze die Aufgabenmuster um zwei Aufgaben fort.

Hinweis: *Schau dir die einzelnen Zahlen untereinander genau an. Hier erkennst du die Regel für das Aufgabenmuster. Schon die einzelnen Ziffern der Zahlen geben einen guten Hinweis, wie die weiteren Aufgaben aussehen müssen. Oft erkennst du auch schnell in den Ergebnissen eine Regel. Wenn du merkst, dass eine deiner Zahlen nicht in das Muster passt, schau sie dir noch einmal genau an oder rechne die Aufgabe noch einmal.*

a)	b)	c)
11 + 22 = **33**	123 – 31 = **92**	1 · 48 = **48**
22 + 44 = **66**	234 – 42 = **192**	2 · 24 = **48**
33 + 66 = **99**	345 – 53 = **292**	4 · 12 = **48**
44 + 88 = 132	**456 – 64 = 392**	**8 · 6 = 48**
55 + 110 = 165	**567 – 75 = 492**	**16 · 3 = 48**

3. Wie viele Punkte hat die siebte Figur?

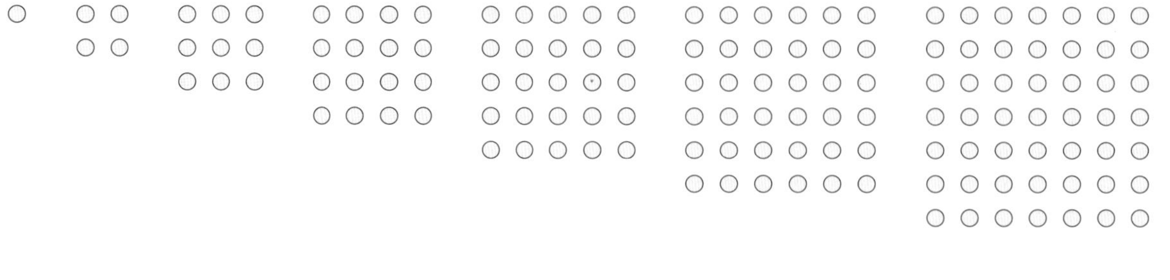

Hinweis: *In dem Punktmuster erkennst du jeweils die aufeinanderfolgenden Quadratzahlen: 1. Figur: 1 · 1 = 1; 2. Figur: 2 · 2 = 4; 3. Figur: 3 · 3 = 9. Die Rangfolge der Figur zeigt dir also, welche Zahl du mit sich selbst multiplizieren (·) musst. Das bedeutet für die 7. Figur: 7 · 7 = 49. Natürlich kannst du dir die Figuren auch als Hilfe aufzeichnen.*

Antwort: **Die siebte Figur hat 49 Punkte.**

4. Beschreibe das Muster und setze jeweils um zwei Zahlen fort.

Beispiel: 9; 18; 27; 36 immer +9

Hinweis: *Bei diesen Aufgaben musst du genau überlegen, wie du von der ersten zur zweiten Zahl kommst. Werden die Zahlen größer, wurde addiert (+) oder multipliziert (·); werden die Zahlen kleiner, wurde subtrahiert (–) oder dividiert (:). Wenn du weißt, wie du von der ersten zur zweiten Zahl kommst, musst du überprüfen, ob du auf die gleiche Art und Weise auch zu den weiteren Zahlen gelangst.*
Es ist auch möglich, dass sich die Art und Weise, wie du zur nächsten Zahl gelangst, nach einem bestimmten Muster verändert (z. B. +5, +10, +15, ...). Schreibe die Regel auf und ergänze zwei weitere Zahlen.

a) 10; 22; 34; 46; **58**; **70** immer **+12**

b) 81; 64; 49; 36; **25**; **16** immer **die Quadratzahl der nächstkleineren Zahl**

5. Eine Zahl passt nicht. Streiche sie durch.

Hinweis: *Diese Aufgabe ist nicht einfach. Du kennst die Aufgaben, bei denen du das Muster, nach dem die Zahlen gebildet werden, suchen musst. Jetzt musst du das Muster bis zur letzten Zahl durchrechnen und die Zahl finden, die nicht passt. Schwierig ist die Aufgabe deshalb, weil du genau aufpassen musst, ob du die falsche Zahl gefunden hast oder vielleicht das falsche Muster vermutest.*

a) ***Hinweis:*** *Hier kommst du am besten zum Muster, wenn du dir die Ziffern der einzelnen Stellenwerte anschaust. Sie werden alle um 1 kleiner. Das bedeutet, dass die ganze Zahl um 111 kleiner wird.*

978; 867; ~~765~~; 645; 534; 423

b) ***Hinweis:*** *Hier siehst du, dass die Einerziffern jeder zweiten Zahl gleich sind, so erkennst du leicht die falsche Zahl. Die Regel lautet: immer + 15.*

14; 29; 44; 59; ~~73~~; 89

c) ***Hinweis:*** *Hier lautet die Regel: immer –4, +1.*

88; 84; 85; ~~82~~; 82; 78

6. Schau dir das Parkettmuster genau an. Zeichne es bis zum Ende der Kästchenreihe weiter wie in der Vorgabe.

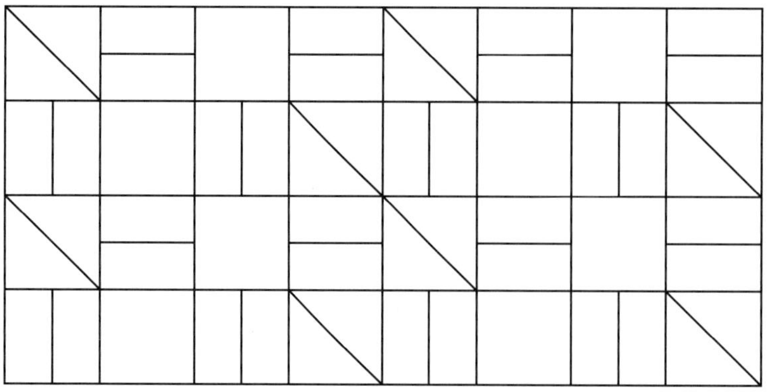

7. Zeichne die nächsten beiden Muster der Folge.

Hinweis: *Die Formen „drehen“ sich gegen den Uhrzeigersinn. Die Form, die rechts oben in der Ecke war, wandert nach links oben und so weiter.*

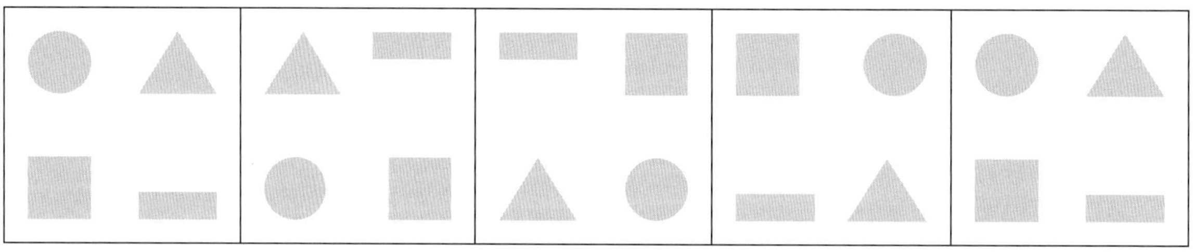

8. Welche Zahlenfolge passt zu welchem Muster? Verbinde.

Hinweis: *Hier steht immer das gleiche Symbol oder der gleiche Buchstabe in einer Reihe für die gleiche Ziffer. Bei „Pippi“ beispielsweise steht das P für die 3 und das i steht für die 9. In der Zahl sind dann die Ziffern genauso angeordnet wie die Symbole oder Buchstaben – in diesem Fall also 39339.*

Muster	Zahlenfolge
Pippi	62628
• ♦ ♦ ♥ ♠ ♠	44477977444
Kakao	39339
⊕ ⊕ ⊕ ∅ ∅ ⊗ ∅ ∅ ⊕ ⊕ ⊕	755433

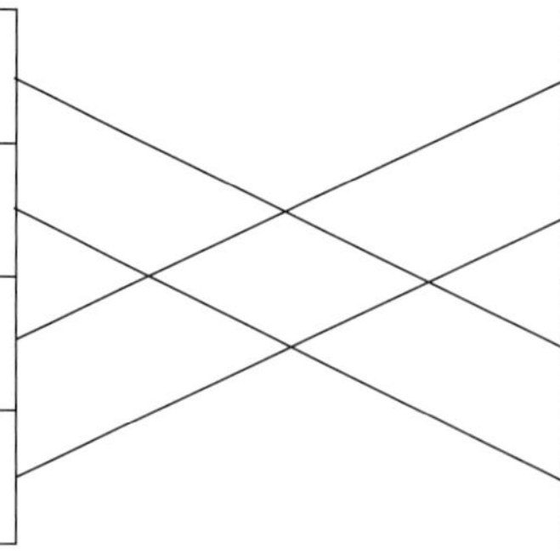

9. Rechne die Aufgaben und setze die Aufgabenmuster um zwei Aufgaben fort.

Hinweis: *Schau dir die einzelnen Zahlen untereinander genau an. Hier erkennst du die Regel für das Aufgabenmuster. Schon die einzelnen Ziffern der Zahlen geben einen guten Hinweis, wie die weiteren Aufgaben aussehen müssen. Oft erkennst du auch schnell in den Ergebnissen eine Regel. Wenn du merkst, dass eine deiner Zahlen nicht in das Muster passt, schau sie dir noch einmal genau an oder rechne die Aufgabe noch einmal.*

a)	b)	c)
62 + 21 = **83**	18 : 3 = **6**	120 – 21 = **99**
57 + 25 = **82**	28 : 4 = **7**	115 – 27 = **88**
52 + 29 = **81**	40 : 5 = **8**	110 – 33 = **77**
47 + 33 = 80	**54 : 6 = 9**	**105 – 39 = 66**
42 + 37 = 79	**70 : 7 = 10**	**100 – 45 = 55**

10. Vervollständige die Reihen.

Hinweis: *Bei diesen Aufgaben musst du genau überlegen, wie du von der ersten zur zweiten Zahl kommst. Werden die Zahlen größer, wurde addiert (+) oder multipliziert (·); werden die Zahlen kleiner, wurde subtrahiert (–) oder dividiert (:). Wenn du weißt, wie du von der ersten zur zweiten Zahl kommst, musst du überprüfen, ob du auf die gleiche Art und Weise auch zu den weiteren Zahlen gelangst.*
Es ist auch möglich, dass sich die Art und Weise, wie du zur nächsten Zahl gelangst, systematisch verändert.

a) ***Hinweis:*** *Hier addierst du immer die beiden vorhergehenden Zahlen, um die folgende zu erhalten.*

10; 10; 20; 30; 50; **80**; **130**; **210**; 340

b) ***Hinweis:*** *Hier subtrahierst du immer 22.*

159; 137; 115; **93**; **71**; **49**; 27

11. Laras Großeltern haben ein Sparbuch für Lara eingerichtet, als sie geboren wurde. Sie zahlen für jeden Lebensmonat von Lara 2 Euro dort ein. Jetzt wird Lara zehn Jahre alt und möchte wissen, wie viel Geld auf dem Sparbuch ist. Dafür legt sie sich folgende Tabelle an.

Vervollständige die Tabelle und berechne, wie viel Geld Lara an ihrem zehnten Geburtstag auf ihrem Sparbuch hat.

Hinweis: *Aus der Aufgabe weißt du, dass Laras Großeltern jeden Monat 2 Euro für Lara anlegen. Du erkennst aber auch, dass in der Tabelle nur Jahre angegeben sind. Es wäre auch eine sehr lange Tabelle, wenn man hier für 10 Lebensjahre jeden Monat auflisten würde. Daher musst du als Erstes ausrechnen,* *wie viel Geld die Großeltern jedes Jahr (also in 12 Monaten) insgesamt anlegen: 12 · 2 = 24 Euro. Da sie jedes Jahr gleich viel Geld anlegen, brauchst du in der zweiten Zeile nur immer 24 Euro ergänzen und diese zu dem Betrag der vorhergehenden Spalte addieren (+).*

Jahr	1	2	3	4	5	6	7	8	9	10
eingezahlt	24	**24**	**24**	**24**	**24**	**24**	**24**	**24**	**24**	**24**
Kontostand	24	**48**	**72**	**96**	**120**	**144**	**168**	**192**	**216**	**240**

An Laras zehntem Geburtstag sind **240** Euro auf ihrem Konto.

12. Schau dir das Parkettmuster genau an. Zeichne es bis zum Ende der Kästchenreihe weiter und färbe es wie in der Vorgabe.

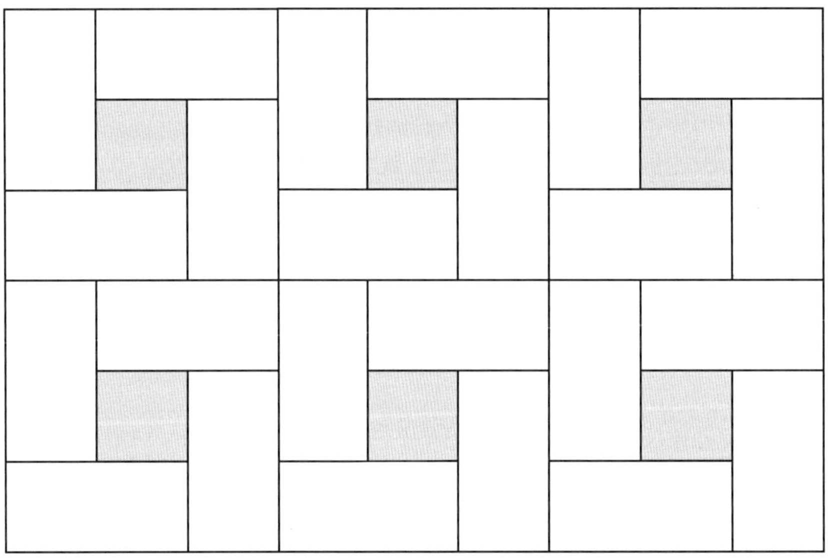

13. Zeichne die nächsten beiden Figuren der Folge.

Hinweis: *Versuche, die entstehenden Muster durch Drehungen zu erklären. Stell dir vor, die Pfeile wären Uhrzeiger, die immer im gleichen Abstand zueinander bleiben und sich dann gegen den Uhrzeigersinn drehen – und zwar immer um eine Vierteldrehung.*

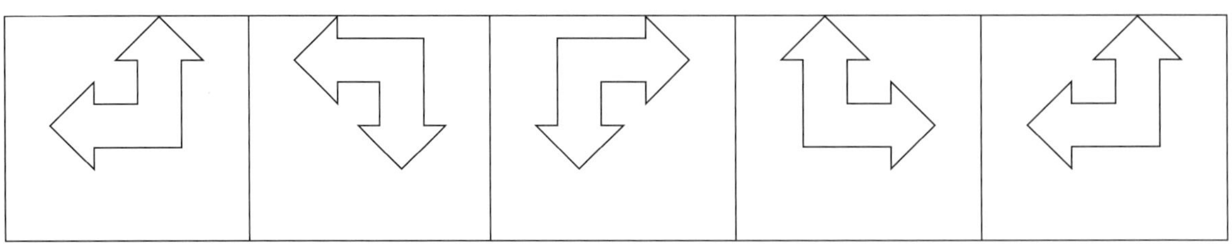

14. Beschreibe das Muster und setze jeweils um zwei Zahlen fort.

Beispiel: 40; 52; 64; 86 immer +12

Hinweis: *Bei diesen Aufgaben musst du genau überlegen, wie du von der ersten zur zweiten Zahl kommst. Werden die Zahlen größer, wurde addiert (+) oder multipliziert (·); werden die Zahlen kleiner, wurde subtrahiert (–) oder dividiert (:). Wenn du weißt, wie du von der ersten zur zweiten Zahl kommst, musst du überprüfen, ob du auf die gleiche Art und Weise auch zu den weiteren Zahlen gelangst.*
Es ist auch möglich, dass sich die Art und Weise, wie du zur nächsten Zahl gelangst, nach einem bestimmten Muster verändert (z. B. +5, +10, +15, …). Hast du die Regel gefunden, schreibst du sie auf und ergänzt in der Reihe zwei weitere Zahlen.

a) 11; 16; 22; 26; 33; **36**; **44** immer **jede 2. Zahl +11, die anderen +10**

b) 704; 352; 176; 88; 44; **22**; **11** immer **:2**

15. Wie viele Dreiecke hat die neunte Figur?

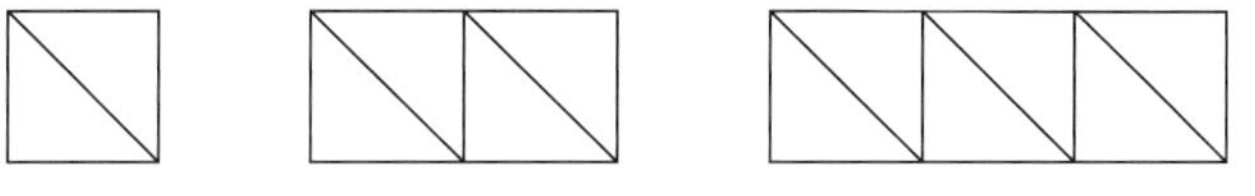

Hinweis: *Das Muster lässt sich so erklären: Von Figur zu Figur werden es immer zwei Dreiecke mehr: 1. Figur = 2 Dreiecke; 2. Figur = 4 Dreiecke; 3. Figur = 6 Dreiecke. Du hast also immer doppelt so viele Dreiecke, wie die Rangfolge der Figur dir sagt, das bedeutet: 9. Figur = 18 Dreiecke.*

Antwort: **Die neunte Figur hat 18 Dreiecke.**

16.

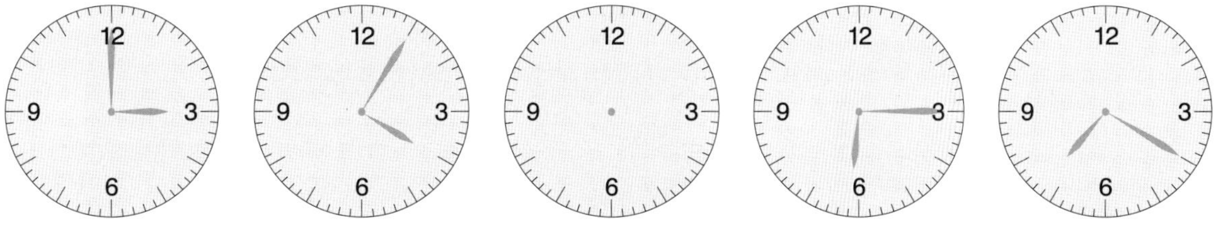

Welche der folgenden Uhren gehört an die dritte Stelle? Kreuze an.

Hinweis: *Der Stundenzeiger wandert immer um eine Stunde weiter und der Minutenzeiger um 5 Minuten. Insgesamt wird die Uhr also immer um 1 Stunde und 5 Minuten vorgestellt. Bei der dritten Uhr muss es daher 17.10 Uhr sein.*

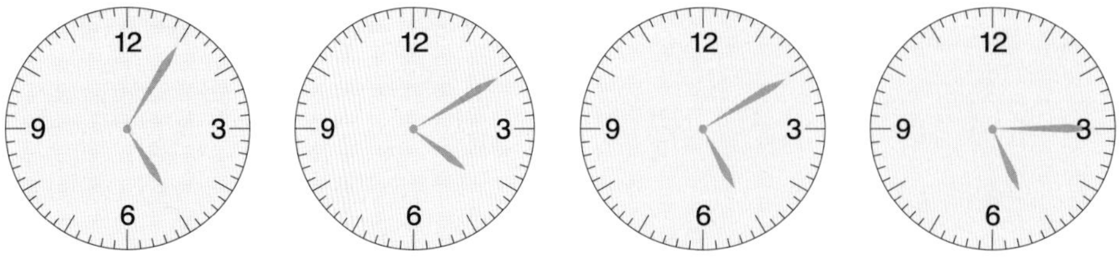

☐ 17.05 ☐ 16.10 ☒ 17.10 ☐ 17.15

17. Marie und Emma bereiten für ein Schulfest eine Quarkspeise zu. Für eine Riesenschüssel benötigen sie folgende Nahrungsmittel: 2 kg Obst, 500 g Zucker, 4 ℓ Milch, 6 Packungen Quark.

Damit sie wissen, wie viel sie für 5 Schüsseln und für 8 Schüsseln brauchen, haben sie sich eine Tabelle gemacht. Ergänze die fehlenden Angaben in der Tabelle.

Hinweis: *Je nach Anzahl der Schüsseln musst du die entsprechende Menge vervielfachen. Die Menge für eine Schüssel kannst du der Aufgabe entnehmen.*

	1 Schüssel	**5 Schüsseln**	**8 Schüsseln**
Obst	2 kg	**10** kg	**16** kg
Zucker	**500** g	2 500 g	**4 000** g
Milch	**4** ℓ	**20** ℓ	32 ℓ
Quark	6 Pck.	**30 Pck.**	**48 Pck.**

18. Ein Zahlenpaar ist falsch.
Streiche es durch und begründe deine Entscheidung.

56 / 40 ~~29 / 17~~ 28 / 12 35 / 19 23 / 7 40 / 24

Hinweis: *Wenn du dir die Zahlenpaare genau anschaust, fällt dir auf, dass die Differenz eines Zahlenpaares (das Ergebnis der Minusaufgabe) immer 16 ist. Nur bei dem Zahlenpaar 29 und 17 ist das nicht so.*

Wenn man bei den Zahlenpaaren die kleinere von der größeren Zahl abzieht, kommt überall 16 heraus, nur bei den Zahlen des Zahlenpaares 29 und 17 ist das Ergebnis 12.

19. Familie Meier braucht 12 Joghurts.
Ein Joghurt kostet 0,60 €.

Wie viel muss Familie Meier dank des Angebots der Woche bezahlen?

Hinweis: *Wenn Familie Meier 12 Joghurts braucht, muss sie nur 9 bezahlen (denn pro 4 Joghurts kannst du einen Joghurt abziehen und 12 – 3 = 9). Jetzt musst du noch den Preis für 9 Becher berechnen (9 · 0,60 € = 5,40 €).*

Antwort: Familie Meier muss **5,40** € bezahlen.

20. Lisa hat aus Pappdeckeln Kartenhäuser gebaut.
Schau sie dir genau an.
Zu jedem Muster hat sie eine Aufgabe geschrieben, mit der sie ausgerechnet hat, wie viele Pappdeckel sie benötigt.

a) Zeichne das dritte Muster ein.

b) Schreibe zum vierten Muster die passende Aufgabe.

c) Zeichne das fünfte Muster und schreibe die passende Aufgabe.

Hinweis: *Für das Muster ist Folgendes wichtig: Die Figur wird immer von unten um eine Reihe ergänzt. Wichtig ist, dass bei der ersten Figur in der unteren Reihe schon zwei Kartenpaare zusammengesetzt wurden. Das heißt, bei der zweiten Figur sind es unten schon drei Kartenpaare. Achte darauf, dass du so zeichnest, dass man es eindeutig erkennen kann.*
Bei der Rechnung wird erst die Anzahl der Kartenpaare mit 2 multipliziert (·), denn es sind ja immer zwei Karten, und dann werden die waagrecht liegenden Karten dazuaddiert (+).

3 · 2 + 1

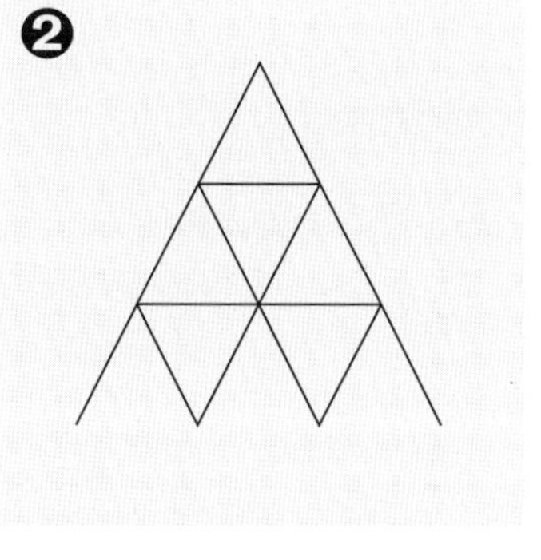

6 · 2 + 3

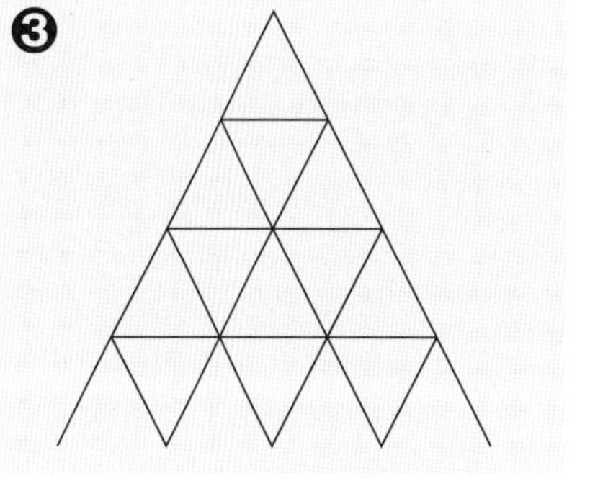

10 · 2 + 6

❹

15 · 2 + 10

❺

21 · 2 + 15

21. Vervollständige die Reihen.

Hinweis: *Schau dir die Reihen genau an. Werden die Zahlen größer, wurde addiert (+) oder multipliziert (·); werden die Zahlen kleiner, wurde subtrahiert (–) oder dividiert (:). Wenn du dann genau überlegst, wie man von der ersten zur zweiten Zahl kommt und von der zweiten zur dritten Zahl, erhältst du schnell die Rechenregel und kannst die fehlenden Zahlen berechnen.*

a) ***Hinweis:*** *Die Zahl, die addiert wird, wird immer um 5 größer: +5, +10, +15, +20, + 25, +30, +35*

10; 15; 25; 40; **60**; **85**; **115**; 150

b) ***Hinweis:*** *immer – 14*

124; 110; 96; 82; **68**; **54**; **40**; 26

22. Zeichne jeweils die beiden nächsten Figuren der Folge.

a) ***Hinweis:*** *Wenn du dir die Bilder jeweils der Reihe nach von links nach rechts ansiehst, erkennst du, dass in den ersten beiden Reihen die Anzahl der Eier/Punkte immer erst um eins und dann um zwei größer wird. Vielleicht hast du auch erkannt, dass die Anzahl von oben nach unten immer um eins größer wird, also 3 Eier, 4 Punkte, 5 Sternchen; in der zweiten Spalte 4 Eier, 5 Punkte und in der dritten Spalte 6 Eier und 7 Punkte. Du musst also eine zweite Lampe mit 6 Sternchen und eine dritte Lampe mit 8 Sternchen zeichnen. Zeichne so, dass die Anzahl deutlich erkennbar ist.*

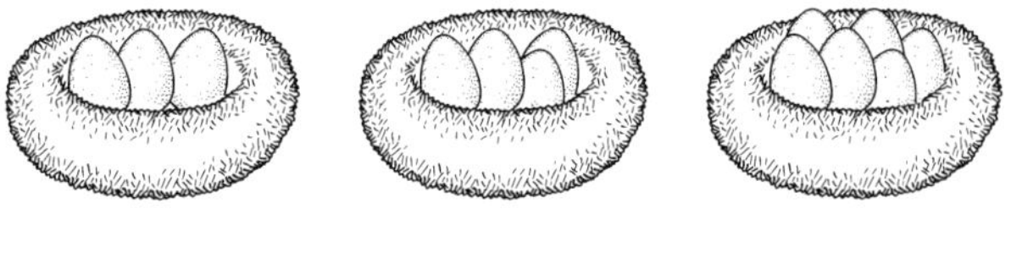

b) *__Hinweis:__ Du siehst, dass die Grundfigur (das Sechseck) immer gleich ist, also ist dies auch die Grundfigur für die vierte und fünfte Figur. Der Punkt wandert immer gegen den Uhrzeigersinn von einer Ecke zur nächsten. In Figur fünf und sechs muss er also zuerst links unten und dann rechts unten sein.*

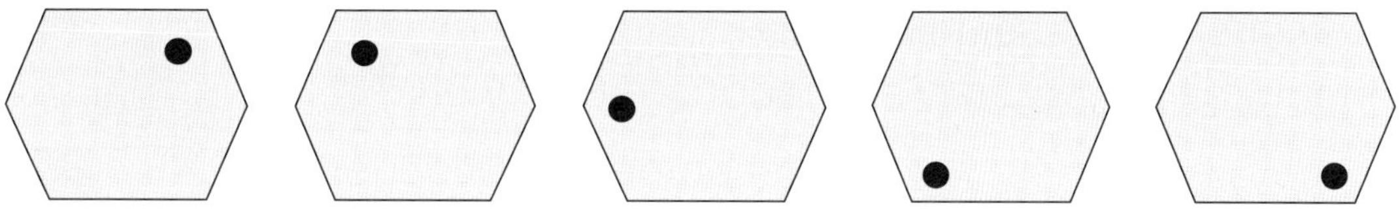

23. Rechne die Aufgaben und setze die Aufgabenmuster um je zwei Aufgaben fort.

__Hinweis:__ Am besten gehst du die untereinanderstehenden Zahlen einzeln durch: Zuerst siehst du dir jeweils die erste Zahl der Aufgabe an: In Aufgabe a verdoppelt sie sich, in Aufgabe b wird bei ihr die Hunderter- und Einerstelle immer um eins kleiner und die Zehnerstelle um eins größer und in Aufgabe c findest du immer die nächstkleinere Quadratzahl. Dann siehst du dir die zweite Zahl der Aufgabe an: In Aufgabe a halbiert sie sich, in Aufgabe b wird sie immer um 30 größer und in Aufgabe c wird sie immer um 1 kleiner.

a)	b)	c)
4 + 240 = **244**	919 − 30 = **889**	81 : 9 = **9**
8 + 120 = **128**	828 − 60 = **768**	64 : 8 = **8**
16 + 60 = **76**	737 − 90 = **647**	49 : 7 = **7**
32 + 30 = 62	**646 − 120 = 526**	**36 : 6 = 6**
64 + 15 = 79	**555 − 150 = 405**	**25 : 5 = 5**

24. Wie viele Kreuze hat die siebte Figur?

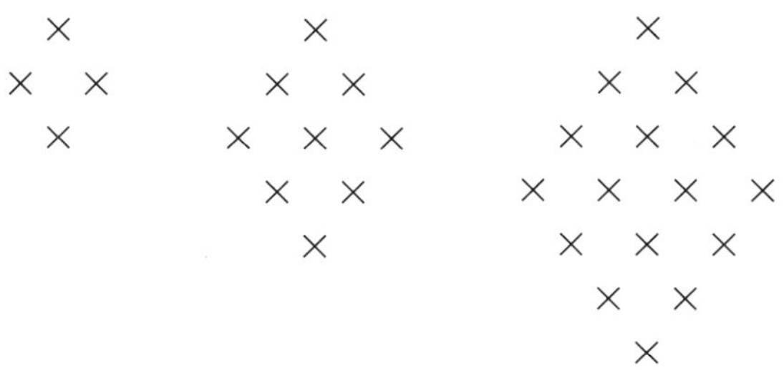

Hinweis: *Wenn du dir die Figuren genau ansiehst, erkennst du, dass sie in der Mitte immer um ein Kreuz breiter werden. Da die erste Figur in der Mitte schon zwei Kreuze hat, muss die siebte Figur 8 Kreuze in der Mitte haben. Zu diesen 8 Kreuzen addierst du dann noch die Kreuze, die jeweils ober- und unterhalb der Mitte sind:* $8 + 2 \cdot 7 + 2 \cdot 6 + 2 \cdot 5 + 2 \cdot 4 + 2 \cdot 3 + 2 \cdot 2 + 2 \cdot 1 = 8 + 14 + 12 + 10 + 8 + 6 + 4 + 2 = 64$
Wenn du die Zahl der Kreuze einer Figur berechnest, fällt dir vielleicht auch auf, dass die Anzahl immer der Quadratzahl der Anzahl der Kreuze in der Mitte entspricht: 1. Figur: $2 \cdot 2 = 4$*; 2. Figur:* $3 \cdot 3 = 9$*; 3. Figur:* $4 \cdot 4 = 16$*; … Das heißt, die siebte Figur hat* $8 \cdot 8 = 64$ *Kreuze.*

Antwort: **Die siebte Figur hat 64 Kreuze.**

25. Hier siehst du eine Zahlenfolge.

1; 2; 3; 5; 8; **13**; 21

a) Setze die fehlende Zahl ein.

b) Schreibe die Rechenregel auf.

Hinweis: *Werden die Zahlen einer Zahlenfolge größer, wurde addiert (+) oder multipliziert (·); werden die Zahlen kleiner, wurde subtrahiert (–) oder dividiert (:). Wenn du dann genau überlegst, wie man von der ersten zur zweiten Zahl kommt und von der zweiten zur dritten Zahl, erhältst du schnell die Rechenregel und kannst die fehlende Zahl berechnen.*
Bei dieser Zahlenfolge musst du sehr genau hinsehen, da die beiden ersten Zahlen addiert werden müssen, um die dritte zu erhalten $(1 + 2 = 3)$*. Dies setzt sich dann fort, indem man immer die beiden vorhergehenden Zahlen addiert, um die nächste Zahl zu erhalten* $(2 + 3 = 5;\ 3 + 5 = 8$ *usw.).*

Ich addiere immer die beiden vorhergehenden Zahlen, um die nächste Zahl der Zahlenfolge zu erhalten.

26. Setze das Aufgabenmuster um eine Aufgabe fort.

Hinweis: *Vielleicht ist dir aufgefallen, dass die untereinanderstehenden Zahlen immer um eins größer werden. So kannst du die fehlende Aufgabe finden.*
Du erkennst in den Aufgaben aber auch, dass die zweite Zahl der Multiplikationsaufgaben (Malaufgaben) in jeder Reihe gleich ist (erst 6, dann 7, in der dritten Reihe muss also eine 8 folgen). Die erste Zahl der Multiplikationsaufgaben wird links neben dem = immer um eins größer (erst 4, dann 5; in der zweiten Zeile 5 und 6; in der dritten Zeile müssen also eine 6 und eine 7 folgen).
Im Ergebnis werden vor dem Malnehmen die beiden unterschiedlichen Zahlen von vor dem = miteinander addiert (in der ersten Reihe also $4 + 5$*, dann* $5 + 6$ *und schließlich* $6 + 7$*).*

$4 \cdot 6 + 5 \cdot 6 = (4 + 5) \cdot 6$
$5 \cdot 7 + 6 \cdot 7 = (5 + 6) \cdot 7$
$\mathbf{6 \cdot 8 + 7 \cdot 8 = (6 + 7) \cdot 8}$

27. Schau dir das Parkettmuster genau an. Ergänze das Muster bis zum Ende der Kästchenreihe und färbe es wie in der Vorgabe.

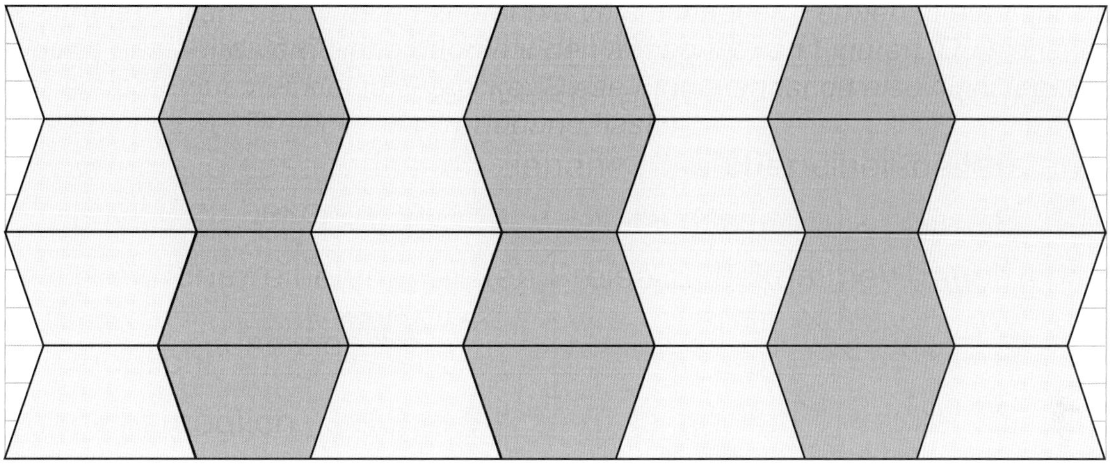

28. Hier siehst du Zugwaggons.
Die Waggons sind logisch durchnummeriert.
Welche Nummer hat der letzte Waggon?

Hinweis: *Werden die Zahlen einer Zahlenfolge größer, wurde addiert (+) oder multipliziert (·); werden die Zahlen kleiner, wurde subtrahiert (–) oder dividiert (:). Wenn du dann genau überlegst, wie man von der ersten zur zweiten Zahl kommt und von der zweiten zur dritten Zahl, erhältst du schnell die Rechenregel und kannst die fehlende Zahl berechnen. Hier erkennst du, dass du immer die nächste um eins größere Zahl addieren musst (+5, +6, +7, + 8, +9, +10).*

- [ ] 49
- [x] 50
- [ ] 45
- [ ] 51

Vierter Kompetenzbereich: Größen und Messen

1. Die Kinder der 3a haben aufgeschrieben, wie lang ihr Schulweg ist.

Alex: 2 km 350 m	Timo: 1 km 800 m	Lukas: 1 km 400 m	Lea: 2 km 100 m

a) Wer hat den längsten Schulweg?

Hinweis: *Schau dir die Angaben genau an. Vergleiche zuerst die Kilometer- und dann die Meterangaben.*

Alex hat den längsten Schulweg.

b) Rebekkas Schulweg ist 200 m kürzer als Leas Schulweg.

Hinweis: *Leas Schulweg ist 2 km und 100 m lang. Das sind 2 100 m. Wenn du davon 200 m abziehst (Rebekkas Weg ist ja 200 m kürzer), erhältst du 1 900 m = 1 km und 900 m.*

Rebekkas Schulweg ist **1 km 900 m** lang.

2. Linus findet auf dem Boden vor dem Supermarkt vier Münzen. Zwei davon haben den gleichen Wert, die anderen beiden sind unterschiedlich.

Welchen Betrag kann er nicht gefunden haben? Kreuze an.

Hinweis: *Lies genau, denn du sollst den Betrag ankreuzen, der* ***nicht*** *infrage kommt. Als Lösung kommt nur 6,00 € infrage, denn dieser Betrag ist so hoch, dass er sich bei vier Münzen nur aus zwei 2-€-Münzen und zwei 1-€-Münzen zusammensetzen kann. Dafür müsste Linus zweimal zwei gleiche Münzen gefunden haben und das stimmt laut Aufgabe nicht. Diesen Betrag kann er also nicht gefunden haben.*

- ☐ 2,30 €
- ☐ 2,70 €
- ☐ 1,15 €
- ☐ 0,40 €
- ☒ 6,00 €

3. Frau Schatz braucht 3 m Stoff.
3 m Stoff kosten im Kaufhaus 18,00 €.
Am Samstag auf dem Markt bekommt sie 4,50 m Stoff für 18,00 €.

Wie viel Stoff bekommt sie mehr, wenn sie den Stoff auf dem Markt kauft?

Hinweis: *Hier musst du nur die Differenz (den Unterschied) der beiden Stofflängen berechnen, indem du die kleinere von der größeren Zahl subtrahierst: 4,50 m – 3,00 m = 1,50 m*

Frau Schatz bekommt **1,50** m mehr Stoff.

4. Moritz ist 35,5 kg schwer. Er ist 1,5 kg leichter als Leo.
Leo ist 500 g schwerer als Nico.

a) Wie schwer ist Leo?

Hinweis: *Wichtig ist, dass du die Aufgabe genau liest und überlegst, welche Informationen zur Lösung wichtig sind: Moritz ist 1,5 kg leichter als Leo, das heißt, Leo ist 1,5 kg schwerer. 35,5 kg + 1,5 kg = 37 kg*

Leo ist **37** kg schwer.

b) Wie schwer ist Nico?

Hinweis: *Leo ist 500 g, also 0,5 kg schwerer als Nico, das heißt umgekehrt: Nico ist 0,5 kg leichter. 37,0 kg – 0,5 kg = 36,5 kg*

Nico ist **36,5** kg schwer.

5. Verbinde mit der richtigen Maßeinheit.

Hinweis: *Überlege zuerst, ob du eine Längeneinheit oder eine Zeiteinheit brauchst. Nutze dann die Vergleichsgrößen, über die ihr im Unterricht sicher gesprochen habt und die du auch vorne im Buch findest. Wenn du dir unsicher bist, verbinde erst die Aussagen, die du sicher weißt, dann bleiben sicher nur noch wenige Angaben übrig.*

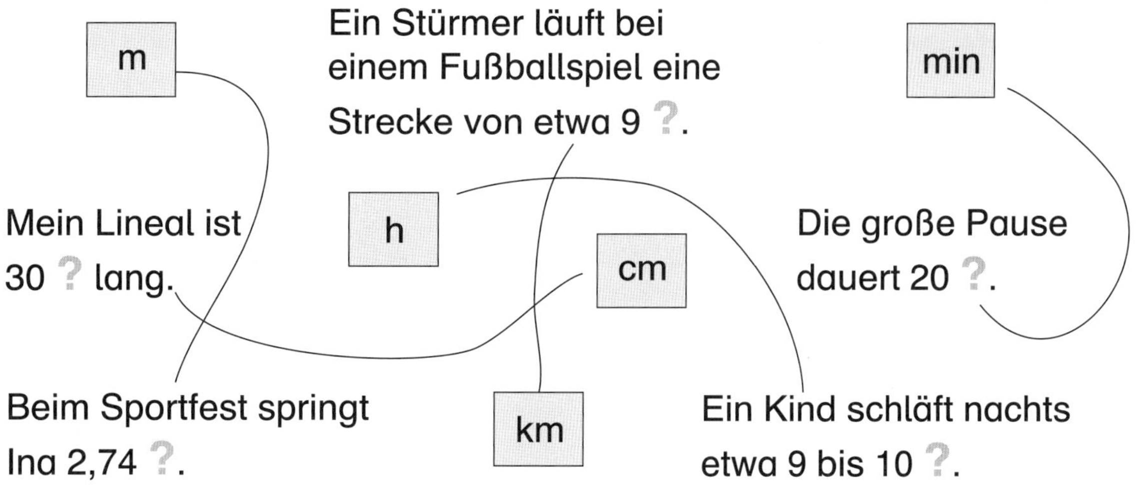

6. Anne hilft ihrem Vater. Er braucht für die Umrandung seines Blumenbeets 30 kg Steine. In einen Eimer passen 5 kg Steine.

Wie oft muss Anne ihrem Vater einen Eimer voller Steine bringen?

Hinweis: *Hier musst du überlegen, wie oft 5 kg in 30 kg passen. Du rechnest also 30 kg : 5 kg = 6.*

Anne muss ihrem Vater **6** Eimer voller Steine bringen.

7. Julius hat in seiner Spardose zwei 10-€-Scheine, einen 20-€-Schein und drei 5-€-Scheine. Er möchte sich ein Spiel für 44,90 € kaufen.

Reicht das Geld aus der Spardose? Kreuze an.

☒ ja ☐ nein

Hinweis: *Hier musst du ausrechnen, wie viel Geld Julius schon gespart hat: 10 € + 10 € + 20 € + 5 € + 5 € + 5 € = 55 €. Julius kann also das Spiel für 44,90 € kaufen und hat immer noch 55 € – 44,90 € = 10,10 € übrig.*

Begründe deine Meinung:
Julius hat insgesamt 20 € + 20 € + 15 € = 55 € gespart. Das ist deutlich mehr Geld, als er für das Spiel für 44,90 € benötigt.

8. Verbinde jeden Wecker mit der richtigen Uhrzeit.

Hinweis: *Schau genau hin und achte darauf, dass du Stunden- und Minutenzeiger nicht verwechselst.*

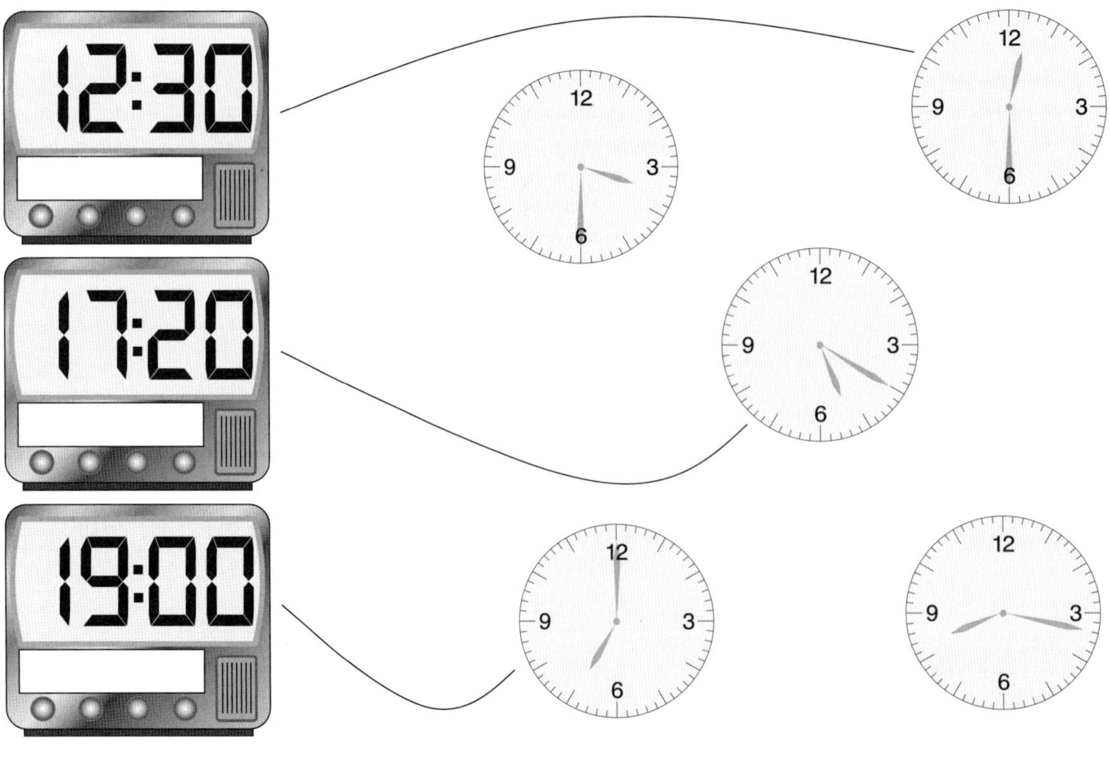

9. In der Bäckerei kostet Brot vom Vortag nur die Hälfte.

Wie viel kosten die Brote am nächsten Tag?

Hinweis: Etwas verwirrend ist die Angabe „am nächsten Tag", aber in der Aufgabe siehst du, was die Brote normalerweise kosten. Am nächsten Tag ist dieses Brot dann das Brot vom Vortag und kostet nur die Hälfte. Teile erst die ganzen Eurobeträge und dann die Centbeträge durch 2. Diese addierst (+) du dann.
Bauernbrot: 3 € : 2 = 1,50 €; 0,60 € : 2 = 0,30 €; 1,50 € + 0,30 € = 1,80 €
Vollkornbrot: 4 € : 2 = 2 €; 0,10 € : 2 = 0,05 €; 2 € + 0,05 € = 2,05 €

Bauernbrot: **1,80** €
Vollkornbrot: **2,05** €

10. Schreibe mit Komma.

Hinweis: Denke daran, dass das Komma immer zwei Einheiten voneinander trennt. Achte bei der zweiten Angabe darauf, an die Zehnerstelle des Centbetrags eine 0 zu setzen, sonst sind es 5 € und 50 Cent.

a) 1 m 50 cm = **1,50** m

b) 5 € 5 Cent = **5,05** €

11. Elif steht jeden Morgen um 6.40 Uhr auf.
Sie geht um 7.35 Uhr in die Schule.

Wie viele Minuten hat Elif Zeit, bis sie losgehen muss?

Hinweis: Rechne zuerst bis zur vollen Stunde und addiere (+) dann die Minutenangaben. Bis 7.00 Uhr hat Elif 20 Minuten Zeit. Dann hat sie noch 35 Minuten, bis sie losgehen muss: 20 min + 35 min = 55 min. Vielleicht fällt dir auch auf, dass es von 6.40 Uhr bis 7.40 Uhr genau eine Stunde ist und hier nur 5 Minuten fehlen. Du kannst also auch 60 min – 5 min = 55 min rechnen.

Elif hat **55** Minuten Zeit, bis sie losgehen muss.

12. Die Kinder wollen wissen, wie schnell sich kleine Tiere im Wald bewegen. Sie messen, wie weit die Tiere in einer Minute kommen.

Wie lange brauchen die Tiere für 1 Meter?

Hinweis: *Hier ist wichtig, dass du weißt, dass 1 Meter 100 cm sind. Überlege, wie oft die angegebenen Zentimeterangaben in 100 cm passen. Dies ist dann die Zeit, die die Tiere für 1 Meter brauchen. Vergiss nicht, die Zeitangabe („min" oder „Minute") aufzuschreiben.*

Strecke nach 1 Minute	Laufkäfer: 100 cm	Spinne: 50 cm	Marienkäfer: 20 cm	Schnecke: 10 cm
Zeit für 1 Meter	**1 min**	**2 min**	**5 min**	**10 min**

13. Hier siehst du den Fahrplan für die Haltestelle am Schwimmbad.

Haltestellen	**Abfahrtszeiten**			
Schwimmbad	16.45	17.20	18.00	18.50
Stadtpark	16.54	17.29	18.09	18.59
Grundschule	17.12	17.47	18.27	19.17
Wiesenweg	17.23	17.58	18.38	19.28

Lea kommt um 17.05 Uhr aus dem Schwimmbad.

a) Wie lange muss Lea auf den nächsten Bus warten?

Hinweis: *Schau dir genau die Zeile mit den Abfahrtszeiten beim Schwimmbad an. Da Lea um 17.05 Uhr aus dem Schwimmbad kommt, fährt der nächste Bus um 17.20 Uhr. Von 17.05 Uhr bis 17.20 Uhr sind es 15 Minuten.*

Sie muss **15** Minuten warten.

b) Lea muss an der Grundschule aussteigen.
Wie lange dauert die Fahrt?

Hinweis: *Der Bus fährt um 17.20 Uhr los und kommt um 17.47 Uhr an der Grundschule an. Dazwischen liegen 27 Minuten.*

Die Fahrt dauert **27** Minuten.

14. Simon hat gerechnet: In 3 Monaten und 1 Woche ist Heiligabend.

An welchem Tag sagt Simon das? Kreuze an.

Hinweis: *Rechne vom 24. Dezember drei Monate zurück. Das ist der 24. September. Eine Woche hat 7 Tage, sodass du von 24 noch 7 abziehen musst.*

- ☐ 24. September
- ☒ 17. September
- ☐ 24. Oktober
- ☐ 17. Dezember

15. Paula und Karolin spielen ein Sportlerinnenquartett.
Karolin sagt: „Meine Sportlerin läuft auf 100 Meter 2 Sekunden schneller als deine, sie springt 40 Zentimeter weiter, aber nur halb so hoch."

Trage die Werte von Karolins Sportlerin mit den richtigen Maßeinheiten in die Tabelle ein.

Hinweis: *Achte genau darauf, über welche Disziplin geschrieben wird, ob jemand schneller oder langsamer, weniger oder mehr gesprungen ist und welche Maßeinheit (m, cm, sec) angegeben ist. Denke auch daran, dass du, wenn beim 100-m-Lauf jemand schneller ist, Sekunden* <u>*abziehen*</u> *musst.*

	Weitsprung	**100-m-Lauf**	**Hochsprung**
Paulas Sportlerin	6,20 m	13,5 sec	1,80 m
Karolins Sportlerin	**6,60 m**	**11,5 sec**	**0,90 m/90 cm**

16. Die Kinder wiegen in der Schule ihre Ranzen.

Welche Aussage kann nicht stimmen? Kreuze an.

- ☐ Ayla: 3 kg 150 g
- ☐ Dana: 3 kg 600 g
- ☐ Ferhat: 4 kg 200 g
- ☒ Max: 15 kg 450 g
- ☐ Lisa: 2 kg 900 g

Warum kann das nicht stimmen? Begründe deine Entscheidung.

Hinweis: *Ein Ranzen wiegt zwischen 2 kg und 5 kg. 15 kg ist viel zu schwer.*

Ein Ranzen kann nicht 15 kg wiegen, das ist viel zu schwer. Diese Angabe ist auch die einzige Angabe, die sich stark von den anderen unterscheidet.

17. Nele backt mit ihrem Vater Brot. Sie benötigen 1 kg Mehl und haben schon $\frac{1}{2}$ kg Mehl in die Schüssel gegeben.
Wie viel Gramm Mehl fehlen noch?

Hinweis: *Bei dieser Aufgabe ist es wichtig, dass du weißt, dass 1 kg 1 000 g sind und $\frac{1}{2}$ kg somit 500 g. Sicher weißt du auch, dass $\frac{1}{2}$ kg und $\frac{1}{2}$ kg zusammen 1 kg ergeben. Wenn es dir schwerfällt, dir das zu merken, denkst du am besten an Pizza, denn $\frac{1}{2}$ Pizza und noch $\frac{1}{2}$ Pizza sind eine ganze Pizza. Wenn Lina also schon $\frac{1}{2}$ kg Mehl in der Schüssel hat, fehlt noch $\frac{1}{2}$ kg Mehl, also 500 g.*

Antwort: Es fehlen noch **500** g Mehl.

18. Wie lang sind alle Linien zusammen? Schreibe als Kommazahl.

1 cm 5 mm — 3 cm 5 mm — 2 cm

4 cm 5 mm — 6 cm

8 cm

Hinweis: *Du weißt sicher, dass 1 cm 10 mm sind und dass das Komma immer zwei Einheiten (hier cm und mm) trennt. Wenn du dir einmal nicht sicher bist, wie viele Millimeter ein Zentimeter sind, schau einfach auf deinem Lineal nach. Für diese Aufgabe rechnest du am besten alle Angaben in Millimeter um und addierst sie dann (15 mm + 45 mm + 35 mm + 80 mm + 60 mm + 20 mm = 255 mm). Jetzt musst du nur noch überlegen, wie viele ganze Zentimeter in 255 mm stecken und dies als Kommazahl schreiben (255 mm = 25 cm 5 mm = 25,5 cm).*

15 mm + 45 mm + 35 mm + 80 mm + 60 mm + 20 mm = 255 mm

Antwort: Es sind **25,5** cm.

19. Ergänze die richtige Einheit.

Hinweis: *Hier ist es zuerst einmal wichtig, dass du dir überlegst, um welche Größen (Länge, Gewicht, Geld, Zeit) es in der Aufgabe geht. Oft findest du Wörter, die dir dabei helfen (kosten = Geld; wiegen = Gewicht; lang = Länge). Dann* *musst du noch die richtige Einheit wählen. Wenn du keine Vorstellung davon hast, was zutreffen kann, erinnere dich an die Vergleichsgrößen, über die ihr im Unterricht sicher gesprochen habt und die du auch vorne im Buch findest. (1 g entspricht etwa einer Büroklammer, 100 g entsprechen einer Tafel Schokolade, 1 kg entspricht einer Tüte Mehl …)*

Ein Bleistift kostet etwa 1 **€**.
Eine Packung Butter wiegt 250 **g**.
Ein Klassenraum ist etwa 9 **m** lang.
Eine Geburtstagsfeier dauert oft etwa 3 **h**.
Ein Hund ist etwa 80 **cm** lang.

20. Maries kleiner Bruder ist jetzt 150 Stunden alt.
Wie viele Tage und Stunden ist er alt? Kreuze an.

Hinweis: *Hier musst du wissen, dass 1 Tag 24 Stunden hat. Überlege, wie oft die 24 in die 150 passt und wie viele Stunden dann noch übrig bleiben.*

- ☐ 6 Tage und 0 Stunden
- ☐ 5 Tage und 23 Stunden
- ☒ 6 Tage und 6 Stunden
- ☐ 7 Tage und 2 Stunden

21. Die Kinder der Klasse 3c besuchen gemeinsam das Freibad. Der Eintritt kostet pro Kind 2,50 €. Drei Kinder haben keine Schwimmkleidung dabei und können nicht mitschwimmen. Die Klassenlehrerin bezahlt an der Kasse 50 € für alle Kinder, die mitschwimmen können.

a) Wie viele Kinder gehen in die Klasse 3c?

Hinweis: *Überlege, für wie viele Kinder die Lehrerin an der Klasse 50 € bezahlt, wenn ihr jeder 2,50 € gegeben hat (pro Kind 2,50 € bedeutet 25 € für 10 Kinder und 50 € für 20 Kinder). Dazu kommen noch die drei Kinder ohne Schwimmkleidung, die nicht mitschwimmen können: 20 + 3 = 23.*

23 Kinder gehen in die Klasse 3c.

b) Schreibe auf, wie du zu der Lösung gekommen bist.

Wenn jedes Kind 2,50 € Eintritt bezahlt, bezahlen 10 Kinder 25 € und 20 Kinder 50 €. Dazu kommen noch die drei Kinder ohne Schwimmkleidung, sodass 23 Kinder in die Klasse 3c gehen müssen.

22. Hier siehst du zwei Waagen.

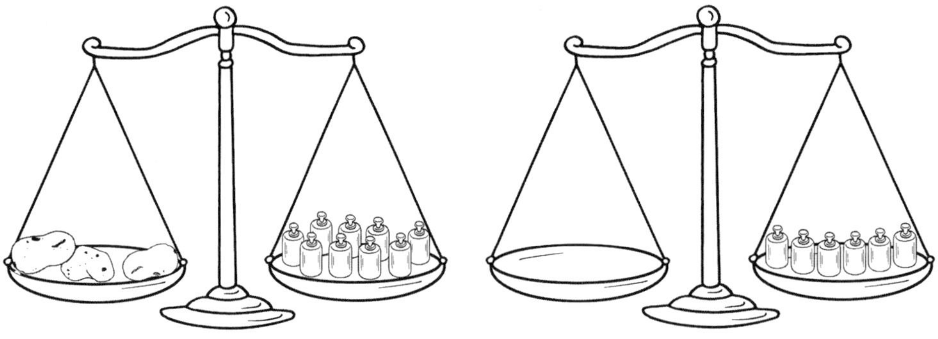

Wie viele gleich schwere Kartoffeln musst du auf die zweite Waage legen, damit sie im Gleichgewicht ist?

Hinweis: *Berechne zuerst die Anzahl der Gewichte für eine Kartoffel: Wenn man für 3 Kartoffeln 9 Gewichte braucht (siehe linke Waage), braucht man für eine Kartoffel 9 : 3 = 3 Gewichte. Auf der zweiten Waage liegen 6 Gewichte und pro 3 Gewichte musst du eine Kartoffel auf die Waage legen, also 2 Stück (denn 6 : 3 = 2).*

Antwort: Ich muss **2** Kartoffeln auf die zweite Waage legen.

23. Die Kinder wiegen gemeinsam in der Klasse ihre Lieblingsbücher. Lukas' Lieblingsbuch ist schwerer als Leas Lieblingsbuch. Mias Lieblingsbuch ist leichter als Leas Lieblingsbuch.

Wessen Lieblingsbuch ist am schwersten?

Hinweis: *Vergleiche die drei Bücher der Reihe nach miteinander. Wenn es dir hilft, zeichne drei Bücher und mache dir Notizen oder kleine Zeichnungen dazu.*

- ☐ Mias
- ☐ Leas
- ☒ Lukas'
- ☐ alle gleich
- ☐ Das kann man nicht sagen.

24. Wandle um.

Hinweis: *Überlege dir, wie viel Gramm ein Kilogramm, wie viele Meter ein Kilometer, wie viele Millimeter ein Zentimeter und wie viele Sekunden eine Minute hat. Achte bei den Zeiten darauf, dass du hier nicht mit 10, 100 oder 1 000, sondern mit 60 rechnest. Wenn du dich unsicher fühlst, kannst du die Umrechnungen der Einheiten auf einen Notizzettel schreiben.*

1 kg 500 g = **1 500** g
3 450 m = **3** km **450** m
52 mm = **5** cm **2** mm
5 min = **300** sec

25. Was ist schwerer? Kreuze in jeder Zeile an.

Hinweis: *Versuche, dir die genannten Gegenstände oder Tiere genau vorzustellen. Oft ist ein größerer Gegenstand schwerer als ein kleiner, manchmal hast du die genannten Gegenstände selbst schon in der Hand gehabt.*

☒ Auto	☐ Motorrad
☐ Amsel	☒ Katze
☒ Schulranzen	☐ Mathebuch
☐ Büroklammer	☒ Radiergummi
☐ Teller	☒ Packung Zucker

26. An einem Stand auf einem Kinderflohmarkt hängt folgendes Schild.

Nils hat 5 € dabei. Reicht das Geld …

Hinweis: *Addiere (+) jeweils die Preise der genannten Gegenstände. Der Gesamtbetrag darf dann nicht größer als 5 € sein. Manchmal reicht auch schon ein Überschlag. Achte auf die Einheiten (1 € = 100 ct) und denke daran, dass du bei einigen Aufgaben auch den Preis für mehrere gleiche Gegenstände berechnen musst.*

für 3 Bücher und 2 Autos?	☒ ja	☐ nein
für 1 Spiel und 3 CDs?	☐ ja	☒ nein
für 1 Puppe, 1 Buch und 1 Auto?	☒ ja	☐ nein
für 2 Spiele?	☐ ja	☒ nein
für 4 Autos, 2 CDs und 1 Buch?	☒ ja	☐ nein

27. Eva braucht neue Bleistifte. Sie vergleicht die Preise im Supermarkt, im Schreibwarenladen und im Drogeriemarkt.

Welches Angebot ist am preiswertesten?

Supermarkt	Drogeriemarkt	Schreibwarenladen
5 Bleistifte nur 2,99 €	10 Bleistifte nur 5,45 €	2 Bleistifte nur 0,99 €

Hinweis: *Diese Aufgabe kannst du auf zwei unterschiedlichen Wegen lösen:*
1. Weg: Berechne, wie viel jeweils 1 Bleistift kostet, und vergleiche die Preise. Supermarkt: 2,99 € sind etwa 3,00 € also 300 ct. 300 ct : 5 = 60 ct. Im Supermarkt kostet also 1 Bleistift etwa 60 ct. Drogeriemarkt: 5,45 € sind 545 ct. 545 ct : 10 = 54,5 ct. Im Drogeriemarkt kostet also 1 Bleistift etwa 55 ct. Schreibwarenladen: 99 ct sind etwa 1 € also 100 ct. 100 ct : 2 = 50 ct.
Im Schreibwarenladen kostet also 1 Bleistift etwa 50 ct.
Die Bleistifte im Schreibwarenladen sind also am preiswertesten.
2. Weg: Wenn du im Supermarkt 10 Bleistifte kaufst, kosten sie etwa 6 €. Das ist schon mehr als im Drogeriemarkt. Das heißt, du musst nur noch die Preise des Drogeriemarktes und des Schreibwarenladens vergleichen. Für 10 Bleistifte musst du im Schreibwarenladen 5 Packungen mit je 2 Bleistiften kaufen. Eine Packung kostet etwa 1 €, sodass du etwa 5 €, und damit weniger als im Drogeriemarkt, bezahlen musst. Damit kommst du zum gleichen Ergebnis: Die Bleistifte im Schreibwarenladen sind am preiswertesten.

Antwort:
Das Angebot aus dem **Schreibwarenladen** ist am preiswertesten.

28. Mona feiert mit ihren 4 Freundinnen ihren Geburtstag am Mittwoch im Zoo. Monas Mama ist auch dabei.
Wie viel kostet der Eintritt für alle zusammen?

Karlstädter Zoo

Eintrittspreise		**Mittwoch ist Zootag!**	
Erwachsener	7,50 €	Erwachsener	5,00 €
Kind	3,00 €	Kind	2,00 €

Gruppeneintrittspreise (für Gruppen ab 5 Personen)

Immer 5 Kinder zusammen	10,00 €
Jedes weitere Kind	1,50 €
Pro 5 Kinder ein Erwachsener frei.	
Jeder weitere Erwachsene	400 €

Hinweis: *Du siehst auf dem Plakat, dass der Eintritt am Zootag und für Gruppen ab 5 Personen besonders günstig ist. Da Monas Geburtstag an einem Mittwoch gefeiert wird und sie auch mehr als 5 Personen sind, musst du den Eintritt für beide Angebote berechnen und die Preise vergleichen.*
5 Kinder zahlen am Zootag insgesamt 10 € Eintritt. Dazu kommt noch der Eintritt für die Mutter von 5 €, zusammen also 15 €.
Als Gruppe zahlen sie nur den Eintritt für die 5 Kinder (10 €). Damit braucht die Mutter keinen Eintritt zu bezahlen (denn pro 5 Kinder erhält ein Erwachsener freien Eintritt) und dies ist das günstigere Angebot. Der Eintritt kostet also 10 €.

Antwort: Der Eintritt kostet für alle zusammen **10** Euro.

29. Leila und ihre Klasse nehmen an den Bundesjugendspielen teil.
Sie fahren um 8.10 Uhr mit dem Bus gemeinsam zum Sportplatz.
Die Fahrt dauert 15 Minuten. Dann können sich die Kinder aufwärmen und um 9.00 Uhr machen sie Weitsprung. Um 10.00 Uhr beginnt der 50-m-Lauf und 35 Minuten später das Werfen.
Um 11.00 Uhr sind damit alle Klassen fertig.
Vor der Siegerehrung um 12.10 Uhr finden noch Staffelläufe statt.

Hinweis: *Lies die Aufgabe ganz genau und am besten auch noch ein zweites Mal, um wirklich alle Informationen zu verstehen.*

a) Wie viel Zeit haben die Kinder, um sich aufzuwärmen?

Hinweis: *Am Anfang der Aufgabe findest du die Informationen, dass Leilas Klasse mit dem Bus um 8.10 Uhr losfährt und die Fahrt 15 Minuten dauert. Du weißt also, dass sie um 8.25 Uhr am Sportplatz ankommen. Um 9.00 Uhr beginnt dann der Weitsprung. Sie haben also 35 Minuten Zeit, um sich aufzuwärmen.*

Die Kinder haben **35** Minuten Zeit, um sich aufzuwärmen.

b) Wann beginnt Leilas Klasse mit dem Werfen?

Hinweis: *In der Aufgabe liest du, dass die Klasse um 10.00 Uhr den 50-m-Lauf beginnt und 35 Minuten später mit dem Werfen anfängt – also um 10.35 Uhr.*

Leilas Klasse beginnt um **10.35** Uhr mit dem Werfen.

c) Wie viel Zeit bleibt den Kindern für die Staffelläufe?

Hinweis: *In der Aufgabe kannst du lesen, dass alle Klassen um 11.00 Uhr mit dem Werfen fertig sind und die Siegerehrung um 12.10 Uhr stattfindet. In der Zeit dazwischen finden die Staffelläufe statt. Von 11.00 Uhr bis 12.00 Uhr sind es 60 Minuten und von 12.00 Uhr bis 12.10 Uhr noch einmal 10 Minuten, insgesamt also 70 Minuten.*

Die Kinder haben **70** Minuten Zeit für die Staffelläufe.

Fünfter Kompetenzbereich: Daten, Häufigkeiten und Wahrscheinlichkeiten

1. Pia, Lea und Iman stellen ihre Fahrräder nebeneinander in den Fahrradständer.

Welche der folgenden Aussagen stimmt? Kreuze an.

Hinweis: *Da du aus der Aufgabe nicht weißt, in welcher Reihenfolge die Mädchen ihre Räder aufstellen, können die ersten drei Aussagen nicht stimmen, denn absolute Aussagen (etwas ist sicher oder unmöglich) können nicht gemacht werden.*

- ☐ Es ist sicher, dass Pias und Leas Fahrräder nebeneinanderstehen.
- ☐ Es ist unmöglich, dass Pias und Imans Fahrräder nebeneinanderstehen.
- ☐ Es ist sicher, dass Leas und Imans Fahrräder nicht nebeneinanderstehen.
- ☒ Es ist möglich, aber nicht sicher, dass Pias und Leas Fahrräder nebeneinanderstehen.

2. Die Kinder der dritten Klassen haben eine Umfrage gemacht: „Was ist dein Lieblingsessen?"

Dies ist das Ergebnis:

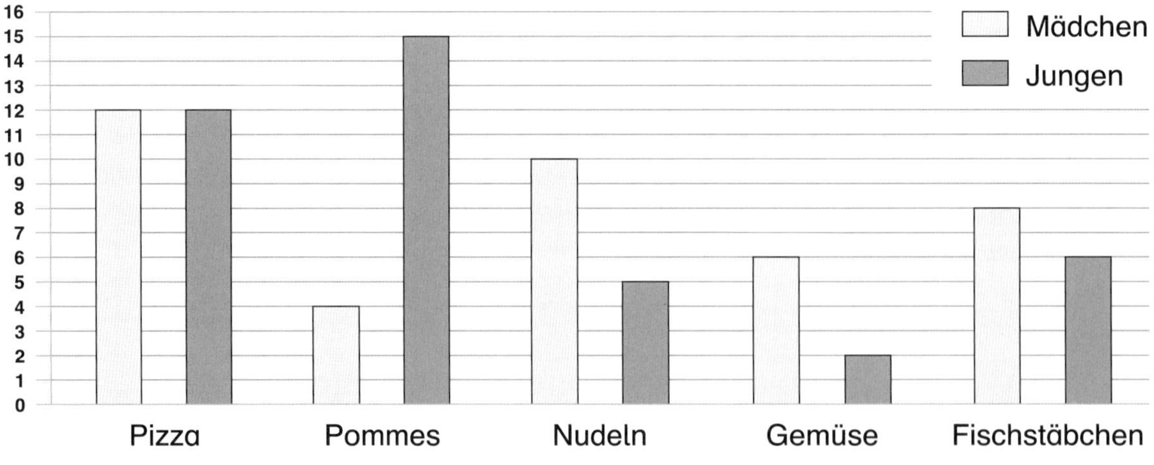

a) Was essen die Jungen am liebsten?

Hinweis: *Schau dir das Diagramm und vor allem die Einteilung am linken Rand genau an. Was die Jungen am liebsten essen, erkennst du an der höchsten dunkelgrauen Säule.*

Jungen essen **Pommes** am liebsten.

b) Wie viele Kinder essen am liebsten Gemüse?

Hinweis: *Du kannst ablesen, dass zwei Jungen und sechs Mädchen am liebsten Gemüse essen, das sind zusammen 8 Kinder.*

8 Kinder essen am liebsten Gemüse.

c) 14 weitere Kinder haben das gleiche Lieblingsessen wie Nils.

Hinweis: *Zusammen mit Nils haben also 15 Kinder das gleiche Lieblingsessen. Jetzt musst du schauen, welche zwei Säulen (Mädchen und Jungen) zusammen 15 Kinder anzeigen. Hier kommen nur Nudeln infrage.*

Nils isst am liebsten **Nudeln**.

3. Die Kinder der Klasse 3b verkaufen beim Schulfest Lose. In einem Säckchen sollen 100 Lose sein, aufgeteilt in Gewinne und Nieten. Die Kinder sollen die gleichen Chancen haben, einen Gewinn oder eine Niete zu ziehen.

Wie müssen die Kinder das Säckchen füllen?

Hinweis: *Wenn die Chancen auf einen Gewinn und die Chancen auf eine Niete gleich sein sollen, müssen genau gleich viele Gewinne und Nieten in dem Säckchen sein. Da es insgesamt 100 Lose sind, muss es 50 Gewinne und 50 Nieten geben.*

Sie müssen das Säckchen mit **50** Gewinnen und **50** Nieten füllen.

4. Die Kinder zählen eine Woche lang, wie viele Kinder jeden Tag zwischen 15.00 Uhr und 17.00 Uhr auf dem Spielplatz spielen.

Die Ergebnisse siehst du in dem Diagramm.

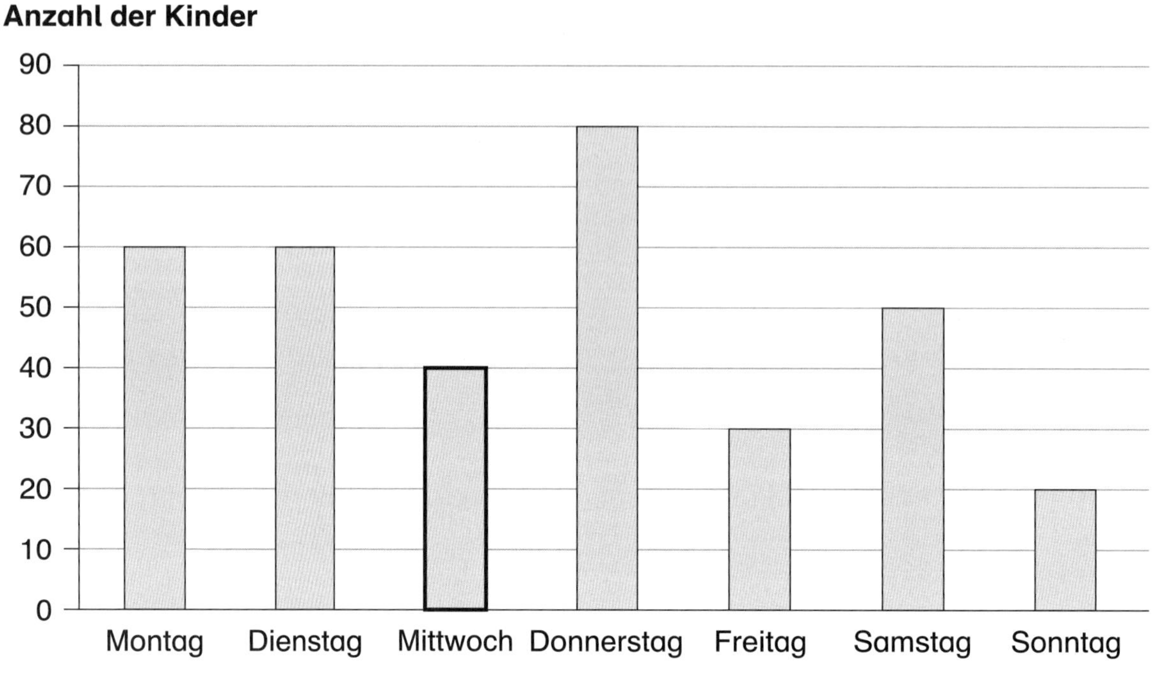

a) Am Mittwoch kommen doppelt so viele Kinder wie am Sonntag. Zeichne die Anzahl der Kinder in das Diagramm ein.

Hinweis: *Lies die Anzahl der Kinder auf dem Spielplatz am Sonntag ab: 20 Kinder. Am Mittwoch sind es doppelt so viele, also 40 Kinder. Diese Säule zeichnest du an die Stelle für den Mittwoch.*

b) An welchem Tag kamen die wenigsten Kinder auf den Spielplatz?

Hinweis: *Diesen Tag erkennst du an der kleinsten Säule.*

Die wenigsten Kinder kamen am Sonntag.

c) Wie viele Kinder kamen am Donnerstag und Freitag insgesamt auf den Spielplatz?

Hinweis: *Lies die Anzahl der Kinder auf dem Spielplatz für Donnerstag (80 Kinder) und für Freitag (30 Kinder) ab und rechne sie zusammen: 110 Kinder.*

Insgesamt kamen am Donnerstag und Freitag 110 Kinder.

5. Kreuze jeweils an.

Hinweis: *Lies die Aussagen konzentriert und überlege genau, ob sie sicher, möglich, aber nicht sicher oder unmöglich sind.*

	sicher	möglich, aber nicht sicher	unmöglich
Dieses Jahr wird es im Sommer jeden Tag über 25 Grad haben.	☐	☒	☐
Dieses Jahr beginnt der Winter im Juli.	☐	☐	☒
Wenn ich nach der vierten Klasse die Grundschule verlasse, komme ich in den Kindergarten.	☐	☐	☒
Nach April kommt Mai.	☒	☐	☐

6. Klara hängt Luftballons für ihr Geburtstagsfest auf. Sie hat zwei gelbe (G), einen roten (R) und einen blauen (B) Luftballon. Die beiden gelben Luftballons hängen nicht nebeneinander.

Notiere alle Möglichkeiten.

Hinweis: *Hier gehst du am besten systematisch vor: Da die erste Möglichkeit schon vorgegeben ist, überlegst du am besten, welche weiteren Möglichkeiten es gibt, wenn die gelben Ballons außen hängen. Du tauschst also den blauen und den roten Ballon. Dann können die gelben Ballons einmal an der ersten und dritten Position und dann noch mal an der zweiten und vierten Position hängen. Den blauen und den roten Ballon musst du dann jeweils tauschen.*

G, R, B, G **G, B, R, G** **G, R, G, B** **G, B, G, R** **R, G, B, G** **B, G, R, G**

7. Leons Onkel und Tante fahren mit einem Kreuzfahrtschiff auf dem Main. In den Ferien darf Leon fünf Tage mit ihnen fahren. Auf einer Karte steckt er kleine Fähnchen auf die Orte, an denen sie haltmachen.

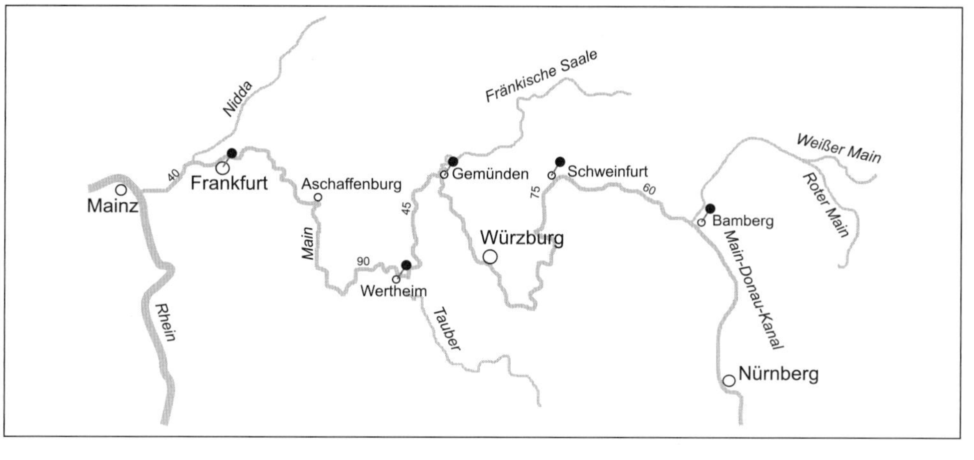

Leon beginnt, eine Übersicht zu den einzelnen Tagen zu erstellen. Vervollständige seine Tabelle.

Hinweis: *Sieh dir zuerst die Karte genau an und schau nach, wo der Main zu finden ist. Für den ersten Tag findest du schon die Lösung in der Tabelle. Suche die Orte Mainz und Frankfurt auf der Karte und schau, wo du den Hinweis auf die 40 km findest. Jeweils zwischen den einzelnen Teilstrecken findest du eine kleine Zahl (die Kilometerangabe) entlang des Mains. Diese überträgst du in die Tabelle.*

	von	nach	Kilometer
1. Tag	Mainz	Frankfurt	40
2. Tag	**Frankfurt**	**Wertheim**	**90**
3. Tag	**Wertheim**	**Gemünden**	**45**
4. Tag	**Gemünden**	**Schweinfurt**	**75**
5. Tag	**Schweinfurt**	**Bamberg**	**60**

8. Emre, Kai und Bastian schlafen auf der Klassenfahrt in einem Zimmer in den Betten 1, 2 und 3.

Wie viele Möglichkeiten gibt es für die drei Jungen, sich die Betten aufzuteilen?

Hinweis: *Auch hier gehst du am besten wieder systematisch vor: Wenn Emre in Bett 1 schläft, gibt es für Kai und Bastian 2 Möglichkeiten, ihre Betten zu wählen. Es gibt auch dann jeweils 2 Möglichkeiten für Kai und Bastian, wenn Emre in Bett 2 oder in Bett 3 schläft. Damit hast du dann alle Möglichkeiten gefunden, wie sich die Jungen die Betten aufteilen können.*
Du kannst dir auch alle Möglichkeiten aufschreiben:
E, K, B   E, B, K   K, E, B   B, E, K   K, B, E   B, K, E

Es gibt **6** Möglichkeiten.

9. Begründe, bei welchem Spiel du die größeren Gewinnchancen hast.

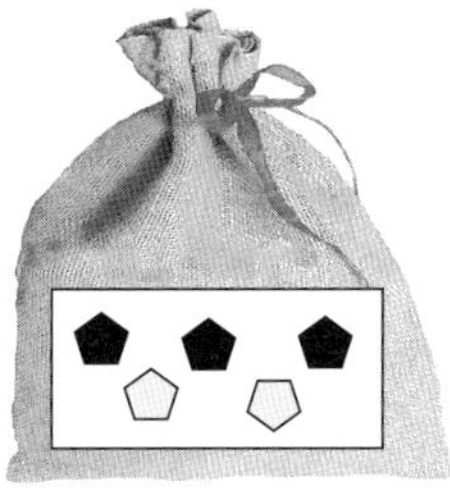

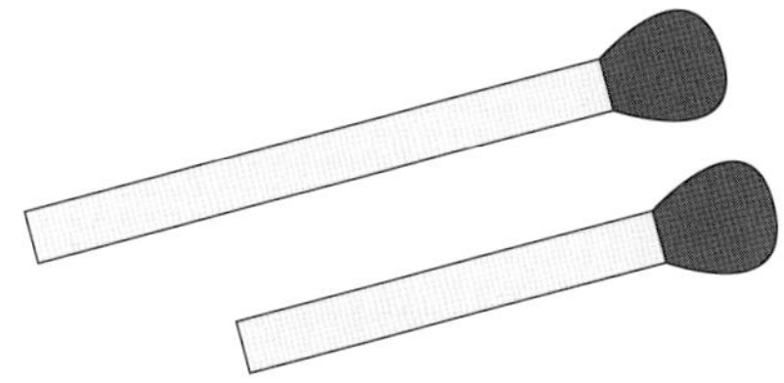

Du ziehst ein Plättchen und gewinnst, wenn du ein dunkles Plättchen ziehst.

Du ziehst ein Streichholz aus der Hand und gewinnst, wenn du das lange Streichholz ziehst.

Hinweis: *Wenn du die Streichhölzer wählst, hast du die gleiche Chance, einen Gewinn oder eine Niete zu ziehen. Da in dem Säckchen mehr dunkle als helle Plättchen sind, sind die Chancen hier größer, ein dunkles Plättchen zu ziehen.*

Ich habe bei dem Säckchen die größeren Gewinnchancen, da es hier mehr dunkle als helle Plättchen gibt. Bei den Streichhölzern sind die Gewinnchancen gleich.

10. Melanie zieht mit verbundenen Augen eine Zahlenkarte.

Kreuze die richtige Aussage an.

Hinweis: *Lies die Aussagen konzentriert durch. Beim Ziehen der Karten ist die Wahl zufällig. Die hier aufgeführten absoluten Aussagen (es ist sicher/unmöglich) sind also falsch.*

- ☐ Es ist sicher, dass Melanie eine Zahl zwischen 1 und 6 zieht.
- ☐ Es ist unmöglich, dass Melanie eine Zahl größer als 5 zieht.
- ☐ Es ist sicher, dass Melanie die Zahl 4 zieht.
- ☒ Es ist möglich, aber nicht sicher, dass Melanies Zahl kleiner als 5 ist.

11. Klara (K), Leila (L), Mia (M) und Nina (N) machen einen Wettlauf. Klara kommt nach Mia ins Ziel.

Schreibe alle Möglichkeiten auf, wie die Kinder ins Ziel kommen können.

Hinweis: *Hier gehst du wieder systematisch vor: Wichtig ist, dass du immer darauf achtest, dass Klara wirklich nach Mia ins Ziel kommt.*
Beginne mit der Möglichkeit, dass Mia als Erste ins Ziel kommt. Die Reihenfolge, in der die anderen Mädchen das Ziel erreichen, änderst du. Gehe auch hierbei wieder systematisch vor: Klara kommt als Zweite ins Ziel und die Reihenfolge von Leila und Nina wird einmal getauscht. Dann kommt Klara als Dritte ins Ziel und wieder wird die Reihenfolge der anderen beiden Mädchen einmal getauscht. Kommt Klara als Vierte ins Ziel, gibt es wieder zwei Möglichkeiten, wie dann Nina und Leila ins Ziel kommen können.
Danach suchst du die Möglichkeiten, wenn Mia als Zweite das Ziel erreicht, und dann, wenn Mia als Dritte ins Ziel kommt. Als Vierte kann Mia nicht ins Ziel kommen, denn sie kommt ja vor Klara ins Ziel.

M, K, L, N   M, K, N, L   M, L, K, N   M, N, K, L   M, L, N, K
M, N, L, K   L, M, K, N   N, M, K, L   L, M, N, K   N, M, L, K
L, N, M, K   N, L, M, K

12. Anna versteckt an Ostern zwei gleiche Ostereier. Sie hat drei Verstecke zur Wahl.

Wie viele verschiedene Möglichkeiten gibt es, die beiden Ostereier zu verstecken?

Hinweis: *Dies ist wieder eine Aufgabe, die du am besten systematisch löst: Da es drei Verstecke gibt, in die Anna die Eier legen kann, gibt es auch drei Möglichkeiten, wenn beide Ostereier an derselben Stelle versteckt werden. Dann gibt es noch weitere Möglichkeiten, wenn die Eier an verschiedenen Stellen versteckt werden: Wenn ein Osterei ins erste Versteck kommt, kann das zweite Ei ins zweite oder dritte Versteck kommen; das sind also wieder zwei Möglichkeiten.*
Wenn dann ein Ei im zweiten Versteck versteckt wird, gibt es noch die Möglichkeit, dass das andere Ei im dritten Versteck versteckt wird; das ist also noch eine Möglichkeit. Dann hast du alle Möglichkeiten gefunden und musst sie nur noch zusammenrechnen: $3 + 2 + 1 = 6$.

Es gibt **6** Möglichkeiten.

13. Du würfelst einmal mit drei normalen Spielwürfeln und addierst die Augenzahlen.

Welches Ergebnis ist unmöglich? Kreuze an.

Hinweis: *Wenn du mit drei Würfeln würfelst und die Augenzahlen addierst (+), ergibt sich die kleinste Summe (Ergebnis einer Plusaufgabe), wenn du mit allen Würfeln eine 1 würfelst (1 + 1 + 1 = 3). Die größte Summe ergibt sich, wenn du mit allen Würfeln eine 6 würfelst (6 + 6 + 6 = 18). Bei drei Würfeln muss die Summe der Augenzahlen also zwischen 3 und 18 liegen. Die 20 kommt daher nicht infrage.*

☐ 13 ☒ 20

☐ 5 ☐ 9

14. In einem Beutel sind drei dunkle und ein helles Bonbon. Marie greift hinein und nimmt drei Bonbons.

Wie können die Bonbons aussehen? Kreuze jeweils an.

Hinweis: *Hier musst du genau lesen und konzentriert nachdenken: Es ist dem Zufall überlassen, welche Bonbons Marie zieht. Es kann also sein, dass alle drei Bonbons dunkel sind, aber es kann auch das helle Bonbon dabei sein. Die beiden ersten Aussagen sind also möglich, aber nicht sicher. Da es nur ein helles Bonbon gibt, kann sie nicht drei oder zwei helle Bonbons ziehen. Die beiden letzten Aussagen sind also unmöglich.*

	sicher	möglich, aber nicht sicher	unmöglich
Alle Bonbons sind dunkel.	☐	☒	☐
Ein Bonbon ist hell, zwei sind dunkel.	☐	☒	☐
Alle drei Bonbons sind hell.	☐	☐	☒
Ein Bonbon ist dunkel, zwei sind hell.	☐	☐	☒

15. Susi nimmt zwei Karten und legt damit eine zweistellige Zahl.

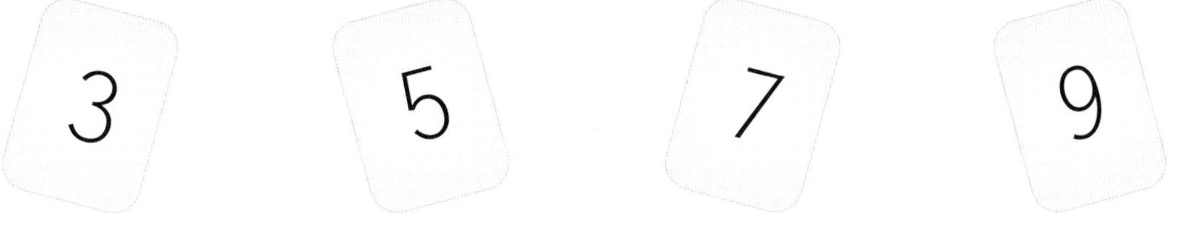

Kreuze jeweils an.

Hinweis: *Wenn Susi zwei Karten zieht, ist die kleinstmögliche Zahl 35 und die größtmögliche Zahl 97. Die erste Aussage trifft also sicher zu. Da alle Zahlen ungerade sind, kann die entstehende Zahl nicht gerade – also ohne Rest durch 2 teilbar – sein. Die Zahl kann größer, aber auch kleiner als 57 sein; diese Aussage ist also möglich, aber nicht sicher. Da Susi zwei verschiedene Ziffern zieht, kann keine Zahl mit zwei gleichen Ziffern entstehen.*

	sicher	möglich, aber nicht sicher	unmöglich
Die Zahl ist größer als 33 und kleiner als 99.	☒	☐	☐
Die Zahl ist ohne Rest durch 2 teilbar.	☐	☐	☒
Die Zahl ist größer als 57.	☐	☒	☐
Die Ziffern der Zahl sind gleich.	☐	☐	☒

16. Hier siehst du ein Diagramm mit den höchsten Gebäuden der Welt:

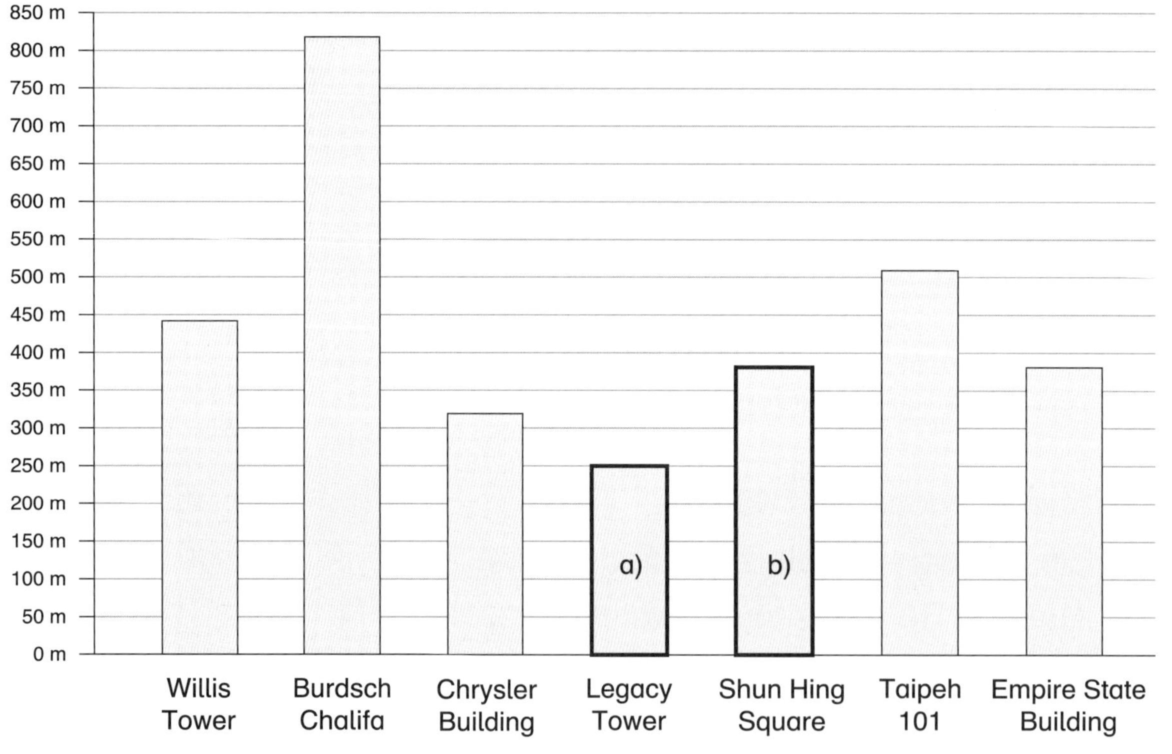

a) Der Legacy Tower ist 250 m hoch.
Zeichne die entsprechende Säule in das Diagramm.

Hinweis: *Zeichne eine Säule bis zur 250-m-Linie an die Stelle des Legacy Tower.*

b) Der Shun Hing Square ist genauso hoch wie das Empire State Building. Zeichne die entsprechende Säule in das Diagramm.

Hinweis: *Das Empire State Building ist 380 Meter hoch. Für den Shun Hing Square zeichnest du einfach eine waagerechte Linie in der gleichen Höhe wie die Säule für das Empire State Building und vervollständigst die Markierung zur Säule.*

c) Schreibe die Gebäude auf, die größer als 300 m und kleiner als 400 m sind.

Hinweis: *Schau genau, welche Säulen zwischen den Markierungen 300 m und 400 m enden.*

Chrysler Building, Shun Hing Square, Empire State Building

17. Hier siehst du die Anzahl der Zoobesucher*innen im letzten Jahr:

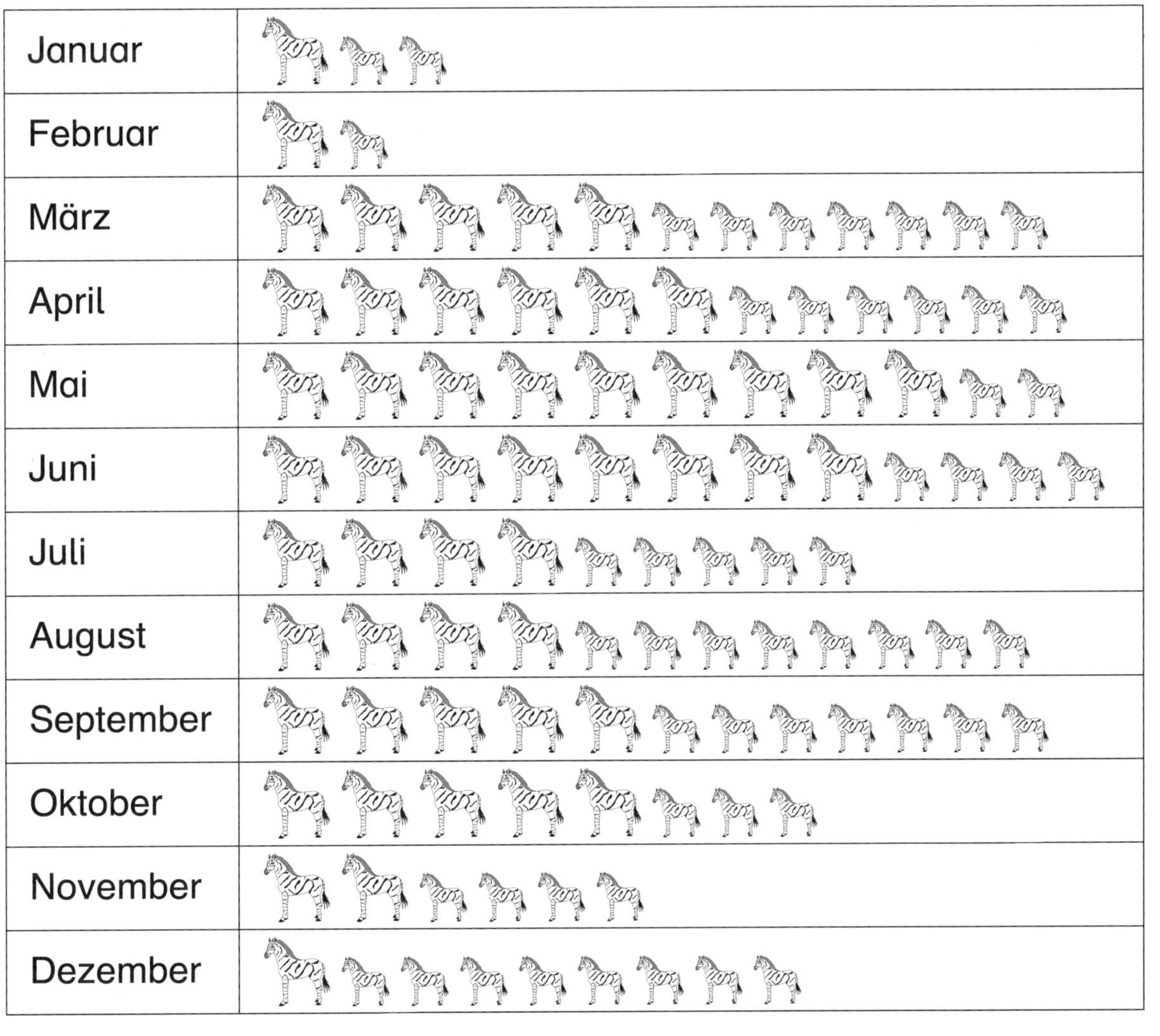

 = 1 000 Besucher*innen  = 100 Besucher*innen

Hinweis: *Bei dieser Aufgabe ist es wichtig, dass du dir die Legende (welches Zeichen steht für welche Zahl) genau anschaust und überlegst, wann es besonders viele und wann es besonders wenige Besucher*innen gibt, damit du schon mal einen Überblick gewinnst.*

a) In welchem Monat hatte der Zoo die meisten Besucher*innen?

Hinweis: *Wenn du nach den meisten Besucher*innen suchst, ist es wichtig, dass du zuerst schaust, in welchem Monat du die meisten großen Zebras findest. Die kleinen Zebras stehen für viel weniger Besucher*innen und sind nur dann wichtig, wenn du in zwei Monaten gleich viele große Zebras findest.*

Im **Mai**.

b) Wie viele Besucher*innen waren es im Juni?

Hinweis: *Zähle zuerst die großen Zebras und überlege, wie viele Besucher*innen das sind. Dann zählst du die kleinen Zebras und überlegst auch hier, wie viele Besucher*innen das sind. Anschließend addierst (+) du beide Zahlen.*

8 400 Besucher*innen.

c) In welchem Monat kamen die wenigsten Besucher*innen?

Hinweis: *Wenn du nach den wenigsten Besucher*innen suchst, ist es wichtig, dass du zuerst schaust, in welchem Monat du die wenigsten großen Zebras findest. Die kleinen Zebras stehen für viel weniger Besucher*innen und sind nur dann wichtig, wenn du in zwei Monaten gleich viele große Zebras findest.*

Im **Februar**.

18. Die Kinder der Klasse 3a haben gezählt, wie viele Kinder in welcher Jahreszeit Geburtstag haben. Hierzu haben sie ein Kreisdiagramm gezeichnet. Ordne die Jahreszeiten zu.

Hinweis: *Lies die Hinweise sehr genau und trage dann nach und nach die richtigen Jahreszeiten ein.*
Wenn die meisten Kinder im Frühling Geburtstag haben, muss das auch das größte Stück im Kreis sein. Da das größte Stück die Hälfte des Kreises einnimmt, muss die Hälfte davon ein Viertel sein und hier musst du den Sommer eintragen. Im letzten Satz erfährst du, dass das größere der übrig gebliebenen Stücke für den Winter steht, denn im Winter haben mehr Kinder Geburtstag als im Herbst. Für den Herbst bleibt dann noch das kleinste Stück.

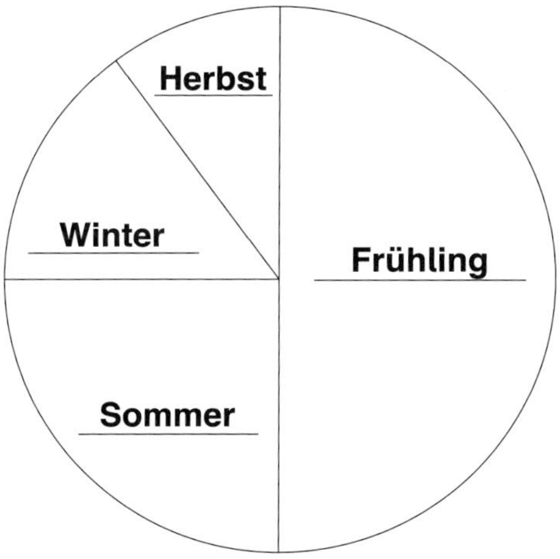

Die meisten Kinder haben im Frühling Geburtstag.

Im Sommer haben halb so viele Kinder Geburtstag wie im Frühling.

Im Winter haben mehr Kinder Geburtstag als im Herbst.

19. Im Urlaub wollen Linda und ihre Familie Fahrräder leihen. Linda möchte gern ein Fahrrad mit einem Fahrradcomputer haben, aber ihr Vater sagt, bei den Fahrradverleihen muss man nehmen, was man bekommt.
Bei welchem Fahrradverleih ist die Wahrscheinlichkeit am größten, ein Fahrrad mit einem Fahrradcomputer zu bekommen?

Fahrradverleih	Fahrräder mit Fahrradcomputer	Fahrräder insgesamt
Verleih A	30	70
Verleih B	40	70
Verleih C	40	60

Hinweis: *Hier vergleichst du die einzelnen Verleihe miteinander. Die Verleihe A und B haben beide 70 Fahrräder, aber Verleih B hat mehr Fahrräder mit einem Fahrradcomputer. Hier ist also die Wahrscheinlichkeit größer, dass Linda ein Fahrrad mit einem Fahrradcomputer bekommt.*
Die Verleihe B und C haben beide 40 Fahrräder mit einem Fahrradcomputer, aber Verleih C hat insgesamt weniger Fahrräder. Also ist die Wahrscheinlichkeit bei Verleih C am größten, dass Linda ein Fahrrad mit einem Fahrradcomputer bekommt.

Die Wahrscheinlichkeit, ein Fahrrad mit einem Fahrradcomputer zu bekommen, ist bei Verleih **C** am größten.

20. Alle Drittklässler*innen einer Grundschule wurden danach gefragt, wie lange sie etwa jeden Tag fernsehen.

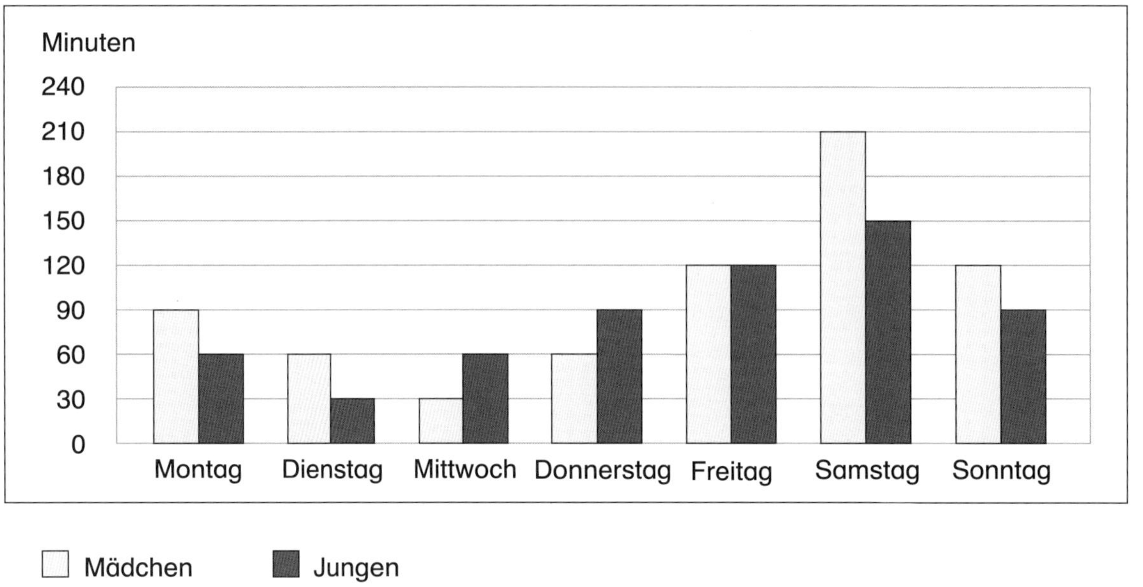

Hinweis: *Schau dir das Diagramm zuerst einmal genau an. Wo stehen die Wochentage? Wo findest du, wie lange die Kinder ferngesehen haben? Wie unterscheidet man Mädchen und Jungen? Zum Ablesen, wie lange die Kinder am Tag fernsehen, musst du schauen, wie hoch die Säulen sind.*

a) An welchem Wochentag sehen die Kinder zusammen am längsten fern?

Hinweis: *Wenn die Säulen besonders hoch sind, sehen die Kinder besonders lange fern. Sowohl bei den Mädchen als auch bei den Jungen sind die Säulen am Samstag am höchsten.*

Am Samstag sehen die Kinder am längsten fern.

b) An welchen Wochentagen sehen die Kinder zusammen am wenigsten fern?

Hinweis: *Hier musst du genauer hinschauen, aber du erkennst, dass die Säulen am Dienstag und Mittwoch sehr niedrig sind. Am besten du rechnest die Zeiten für beide Tage aus und vergleichst sie.*
Da hier die Zeiten gleich lang sind, schreibst du beide Wochentage auf.

Am Dienstag und Mittwoch sehen die Kinder am wenigsten fern.

c) Wie lange sehen die Kinder in der Woche insgesamt fern?

Hinweis: *Hier musst du alle Zeiten aufschreiben und addieren (+).*

21 Stunden und 30 Minuten (1 290 Minuten).

d) An welchen Wochentagen sehen die Mädchen mehr fern als die Jungen?

Hinweis: *Hier musst du schauen, wann die grauen Säulen höher sind als die schwarzen, und dann die entsprechenden Wochentage aufschreiben.*

Am Montag, Dienstag, Samstag und Sonntag.

21. Bei einer Tombola mit 13 Losen gibt es genau einen 1. Preis, zwei 2. Preise, einen 3. Preis, einen Sonderpreis und acht Trostpreise.

a) Wie hoch sind die Chancen, einen der ersten drei Preise oder den Sonderpreis zu bekommen? Kreuze an.

Hinweis: *Hier musst du überlegen, wie viele Preise und Trostpreise es insgesamt gibt. Fünf Preise und acht Trostpreise werden verliehen. Damit sind es mehr Trostpreise als Preise und die Chance, einen der ersten drei Preise oder den Sonderpreis zu bekommen, ist niedriger, als einen Trostpreis zu bekommen.*

- [ ] Höher, als einen Trostpreis zu bekommen.
- [ ] Genauso hoch, wie einen Trostpreis zu bekommen.
- [x] Niedriger, als einen Trostpreis zu ziehen.
- [ ] Das kann man nicht feststellen.

b) Wie viele Lose musst du ziehen, um **sicher** einen der ersten Preise zu bekommen?

Hinweis: *Wichtig: Hier wird nach den ersten Preisen gefragt, nicht nach dem Sonderpreis. Das heißt, es müssen alle acht Trostpreise und der Sonderpreis vergeben sein, damit man sicher sein kann, einen der ersten Preise zu bekommen.*

Um **sicher** einen der ersten Preise zu bekommen, muss ich **10** Lose ziehen.

22. Leo hat ein Glücksspiel erfunden und es gleich gebastelt.
Es gibt drei Spielräder, die gedreht werden müssen – für jede mitspielende Person eines. Wenn das Spielrad bei einem grauen Feld stehen bleibt, hat man gewonnen. Wenn es bei einem weißen Feld stehen bleibt, hat man verloren.
Das erste Spielrad hat Leo schon angemalt. Wie müssen die anderen beiden Spielräder gefärbt sein, damit jede Person die gleichen Gewinnchancen hat?

Hinweis: *Du siehst, dass das erste Spielrad zu einem Viertel (die Hälfte von der Hälfte) grau ist – das muss bei den anderen Spielrädern genauso sein. Jetzt hast du zwei Möglichkeiten: Entweder du rechnest für jedes Rad aus oder zählst ab, wie viel ein Viertel ist – oder du lässt in jedem Rad für jedes Feld, das du* *grau färbst, drei Teile weiß. (Es ist dabei egal, welches Feld du im zweiten Spielrad und welche drei Felder du im dritten Spielrad färbst – wichtig ist die Anzahl der gefärbten Felder.)*

Lösungsvorschlag:

1

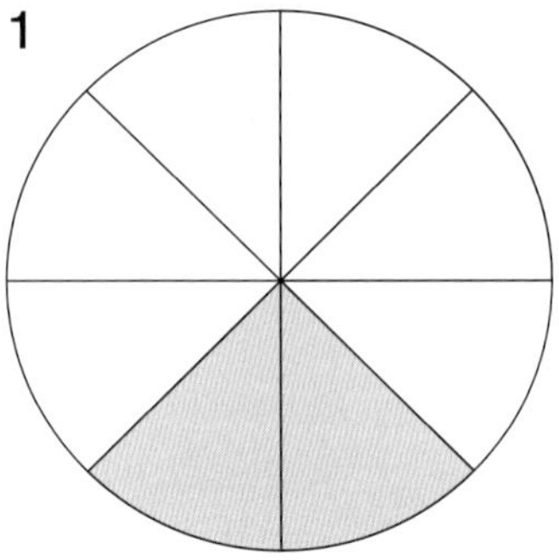

2

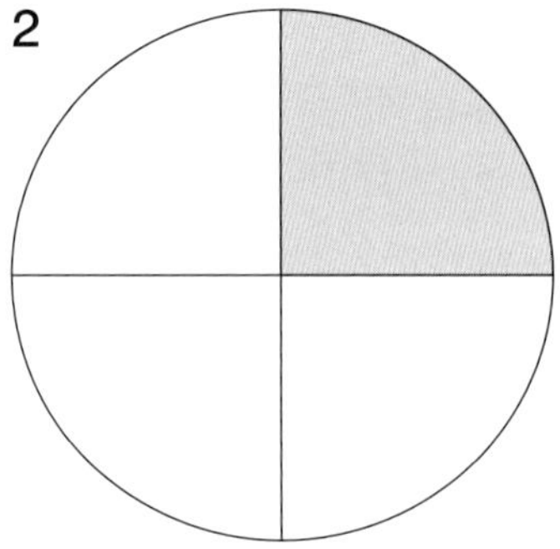

3

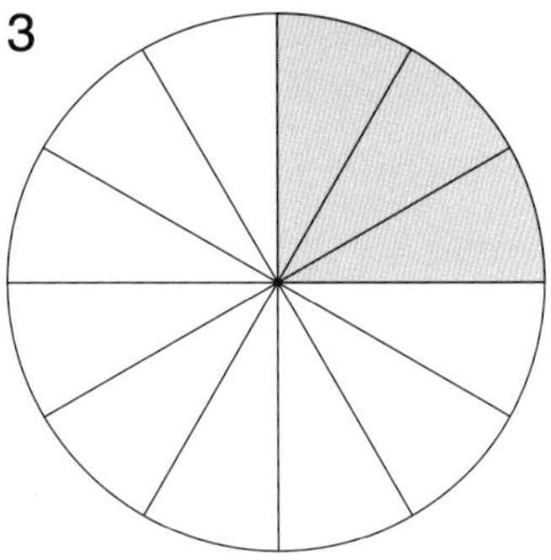

23. Wie schnell können Tiere werden?

Tierart	**Rekordgeschwindigkeit in Metern pro Sekunde**
Rennpferd	35
Schwalbe	60
Brieftaube	20
Biene	6

Beschrifte das Diagramm mit den passenden Tiernamen.

Hinweis: *Diese Aufgabe löst du am einfachsten, indem du in der Tabelle schaust, welches Tier am schnellsten ist, und dann den längsten Balken entsprechend beschriftest. So gehst du der Reihe nach die Tiere durch, bis du beim langsamsten Tier angekommen bist. Du kannst natürlich auch am Diagramm ablesen, wie lang die einzelnen Säulen sind, die entsprechenden Zahlen dann oben in der Tabelle suchen und anschließend das Diagramm entsprechend beschriften.*

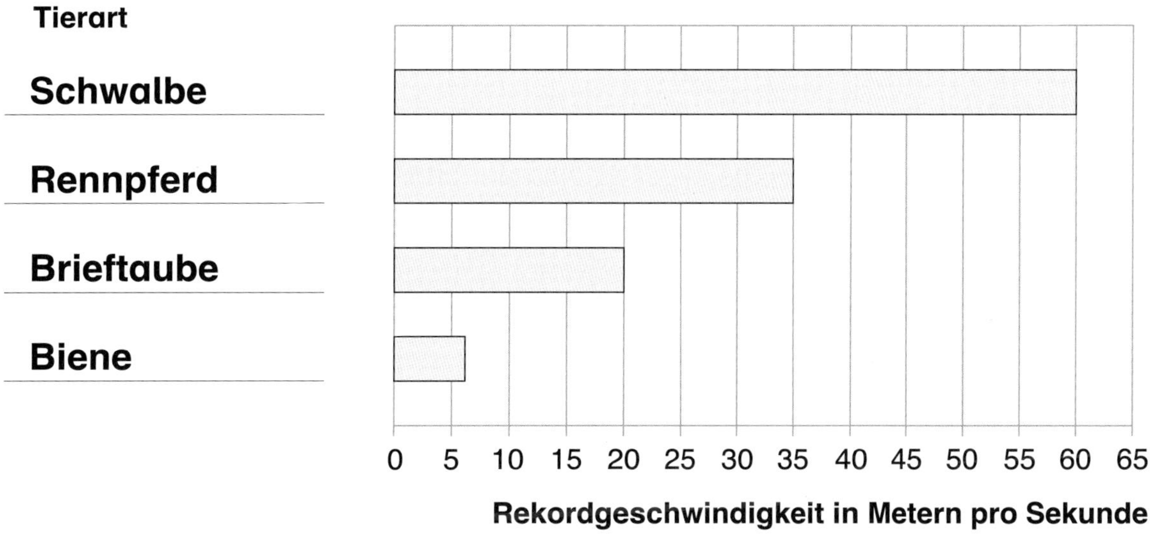

24. Die Kinder sprechen über gesunde Ernährung. Aus einer Kiste sollen sie Obst, Gemüse und Süßigkeiten angeln und die Lebensmittel anschließend sortieren. Sie können die Lebensmittel beim Angeln **nicht** sehen.

Hinweis: *Bei dieser Aufgabe musst du nicht nur schauen, in welcher Kiste die meisten gesuchten Lebensmittel liegen, sondern auch, wie viele von den anderen Lebensmitteln sich darin befinden.*

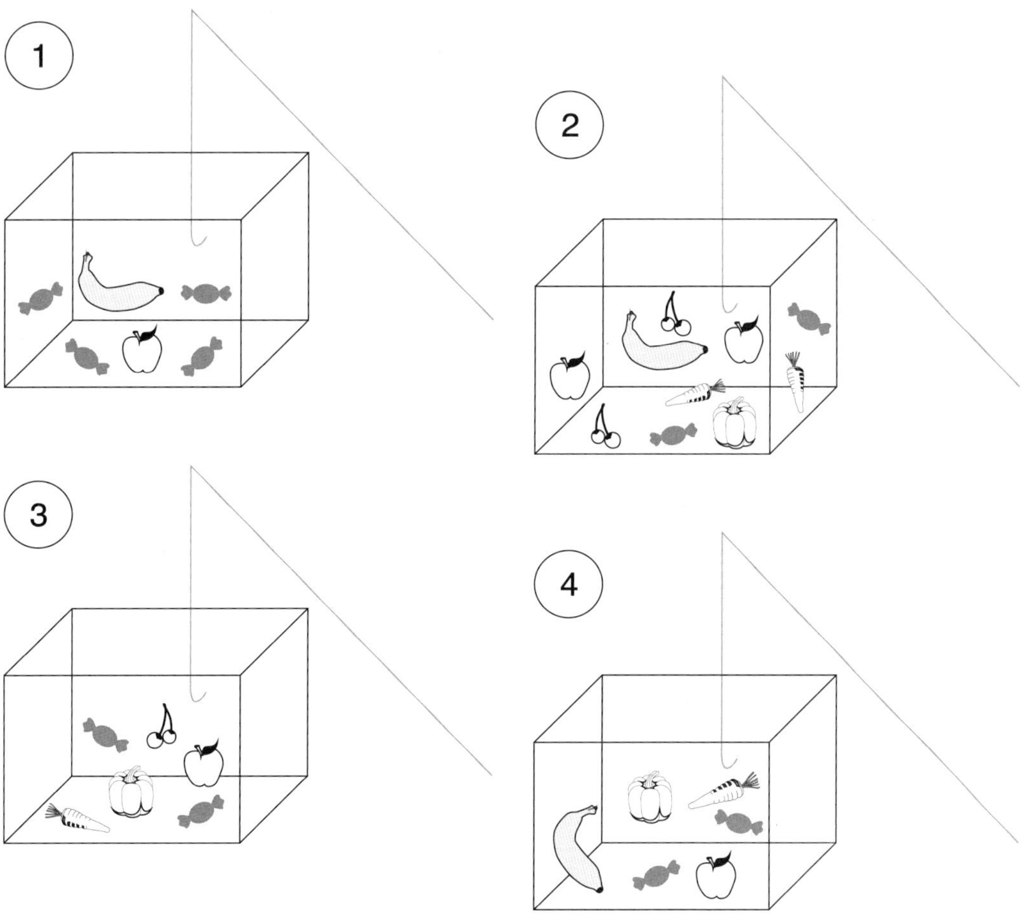

a) Bei welcher Kiste ist die Wahrscheinlichkeit am größten, ein Bonbon zu angeln?

Hinweis: *Nur in der ersten Kiste sind mehr Bonbons als Obst/Gemüse. Hier ist die Wahrscheinlichkeit also am größten, ein Bonbon zu angeln.*

Bei Kiste **1**.

b) Bei welcher Kiste ist die Wahrscheinlichkeit am kleinsten, ein Bonbon zu angeln?

Hinweis: *In der zweiten Kiste sind nur zwei Bonbons, aber acht Stücke Obst und Gemüse. Auch in der dritten und vierten Kiste sind nur zwei Bonbons, gleichzeitig sind dort aber auch nur vier Stücke Obst und Gemüse. Die Wahrscheinlichkeit ist also bei der zweiten Kiste am geringsten, ein Bonbon zu angeln.*

Bei Kiste **2**.

c) Bei welcher Kiste ist die Wahrscheinlichkeit am größten, Obst/Gemüse zu angeln?

Hinweis: *Umgekehrt sind in der zweiten Kiste auch die meisten Stücke Obst/Gemüse und die wenigsten Bonbons. Hier ist also die Wahrscheinlichkeit am größten, ein Stück Obst oder Gemüse zu angeln.*

Bei Kiste **2**.

25. Stell dir vor, du ziehst mit geschlossenen Augen Karten.

a) Alle herausgenommenen Karten sollen die **gleiche** Figur haben. Welche Aussage stimmt? Kreuze an.

Hinweis: *Welche Karten du ziehst, hängt vom Zufall ab. Wenn alle Karten die gleiche Figur haben sollen, ist dies nur bei drei oder vier Karten* *möglich, aber es ist immer auch möglich, dass eine andere Figur dabei ist. Wenn du fünf Karten ziehst, muss auf einer Karte eine andere Figur sein, denn es gibt jeweils nur vier Karten mit der gleichen Figur. Daher ist es unmöglich, dass alle Karten die gleiche Figur haben.*

	unmöglich	möglich, aber nicht sicher	sicher
Bei 3 genommenen Karten ist es		✗	
Bei 4 genommenen Karten ist es		✗	
Bei 5 genommenen Karten ist es	✗		

b) Alle herausgenommenen Karten sollen **verschiedene** Figuren haben. Welche Aussage stimmt? Kreuze an.

Hinweis: *Hier ist es ganz ähnlich. Wenn du zwei Karten ziehst, kannst du entweder die Dame oder den König ziehen. Ziehst du mehr Karten, sind immer gleiche Figuren dabei, da es ja nur zwei verschiedene Bilder gibt.*

	unmöglich	möglich, aber nicht sicher	sicher
Bei 2 genommenen Karten ist es		✗	
Bei 3 genommenen Karten ist es	✗		
Bei 4 genommenen Karten ist es	✗		

26. Die Lehrerin befragt die 26 Kinder in ihrer Klasse nach ihrem Lieblingsgetränk.

Lieblingsgetränk	**Anzahl der Kinder**
Apfelschorle	卌 ||||
Limo	卌 卌 |
Eistee	||||
Orangensaft	||
Wasser	

Stelle die Ergebnisse der Befragung in einem Säulendiagramm dar.

Hinweis: *Zeichne hier nacheinander die einzelnen Säulen zu den Lieblingsgetränken der Kinder. Am besten markierst du zuerst die Höhe der einzelnen Säulen mit dem Lineal an der richtigen Stelle.*

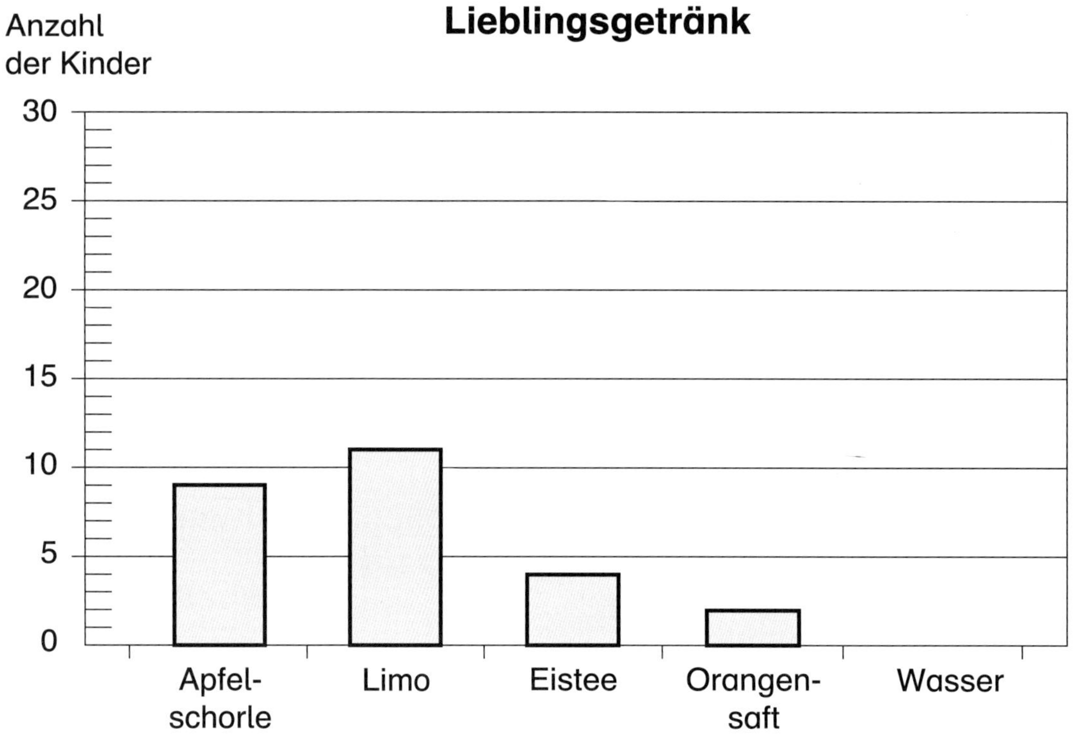

27. Timos Eltern besitzen eine Eisdiele und haben eine Woche lang gezählt, wie viele Gäste jeden Tag kommen.

 = 10 Gäste  = 1 Gast

Wochentag	Gäste
Montag	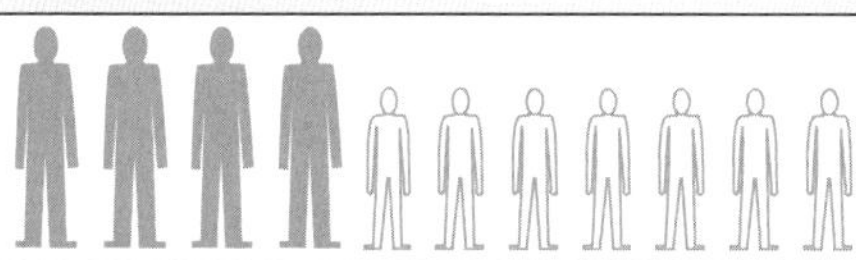
Dienstag	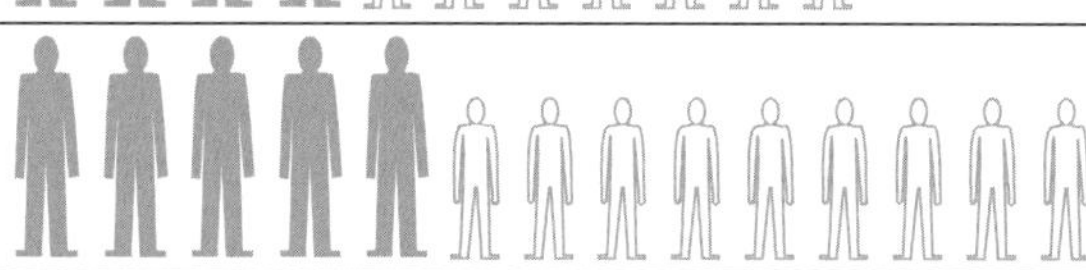
Mittwoch	
Donnerstag	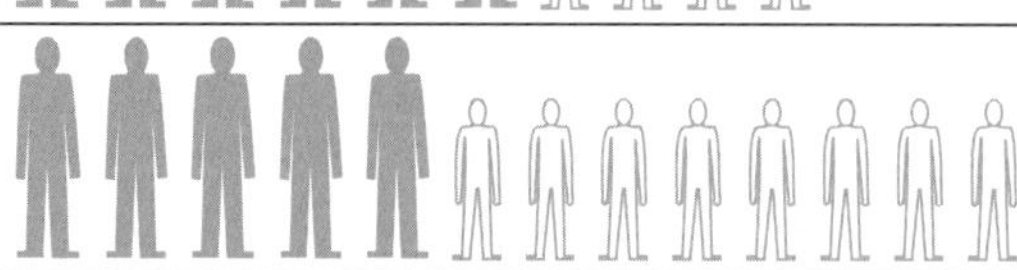
Freitag	
Samstag	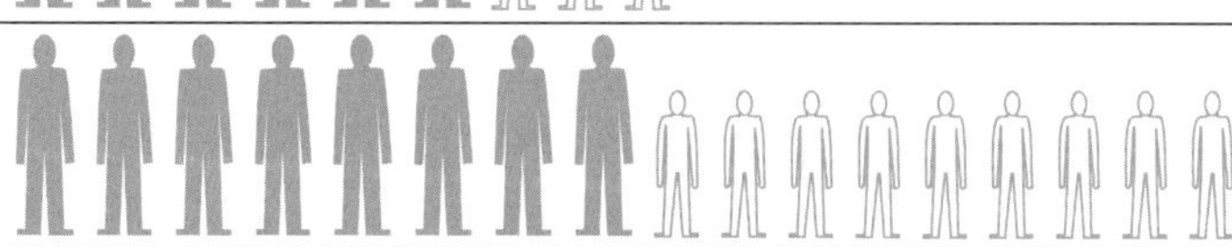

Sonntag	

***Hinweis:** Hier ist es wichtig, dass du immer erst die großen Männchen zählst, denn sie stehen für 10 Gäste. Die kleinen Männchen stehen jeweils nur für einen Gast. Sie sind nur dann wichtig, wenn du an zwei Tagen gleich viele große Männchen findest.*

a) An welchem Tag besuchten die wenigsten Gäste die Eisdiele?

Am Montag besuchten die wenigsten Gäste die Eisdiele.

b) Wie viele Gäste besuchten am Samstag und Sonntag insgesamt die Eisdiele?

***Hinweis:** Samstag: 89 Gäste; Sonntag: 96 Gäste; 89 + 96 = 185*

Am Samstag und Sonntag besuchten insgesamt 185 Gäste die Eisdiele.

28. Die Kinder haben 120 Bücher in ihrer Klassenbücherei. Sie haben sie geordnet und gezählt:

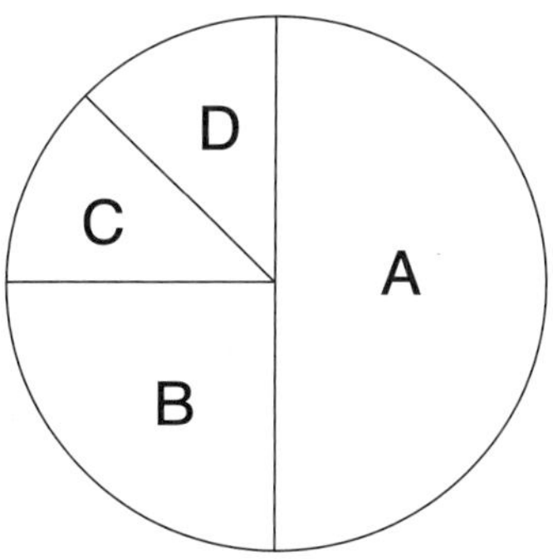

A = Kinderbücher
B = Sachbücher
C = Bilderbücher
D = Bücher aus anderen Ländern

***Hinweis:** Du kannst erkennen, dass die Kinderbücher die Hälfte der Bücher ausmachen. Die Hälfte von 120 Büchern sind 60 Bücher.*
Ein Viertel ist genau die Hälfte von der Hälfte. Wenn 60 Bücher die Hälfte sind, sind ein Viertel 30 Bücher. Es gibt gleich viele Bilderbücher und Bücher aus anderen Ländern und zusammen machen sie ein Viertel der Bücher aus, also 30 Bücher. Es gibt also 15 Bilderbücher und 15 Bücher aus anderen Ländern.
Wenn du sichergehen willst, dass deine Ergebnisse wirklich richtig sind, kannst du die einzelnen Bücher zum Schluss wieder addieren (+). Es müssen genau 120 Bücher sein: 60 + 30 + 15 + 15 = 120.

a) Die Kinder haben **60** Kinderbücher.

b) Die Kinder haben **30** Sachbücher.

c) Die Kinder haben **15** Bilderbücher.

d) Die Kinder haben **15** Bücher aus anderen Ländern.

29. Tim und Tina streiten sich darum, wer als Erstes die neue Schaukel ausprobieren darf. Die Mutter schlägt vor, dass sie losen, und nimmt ein kleines Bonbon in die Hand. Nachdem sie ihre Hände hinter ihrem Rücken versteckt hat, darf Tim eine Hand auswählen. Wählt er die leere Hand, darf er zuerst auf die neue Schaukel und Tina bekommt dafür das Bonbon.

Wer hat die größere Chance, als Erstes die neue Schaukel auszuprobieren?

Hinweis: *Die Chance, dass Tim die leere Hand wählt, ist genauso groß wie die Chance, dass er die Hand mit dem Bonbon wählt. Aus diesem Grund haben Tim und Tina die gleiche Chance, als Erstes die neue Schaukel zu probieren.*

☐ Tim ☐ Tina

☒ beide gleich ☐ Das kann man so nicht sagen.

30. Du hast drei Ziffernkarten mit den Ziffern 2, 4 und 8.

Wie viele und welche verschiedenen dreistelligen Zahlen kannst du bilden?

Hinweis: *Am einfachsten findest du die Zahlen, wenn du systematisch vorgehst. Denke daran, dass „dreistellige Zahl“ bedeutet, dass die Zahl aus drei Ziffern besteht, das heißt, du musst alle drei Ziffern benutzen.*
Du beginnst mit der 2 als erster Ziffer und bildest so viele verschiedene dreistellige Zahlen wie möglich. Da du nur die 4 und die 8 vertauschen kannst, findest du folgende zwei Zahlen: 248 und 284.
Als Nächstes stellst du die 4 an die erste Stelle und bildest wieder so viele dreistellige Zahlen wie möglich: 428 und 482.
Als Letztes stellst du die 8 an die erste Stelle und vertauschst die 2 und die 4. So findest du die beiden letzten dreistelligen Zahlen: 824 und 842.
Ohne System kann es sein, dass du lange suchst, bis du die letzte fehlende Zahl findest, dass du eine oder mehrere Zahlen vergisst oder dass du eine Zahl zweimal schreibst, ohne es zu bemerken.

Ich kann sechs verschiedene Zahlen bilden: 248 und 284, 428 und 482, 824 und 842.

▶ Beispieltests

Bildnachweis
Pressmaster. Shutterstock

1 Vorbereitungs- und Lerntipps

Aufbau und Durchführung

Die folgenden Beispieltests bestehen wie die richtige Vergleichsarbeit jeweils aus einem Basismodul und einem Ergänzungsmodul.

Das **Basismodul** enthält Aufgaben aus allen Kompetenzbereichen:

- Zahlen und Operationen
- Raum und Form
- Muster und Strukturen
- Größen und Messen
- Daten, Häufigkeiten und Wahrscheinlichkeiten

Das **Ergänzungsmodul** besteht aus Aufgaben aus jeweils einem dieser Kompetenzbereiche. Deine Lehrkraft bekommt hierfür zwei Kompetenzbereiche zur Auswahl und kann sich für einen entscheiden.

In diesem Buch wurden die Beispieltests schon so zusammengestellt, wie du sie auch von deiner Lehrkraft bekommen würdest. Du kannst mit den Beispieltests also die **echte Prüfung nachspielen** und ausprobieren, ob du alle Aufgaben in der vorgegebenen Zeit schaffst.

Bearbeitungszeit und erlaubte Hilfsmittel

Insgesamt hast du **60 Minuten Zeit** zur Bearbeitung der Vergleichsarbeit, für das Basismodul sind es 40 Minuten und für das Ergänzungsmodul 20 Minuten. Zwischen den Aufgabenteilen gibt es eine kurze Pause.
Stell dir einen Wecker, um zu testen, ob du mit der Zeit zurechtkommst. Versuche zunächst, in 40 Minuten den ersten Aufgabenteil zu bearbeiten. Mach dann eine kleine Pause und probiere danach aus, ob du den zweiten Teil in 20 Minuten schaffst.

Die **Bearbeitungszeit** ist **knapp**, sodass auch gute Schülerinnen und Schüler kaum alle Aufgaben komplett lösen können. Mach dir also keine Sorgen, wenn du in der vorgegebenen Zeit nicht ganz fertig wirst.

Wichtig ist, dass du bei schwierigeren Aufgaben nicht hängen bleibst. Wenn du nicht weiterkommst, gehe zur nächsten Aufgabe. Die schaffst du vielleicht ganz leicht. Am Schluss kannst du dann noch einmal versuchen, die übersprungenen Aufgaben zu lösen.

Wenn die Zeit reicht, ist es außerdem sinnvoll, dass du dir deine Antworten noch mal durchliest und kontrollierst, ob du alles getan hast, was in der Aufgabe verlangt wurde.

Die Vergleichsarbeiten werden wie normale Klassenarbeiten ohne detaillierte Hilfestellungen, ohne Hinweise zu Lösungswegen und **ohne Hilfsmittel** durchgeführt. Selbstverständlich darfst du aber einen Schmierzettel für Nebenrechnungen oder Lösungsskizzen benutzen. Denke auch daran, verschiedenfarbige Stifte, einen spitzen Bleistift, einen Radiergummi und ein Lineal oder Geodreieck mitzunehmen.

2 Beispieltest 1

Basismodul

Zahlen und Operationen

1. Berechne die Differenz aus 845 und 239.

2. Luna hat eine Folie auf die Hundertertafel gelegt und diese vier Zahlen markiert.

1	2	3	4	5	6	7	8	9	10
11	12	13	14	15	16	17	18	19	20
21	22	23	24	25	26	27	28	29	30
31	32	33	34	35	36	37	38	39	40
41	42	43	44	45	46	47	48	49	50
51	52	53	54	55	56	57	58	59	60
61	62	63	64	65	66	67	68	69	70
71	72	73	74	75	76	77	78	79	80
81	82	83	84	85	86	87	88	89	90
91	92	93	94	95	96	97	98	99	100

a) Berechne die Summe der markierten Zahlen.

b) Wie muss Luna die Folie verschieben, damit die Summe um 4 größer wird? Kreuze an.

- ☐ um ein Feld nach rechts
- ☐ um ein Feld nach links
- ☐ um ein Feld nach unten
- ☐ um zwei Felder nach rechts
- ☐ Das geht nicht.

3. Ich denke mir eine Zahl, zu der ich 5 addiere. Dann multipliziere ich sie mit 9. Das Ergebnis ist 99. Wie heißt meine Zahl?

Meine Zahl heißt __________.

Muster und Strukturen

4. Welche Zahlenfolge passt zu dem Wort „Pappe"?

- ☐ 59443
- ☐ 59229
- ☐ keine
- ☐ 59552
- ☐ 59559

5. Schau dir das Parkettmuster genau an. Zeichne es bis zum Ende der Kästchenreihe weiter.

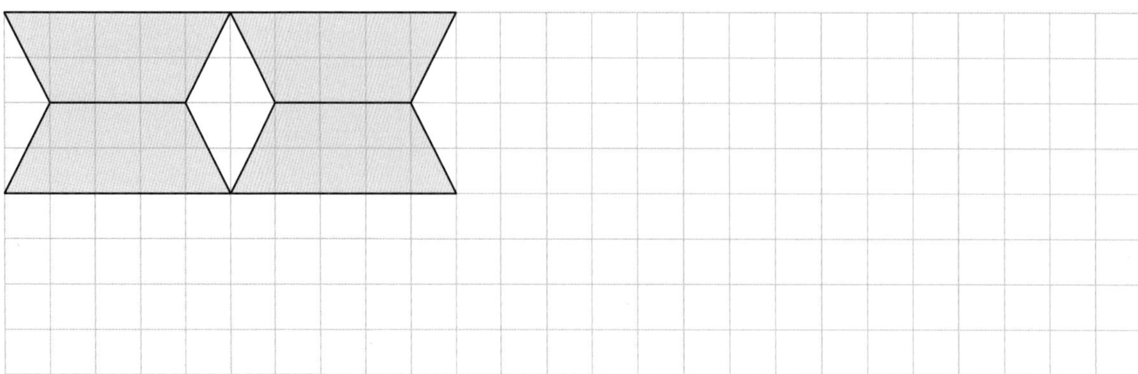

6. Vervollständige die Reihen.

a) 50; 85; 120; 155; ________; ________; ________; 295; 330

b) 100; 98; 94; 88; ________; ________; ________; 44; 28

Größen und Messen

7. Die Kinder der Klasse 3 a haben ihre Schultaschen gewogen.

Kira	Emil	Linda	Karim	Anna
3 kg 450 g	4,1 kg	3,54 kg	2 kg 900 g	5 kg 200 g

a) Wer hat die leichteste Schultasche?

________________ hat die leichteste Schultasche.

b) Ferdis Schultasche ist 500 g leichter als Kiras Schultasche.
Wie schwer ist Ferdis Schultasche?

Ferdis Schultasche ist ________________ schwer.

8. Nazim bezahlt in der Eisdiele mit zwei gleichen und einem anderen Geldstück. Wie viel kann sein Eis **nicht** gekostet haben? Kreuze an.

☐ 1,10 € ☐ 0,60 €

☐ 1,30 € ☐ 2,50 €

9. Beim Sportfest laufen die Kinder 800 m. Lasse braucht 4 min 23 sec und Sandro ist nach 5 min im Ziel. Wie viel länger braucht Sandro für die Strecke?

Sandro braucht ________________ länger als Lasse.

Raum und Form

10. Zeichne alle Spiegelachsen ein. Denke daran: Es kann eine, mehrere, aber auch gar keine Spiegelachse geben.

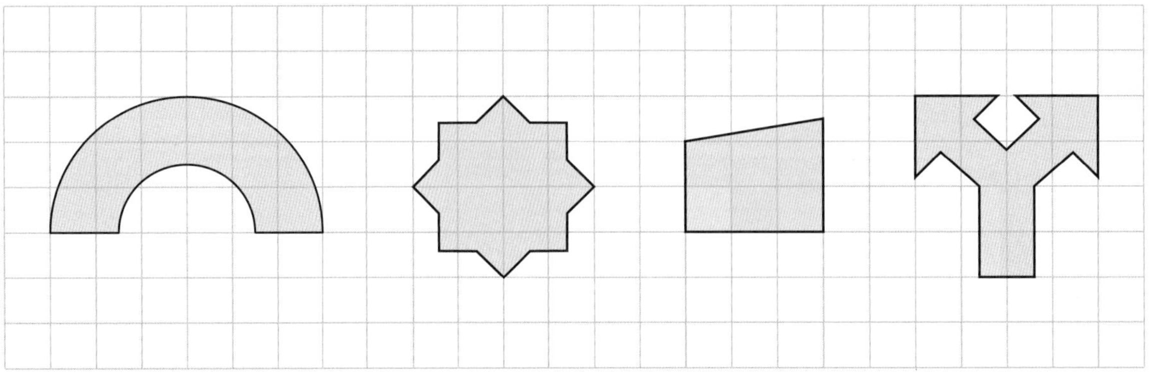

11. Phil dreht den Würfel zweimal nach hinten und einmal nach rechts. Welche Augenzahl sieht er dann oben auf dem Würfel?

Phil sieht die Augenzahl ______ oben auf dem Würfel.

12. Zeichne die folgende Figur noch einmal ab.

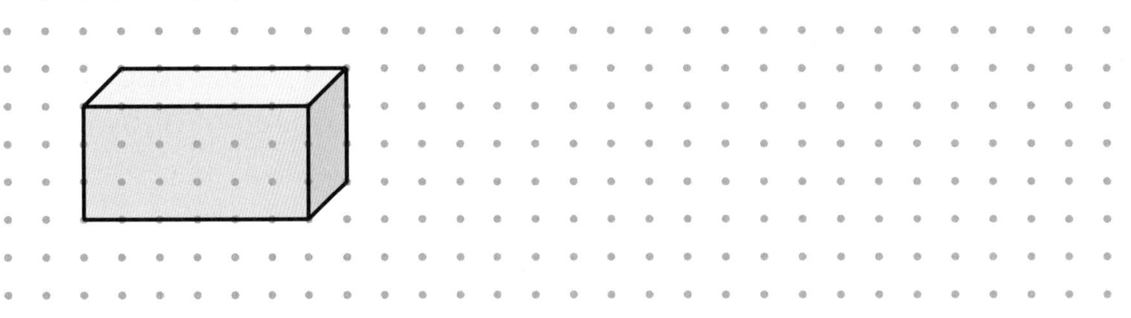

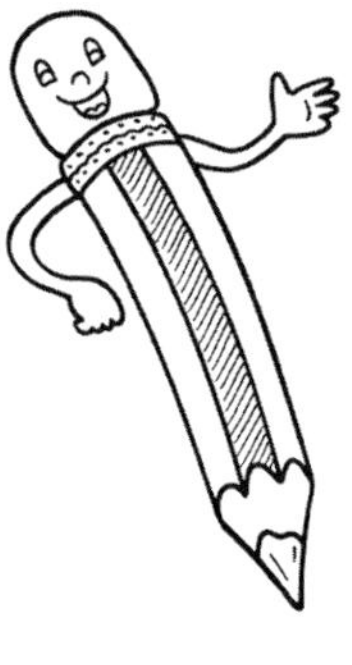

13. Welcher Bauplan gehört zu welchem Würfelgebäude? Verbinde.

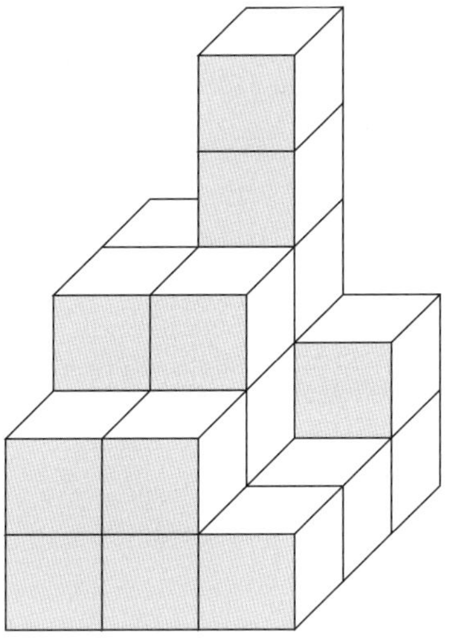

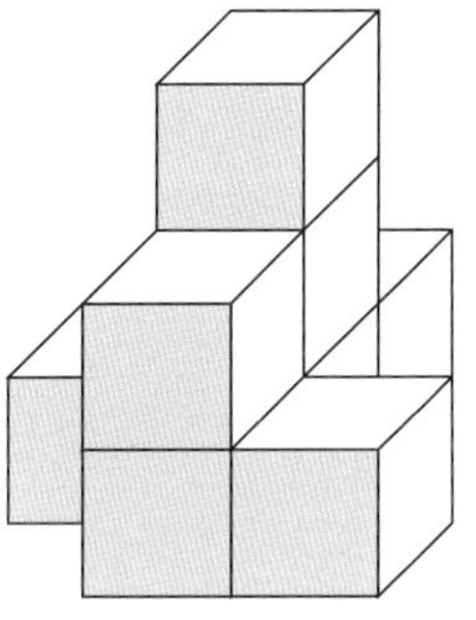

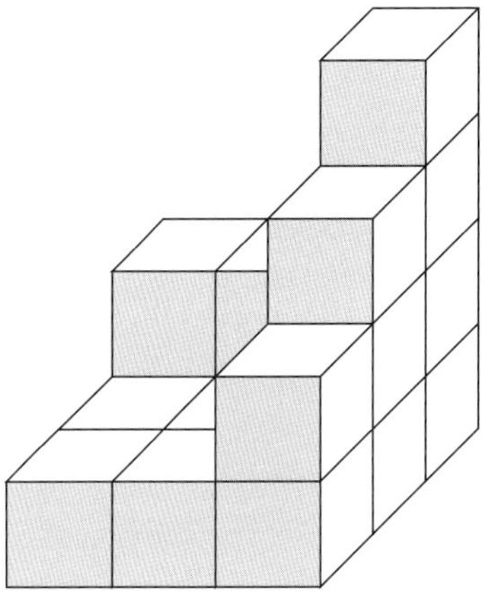

2	2	4
1	1	3
1	1	2

3	5	2
3	3	1
2	2	1

1	1	
1	3	
	2	1

Daten, Häufigkeiten und Wahrscheinlichkeiten

14. Saras Mutter macht Eis in der neuen Eismaschine. Sie probiert vier verschiedene Eissorten aus: Erdbeereis (E), Himbeereis (H), Vanilleeis (V), Schokoladeneis (S). Sara möchte zwei Kugeln Eis. Wie viele verschiedene Möglichkeiten hat sie? Denke daran, sie könnte auch zwei Kugeln der gleichen Eissorte wählen. Schreibe alle Möglichkeiten auf.

____

____

____

____

Sara hat ______ Möglichkeiten, zwei Kugeln Eis zu wählen.

15. In einem Kartenspiel gibt es acht blaue Spielkarten, zwei rote Spielkarten und zwei gelbe Spielkarten. Emil muss zwei Karten ziehen. Kreuze die richtigen Aussagen an.

- ☐ Es ist sicher, dass Emil zwei blaue Spielkarten zieht.
- ☐ Es ist unmöglich, dass Emil eine rote und eine gelbe Spielkarte zieht.
- ☐ Es ist möglich, aber nicht sicher, dass Emil eine blaue und eine rote Spielkarte zieht.
- ☐ Es ist unmöglich, dass Emil eine gelbe und eine grüne Spielkarte zieht.

16. Die Kinder der Klasse 3 a machen eine Umfrage, welche Haustiere sie haben. Die Ergebnisse haben sie in ein Säulendiagramm gezeichnet. Lara hat noch ein passendes Kreisdiagramm erstellt. Beschrifte die Teile im Kreisdiagramm richtig.

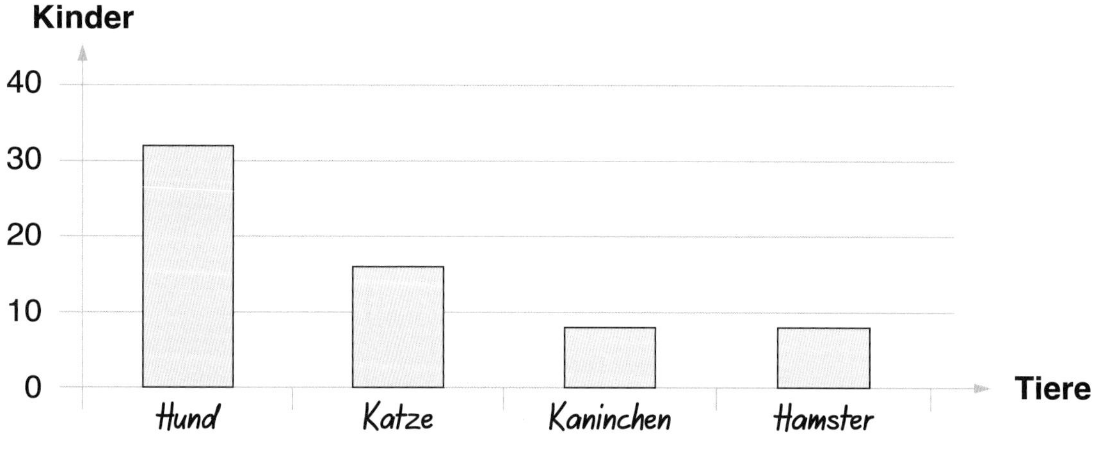

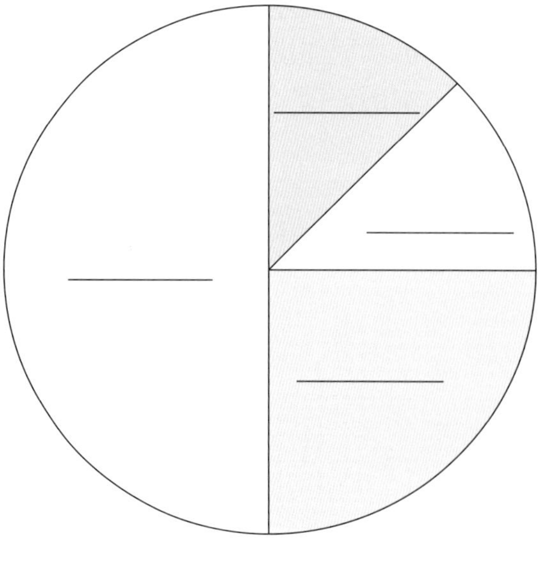

Ergänzungsmodul: Muster und Strukturen

1. Ein Schaf ist ungefähr 1,5 m lang. Beim Scheren der Wolle stehen die Schafe direkt hintereinander und der Gang, durch den sie gehen müssen, ist 12 m lang. Wie viele Schafe passen hintereinander in den Gang?

_______________ Schafe passen hintereinander in den Gang.

2. Vergleiche die Preise. Kreuze jeweils das günstigere Angebot an.

a) ☐ Eis mit vier Kugeln 4 €

☐ Eis mit drei Kugeln 3,30 €

b) ☐ eine 0,5 ℓ Flasche Wasser 0,95 €

☐ eine Packung mit sechs 0,5 ℓ Flaschen Wasser 6,66 €

c) ☐ zwei Radiergummis 4,60 €

☐ eine Packung mit 5 Radiergummis 9,90 €

3. Lino soll die Zahl in der folgenden Stellentafel ablesen:

H	Z	E
●●●●	●●●●● ●	●●●●● ●●

Er schreibt 476. Erkläre seinen Fehler.

____

____

____

____

4. Auf einer Rolle sind 3 m Klebeband zum Basteln. Wie viele Meter Klebeband sind auf 2, 4 und 6 Rollen?

Anzahl der Rollen Klebeband	1	2	4	6
Länge in m				

5. Setze die Zahlenfolgen jeweils um zwei Zahlen fort.

a) 115; 230; 345; 460; ________; ________

b) 975; 864; 753; 642; ________; ________

c) 512; 256; 128; 64; ________; ________

6. Karim kauft für sein Kaninchen 700 g Futter pro Woche. Heute kauft er eine 2-kg-Packung. Wie viele Tage reicht das Futter?

Die 2-kg-Packung Futter reicht für ________ Tage.

7. Setze das Muster um zwei Figuren fort.

8. Familie Müller schafft bei ihrer Wanderung 3 km in einer Stunde. Wie lange braucht sie für 1 km, 6 km und 8 km? Trage ein.

3 km: 1 Stunde

1 km: ____________

6 km: ____________

8 km: ____________

9. Setze jeweils um eine Aufgabe fort.

a) (119 – 9) : 2 = 55
(228 – 8) : 2 = 110
(337 – 7) : 2 = 165
____

b) 864 + 468 = 1 332
753 + 357 = 1 110
642 + 246 = 888
____

10. a) Sedat hat sich folgende Muster aufgemalt und Rechnungen dazugeschrieben. Schreibe die fehlende Rechnung auf.

(8 · 8) : 2

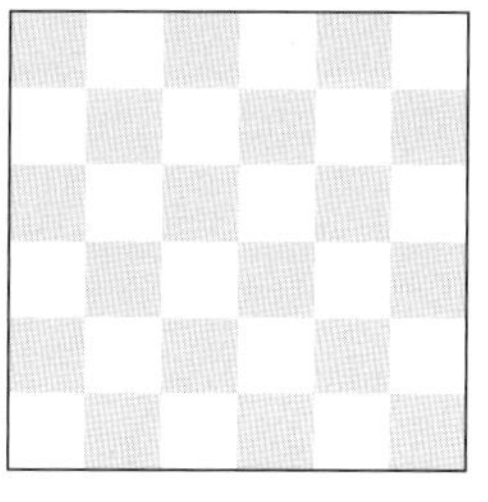

(6 · 6) : 2

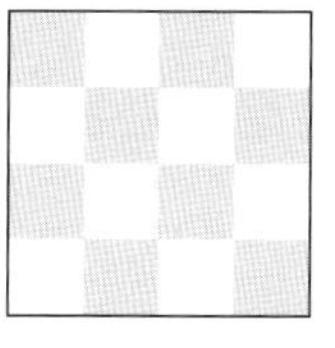

____

b) Was hat Sedat mit den Rechnungen ausgerechnet?

____

____

____

____

____

Kontrolliere, ob du alle Aufgaben bearbeitet hast!

So lange habe ich gebraucht: ______ Minuten

3 Beispieltest 2

Basismodul

Zahlen und Operationen

1. Setze die passenden Rechenzeichen (+, –, · oder :) ein.

a) 45 ◯ 28 = 73

b) 120 ◯ 3 = 40

c) 12 ◯ 10 = 120

d) 85 ◯ 35 = 50

2. Ordne die Zahlen der Größe nach. Beginne mit der größten Zahl.

a) 84 3 139 62 41

____

b) 54 151 537 259 865

____

c) 754 475 745 457 547

____

3. Fehlersuche: Sina hat folgende Aufgabe gerechnet. Dabei hat sie einen Fehler gemacht.

Sinas Aufgabe:

$$\begin{array}{r} 4\,6\,1 \\ -\ 8\,7\,4 \\ \hline 4\,1\,3 \end{array}$$

Kreuze an: Sinas Aufgabe ist falsch, weil …

- ☐ … sie addiert, statt subtrahiert hat.
- ☐ … sie die größere von der kleineren Zahl abgezogen hat.
- ☐ … sie den Übertrag vergessen hat.
- ☐ … das richtige Ergebnis __________ sein muss.

Muster und Strukturen

4. Setze die Aufgabenfolgen um jeweils zwei Aufgaben fort.

a)		b)		c)	
	10 + 240 = 250		987 – 789 = 198		10 · 2 = 20
	20 + 120 = 140		876 – 678 = 198		9 · 3 = 27
	40 + 60 = 100		765 – 567 = 198		8 · 4 = 32
	____________		____________		____________
	____________		____________		____________

5. Ali geht mit seinem Vater auf dem Wochenmarkt einkaufen. Beim Bäcker gibt es heute für 5 Körnerbrötchen ein Brötchen kostenlos dazu. Ein Körnerbrötchen kostet 0,80 €. Sie wollen insgesamt 18 Brötchen kaufen. Wie viel müssen sie für die 18 Brötchen bezahlen?

Ali und sein Vater müssen insgesamt ____________ € bezahlen.

6. Zeichne jeweils die nächsten beiden Figuren der Folge.

a) 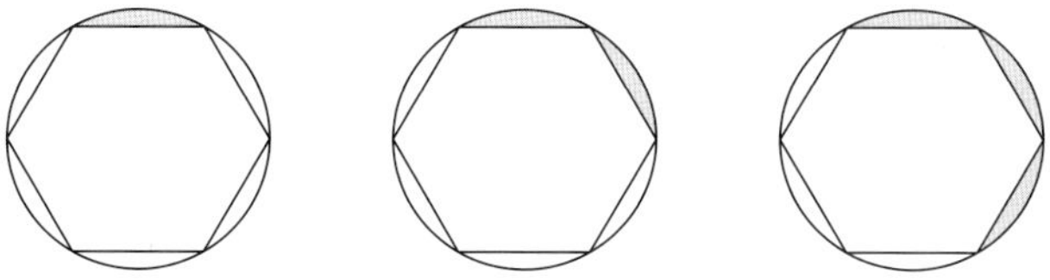

b) 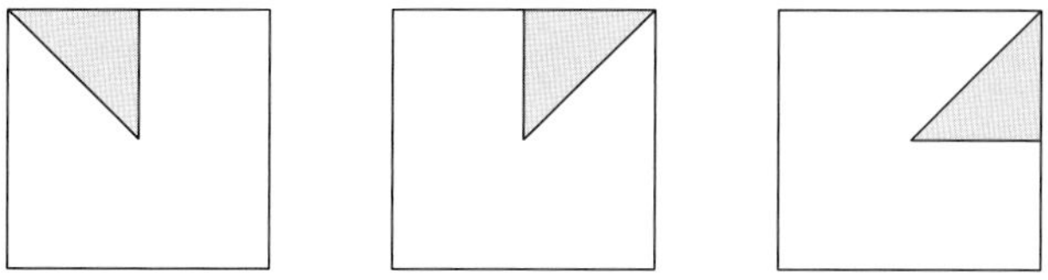

Größen und Messen

7. Die Kinder vergleichen die Längen ihrer Schulwege zur Grundschule miteinander. Welche Aussage kann nicht stimmen? Kreuze an.

- ☐ Tom: 2 km 300 m
- ☐ Anika: 130 km 800 m
- ☐ Suza: 1 km 500 m
- ☐ Tarek: 450 m
- ☐ Jan: 1 km 750 m

8. Karlo hat Geburtstag und bringt jedem Kind in seiner Klasse einen Muffin mit. Auch an die Lehrerin hat er gedacht. Insgesamt gehen 21 Kinder in seine Klasse. Für 9 Muffins braucht er diese Zutaten:

a) Wie viel von jeder Zutat braucht er, wenn die Muffins für die ganze Klasse reichen sollen?

Er benötigt ________ g Butter, ________ g Mehl, ______ Packungen Vanillezucker, ______ Packungen Backpulver, _______ Eier, ________ g Puderzucker und ________ ml Milch.

b) Wie viele Muffins bleiben noch übrig, wenn jedes Kind und die Lehrerin je einen Muffin essen?

Es bleiben _________ Muffins übrig.

Raum und Form

9. Ergänze die Netze so, dass Würfelnetze entstehen.

a) 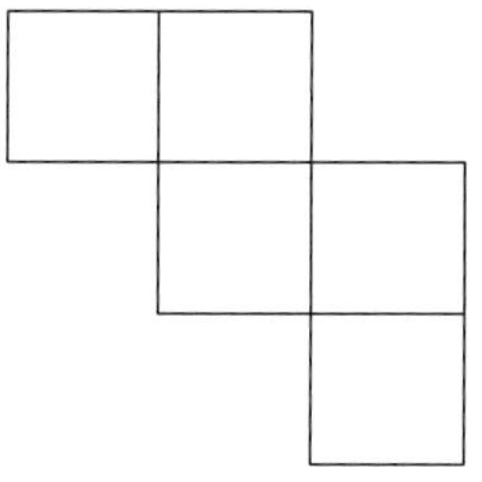

b) 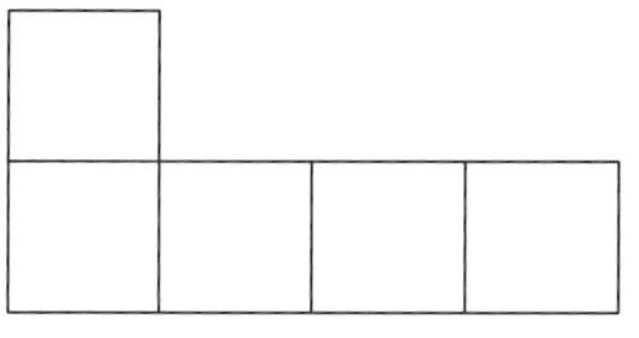

10. a) Zeichne eine gerade Linie so ein, dass zwei Dreiecke entstehen.

b) Zeichne zwei gerade Linien so ein, dass zwei Dreiecke und ein Parallelogramm entstehen.

c) Zeichne zwei gerade Linien so ein, dass vier Dreiecke entstehen.

11. Familie Schmitt möchte ihre Terrasse neu pflastern. Sie legen aus sechs rechteckigen Steinen ein Muster, das 1 m lang und 60 cm breit ist. Insgesamt ist die Terrasse 4 m lang und 3 m breit. Wie viele Steine benötigen sie für ihre Terrasse?

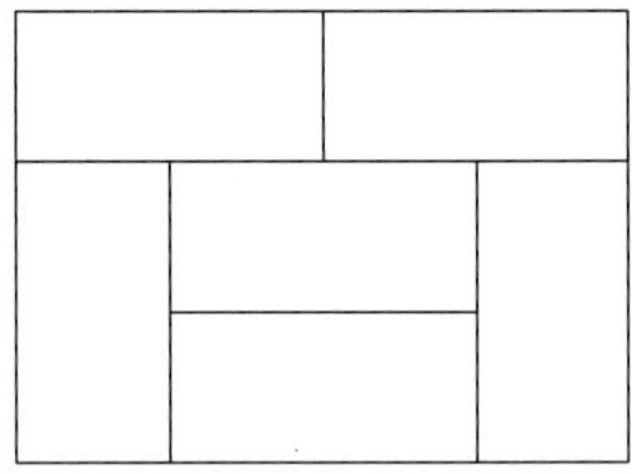

Familie Schmitt benötigt für ihre Terrasse ________ Steine.

Daten, Häufigkeiten und Wahrscheinlichkeiten

12. Elsa würfelt mit zwei Spielwürfeln und subtrahiert die kleinere von der größeren Augenzahl.

Welche Ergebnisse sind möglich? Kreuze an.

☐ 0

☐ 6

☐ 3

☐ 5

13. Auf einem Stadtfest können die Besucher aus verschiedenen Lostöpfen Murmeln ziehen. Wer drei rote Murmeln zieht, bekommt einen Gewinn. Kreuze an, wo es am wahrscheinlichsten ist, einen Gewinn zu bekommen.

Lostopf 1	Lostopf 2	Lostopf 3
20 rote Murmeln	30 rote Murmeln	10 rote Murmeln
20 blaue Murmeln	30 blaue Murmeln	10 blaue Murmeln
20 gelbe Murmeln		40 gelbe Murmeln
☐	☐	☐

14. Mit einer Seilbahn können die Menschen zu einer Burg hinauffahren. Die Betreiber haben eine Woche lang gezählt, wie viele Menschen mit der Seilbahn fahren. Hier siehst du das Ergebnis:

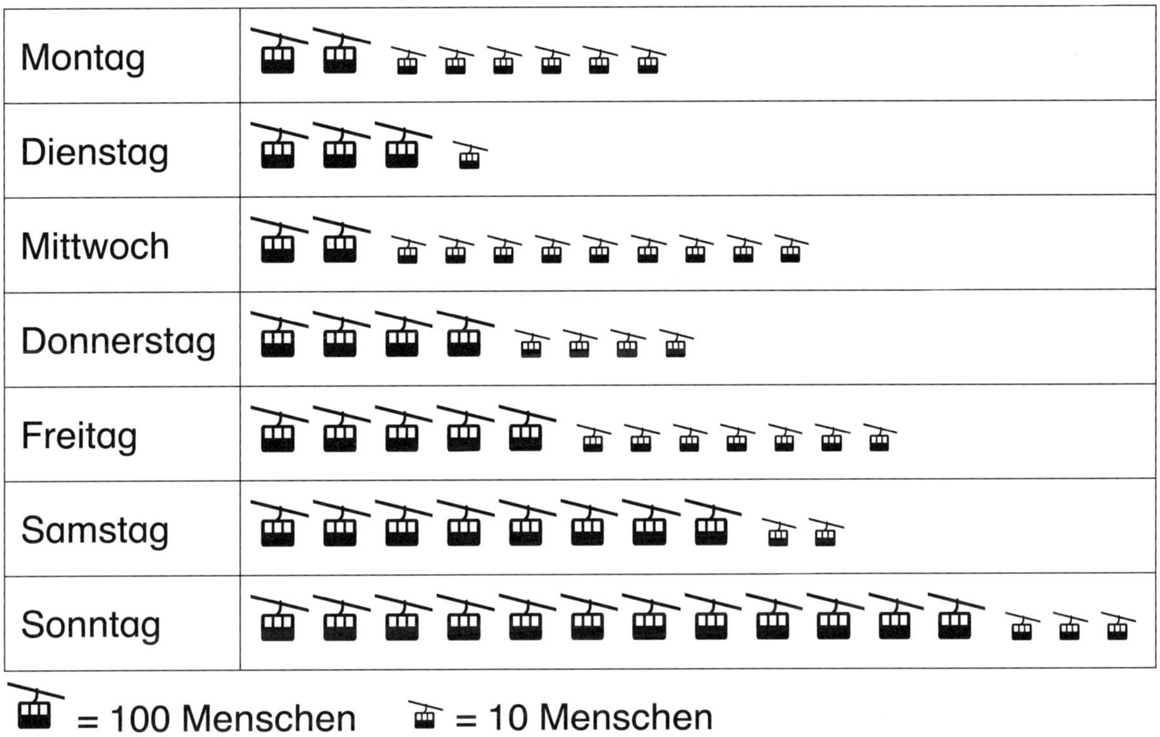

a) An welchem Tag fahren die wenigsten Menschen mit der Seilbahn?

Am ________ fahren die wenigsten Menschen mit der Seilbahn.

b) Wie viele Besucher fahren am Samstag mit der Seilbahn?

Am Samstag fahren ________ Menschen mit der Seilbahn.

c) Wie viele Menschen fahren am Montag und Dienstag mit der Seilbahn?

Am Montag und Dienstag fahren insgesamt ________ Menschen mit der Seilbahn.

Ergänzungsmodul: Größen und Messen

1. Kreuze an: Eine Bahn im Schwimmbecken ist meist …

- ☐ 25 mm lang.
- ☐ 25 cm lang.
- ☐ 25 m lang.
- ☐ 25 km lang.

2. Hier siehst du eine Waage mit Orangen.

Wie viel wiegen die Orangen?
Schreibe als Kommazahl in kg.

Die Orangen wiegen ________________.

3. a) Martha und ihre Familie gehen wandern. Sie gehen um 10.20 Uhr los, sind um 13.10 Uhr auf dem Berggipfel und um 16.05 Uhr zurück. Wie lange waren sie unterwegs?

Sie waren ________________ unterwegs.

b) Kilian besucht mit seinem Freund um 15.40 Uhr das Schwimmbad. Sie bleiben 90 Minuten. Wann verlassen sie das Schwimmbad wieder?

Sie verlassen das Schwimmbad um ________________.

c) Mila soll um 18.00 Uhr wieder von ihrer Freundin zu Hause sein. Für den Weg braucht sie 13 Minuten. Wann muss sie spätestens bei ihrer Freundin losgehen?

Mila muss spätestens um ________________ bei ihrer Freundin losgehen.

4. Wandle um.

1 km 450 m = ______ km

3 500 g = ______ kg

75 min = ____ h ____ min

10 cm = ______ mm

5. Welche Einheit stimmt? Kreuze an.

a) Weltrekord im Weitsprung der Männer: 8,95

☐ cm ☐ m ☐ km

b) Fahrtdauer mit dem Auto von Berlin nach Köln: 7

☐ Tage ☐ min ☐ h

c) Gewicht eines erwachsenen Mannes: 90

☐ g ☐ kg ☐ t

d) Preis für ein Auto: 15 000

☐ ct ☐ €

6. Tilo und seine Mutter kaufen Getränke. Sie bezahlen mit einem Geldschein, zwei gleichen Geldstücken und einem anderen Geldstück. Wie viel können die Getränke gekostet haben?

☐ 9,20 € ☐ 4,50 €

☐ 10,30 € ☐ 15,40 €

7. Elli und ihre Freundinnen machen mit Schnecken ein Schneckenrennen. Insgesamt sollen die Schnecken 2 m zurücklegen. Elli ruft begeistert: „Meine Schnecke gewinnt, sie hat schon 400 mm geschafft!" Wie viele Zentimeter muss Ellis Schnecke noch bis ins Ziel kriechen?

Ellis Schnecke muss noch ______ cm bis ins Ziel kriechen.

8. Anton schaut auf den Kalender und sieht, dass heute der 30. Mai ist. Am 15. Juli wollen er und seine Familie in den Urlaub ans Meer fahren.

Wie viele Tage muss Anton noch warten, bis sie losfahren?

Anton muss noch ________ Tage warten, bis sie losfahren.

9. Du gehst mit einer Freundin auf den Weihnachtsmarkt.
Dort gibt es diese Dinge:

1 Tasse Tee	2,30 €
250 ml Kinderpunsch	1,80 €
1 Waffel	2,00 €
1 Bratwurst mit Brötchen	3,50 €
100 g Schokolade	2,00 €

Kreuze die richtigen Antworten an.

a) Du kaufst zwei Tassen Tee. Du bezahlst mit einem Fünf-Euro-Schein. Reicht das Geld?

☐ ja ☐ nein

b) Du kaufst 200 g Schokolade. Reichen 4 € für deinen Einkauf?

☐ ja ☐ nein

c) Du kaufst eine Tasse Tee und zwei Waffeln. Reichen 6 € für deinen Einkauf?

☐ ja ☐ nein

d) Du kaufst 200 g Schokolade und 500 ml Kinderpunsch. Reichen 8 € für deinen Einkauf?

☐ ja ☐ nein

e) Du kaufst 250 ml Kinderpunsch, drei Waffeln und eine Bratwurst mit Brötchen. Reichen 12 € für deinen Einkauf?

☐ ja ☐ nein

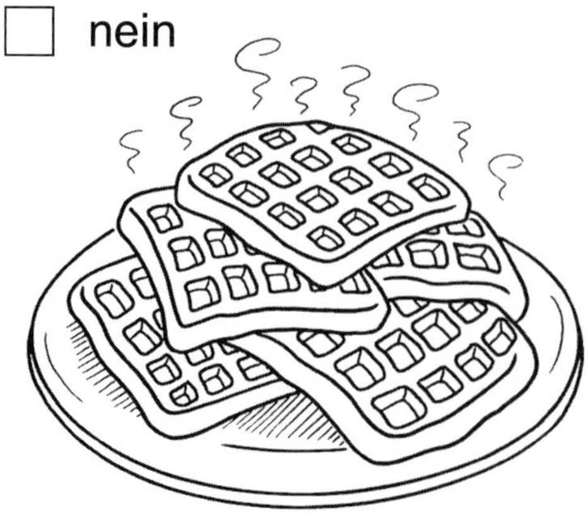

10. Miss die folgenden Strecken mit dem Lineal. Arbeite sehr genau.

a) ____________ cm

b) ____________ cm ____________ mm

c) ____________ cm

d) ____________ mm

Kontrolliere, ob du alle Aufgaben bearbeitet hast!

So lange habe ich gebraucht: ________ Minuten

4 Beispieltest 3

Basismodul

Zahlen und Operationen

1. Kreuze die richtigen Aufgaben an.

- ☐ 49 + 34 = 15
- ☐ 118 + 18 = 163
- ☐ 25 + 25 = 50
- ☐ 128 + 28 = 156

2. Du hast diese vier Ziffernkarten. Bilde Aufgaben. Jede Aufgabe soll aus zwei zweistelligen Zahlen bestehen.

a) Bilde eine Aufgabe mit der kleinsten Summe. Benutze jede Karte nur einmal.

____

b) Bilde eine Aufgabe mit der größten Summe. Benutze jede Karte nur einmal.

____

3. Welche Rechengeschichte passt zu der Aufgabe 6 · 8 · 2? Kreuze an.

- ☐ Tom hat sechs unterschiedliche Stickerpackungen mit jeweils 8 Aufklebern gekauft. Zwei Packungen schenkt er seinem kleinen Bruder. Wie viele Aufkleber hat Tom noch?
- ☐ Tom hat sechs unterschiedliche Stickerpackungen mit jeweils 8 Aufklebern gekauft. Er teilt sie gerecht mit seinem kleinen Bruder. Wie viele Aufkleber bekommt jeder?

- [ ] Lisas Mutter kauft sechs Packungen Trinkpäckchen mit jeweils acht Trinkpäckchen. Lisa findet noch zwei Trinkpäckchen im Kühlschrank. Wie viele Trinkpäckchen hat Lisa insgesamt?
- [ ] Robin fährt mit seiner Mutter sechs Tage (von Montag bis Samstag) jeweils 8 km mit dem Fahrrad. Am Sonntag fahren sie mit der Familie noch einmal genauso viele Kilometer wie in der gesamten Woche zusammen. Wie viele Kilometer ist Robin in der Woche mit dem Fahrrad gefahren?

Muster und Strukturen

4. Eine Zahl in der Zahlenreihe ist falsch. Streiche sie durch.

a) 28 35 43 49 56 63

b) 5 7 10 14 20 25 32

c) 425 536 647 768 869

5. Beim Schulfest kosten 5 Waffeln zusammen 7,50 €. Berechne, wie viel zwei, drei und zehn Waffeln kosten. Ergänze die fehlenden Angaben in der Tabelle.

2 Waffeln	3 Waffeln	5 Waffeln	10 Waffeln
		7,50 €	

6. Die Figuren bestehen aus einzelnen Quadraten.

a) Zeichne die nächste Figur der Folge.

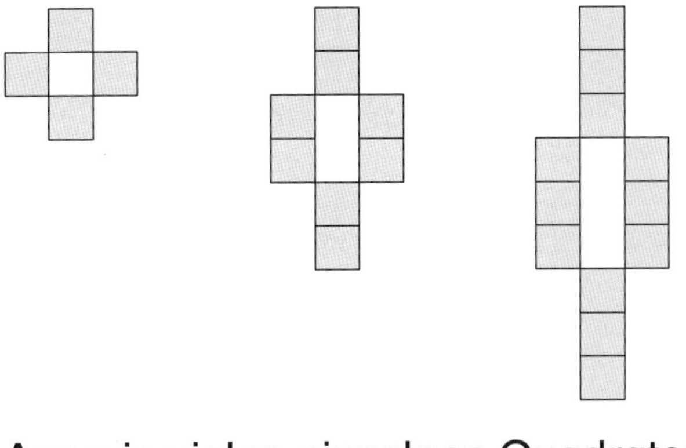

b) Aus wie vielen einzelnen Quadraten besteht die siebte Figur?

Die siebte Figur besteht aus ________ einzelnen Quadraten.

Größen und Messen

7. Eduard hat seine Großeltern mit dem Fahrrad besucht. Als er wieder zu Hause ist, zeigt sein Tacho an, dass er auf dem Hin- und Rückweg genau 21 km und 400 m gefahren ist. Wie weit wohnen seine Großeltern entfernt?

Eduard wohnt ________________ von seinen Großeltern entfernt.

8. Tina hat die Äpfel aus dem Obstkorb in der Küche gewogen. Sie hatte 500-g-, 250-g-, 200-g-, 100-g- und 50-g-Gewichte. Sie sagt: „Die Äpfel wiegen zusammen 700 g und ich habe zwei gleiche Gewichte und zwei unterschiedliche Gewichte zum Wiegen benutzt."

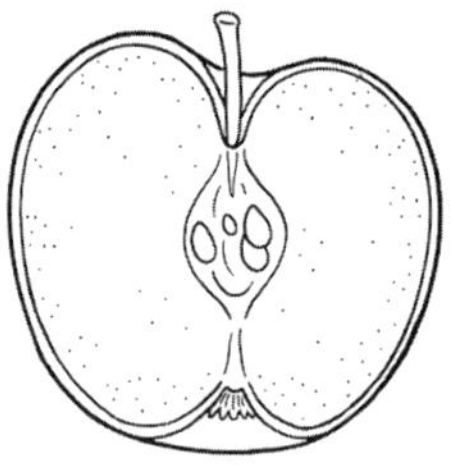

Welche Gewichte hat Tina benutzt?

Tina hat ____ benutzt.

9. Ergänze die richtige Einheit.

Ein Becher Sahne wiegt 250 ______.
Der Weg zum nächsten Supermarkt ist 2 500 ______ lang.
Eine Schultasche ist etwa 4 ______ schwer.
Mit dem Geodreieck kann ich eine 14 ______ lange Linie zeichnen.
Ein Vormittag in der Schule dauert etwa 4 bis 5 ______.

Raum und Form

10. Aus welchen Flächen besteht eine Pyramide? Kreuze an.

☐ Kreis
☐ Dreieck
☐ Rechteck
☐ Quadrat
☐ Würfel
☐ aus keiner der Flächen

11. Kevin hat aus kleinen Würfeln einen großen Würfel gebastelt. Jetzt möchte er diesen Würfel vergrößern, sodass immer drei Würfel nebeneinanderliegen. Wie viele zusätzliche Würfel benötigt er?

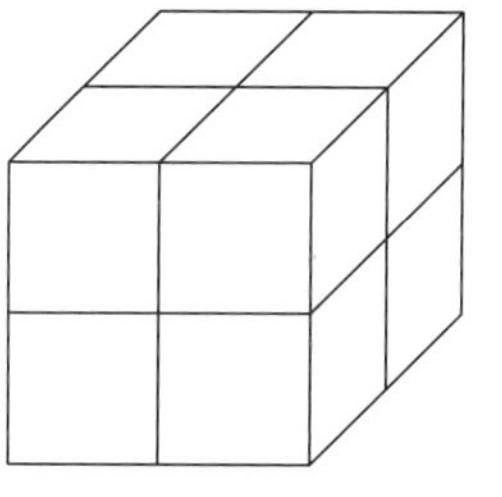

Kevin benötigt noch ________ kleine Würfel.

12. Mustafa legt mit folgenden Plättchen Muster:

Wie viele dieser Plättchen braucht er für die Muster?

a)

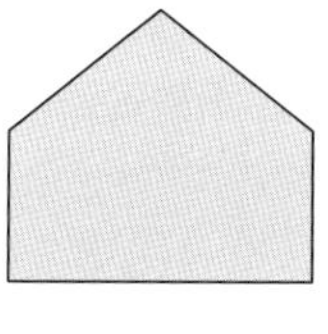

Mustafa braucht ________ 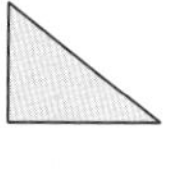 und ________ .

b) 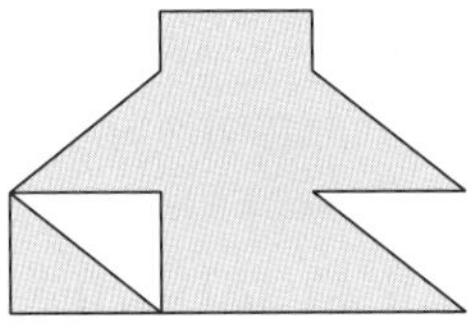

Mustafa braucht ________ 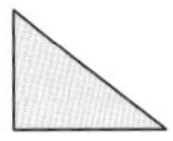 und ________ .

c) 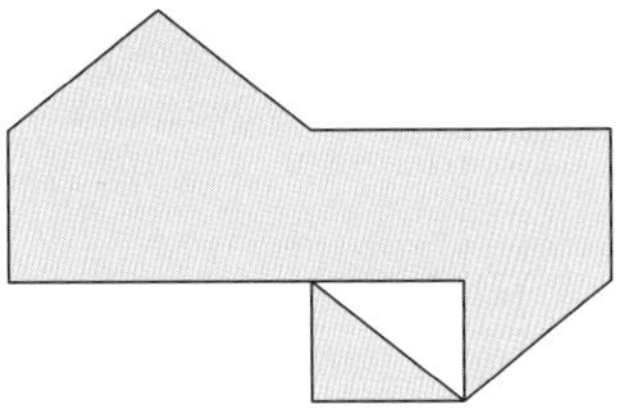

Mustafa braucht ________ 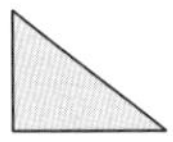 und ________ 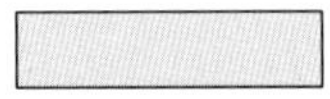.

Daten, Häufigkeiten und Wahrscheinlichkeiten

13. Erik, Paul, Ida und Marla sitzen in der Klasse an zwei Zweiertischen. Wie viele verschiedene Möglichkeiten haben sie, nebeneinander zu sitzen?

Erik, Paul, Ida und Marla haben __________ verschiedene Möglichkeiten, nebeneinander zu sitzen.

14. Milla zieht zwei der folgenden Spielkarten und addiert sie.

Kreuze an.

	sicher	möglich, aber nicht sicher	unmöglich
Die Summe ist größer als 3.	☐	☐	☐
Die Summe ist größer als 14.	☐	☐	☐
Die Summe ergibt 10.	☐	☐	☐
Die Summe ergibt 11.	☐	☐	☐

15. Hier siehst du die Höhe einiger hoher Berge in Deutschland. Zeichne sie in das Diagramm.

Feldberg	ungefähr 1 500 m
Brocken	ungefähr 1 100 m
Nebelhorn	ungefähr 2 200 m

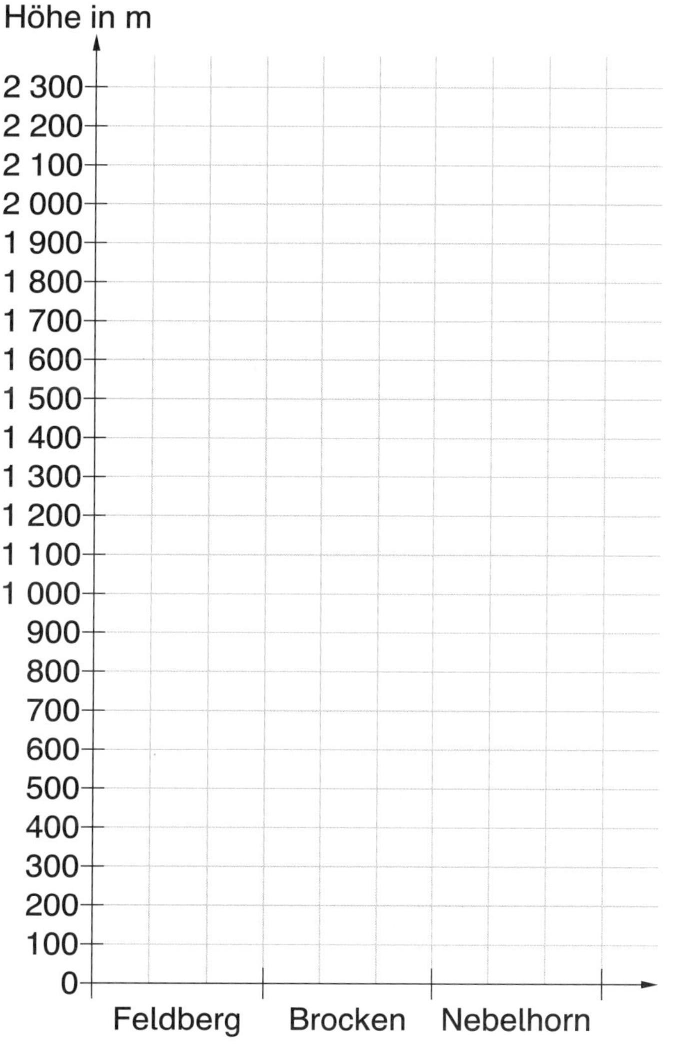

Ergänzungsmodul: Raum und Form

1. Spiegele die Figuren an der jeweiligen Spiegelachse.

a) 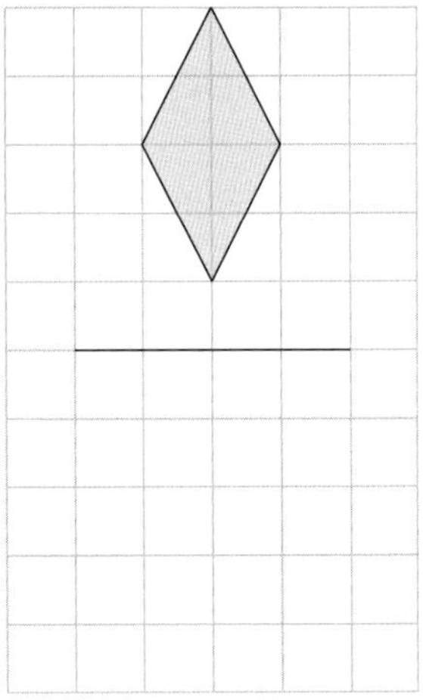

b) 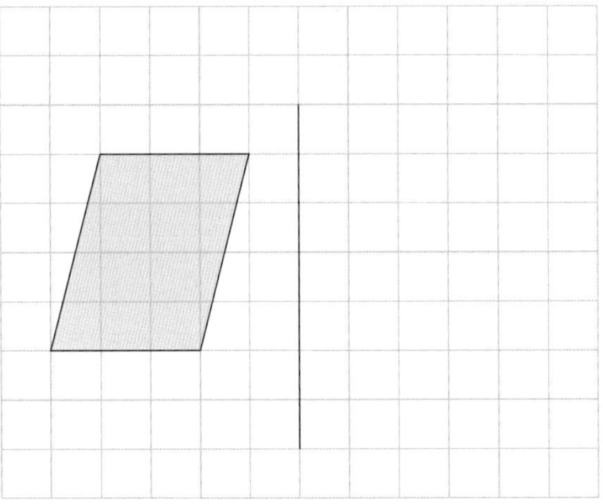

2. Hier siehst du ein Würfelgebäude:

Welches der drei unten angegebenen Würfelgebäude ist gleich? Kreuze an.

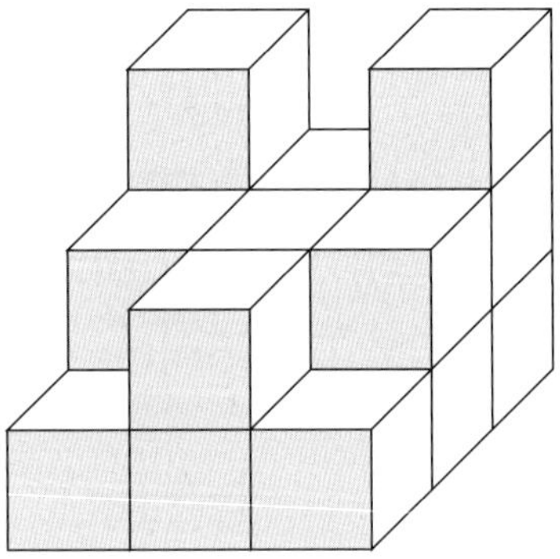

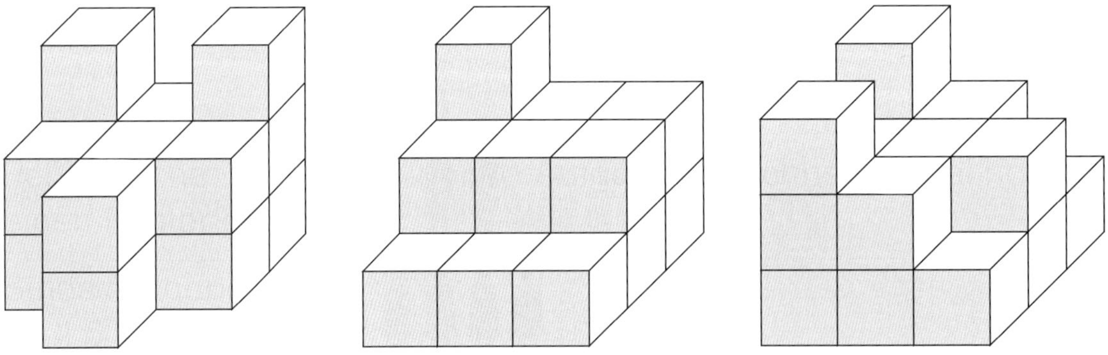

☐ ☐ ☐

3. Hier siehst du ein Würfelnetz. Die gegenüberliegenden Quadrate haben immer das gleiche Symbol (ein Herz ♥, einen Punkt ●, ein Kreuz ✚). Male die Symbole richtig auf die Quadrate.

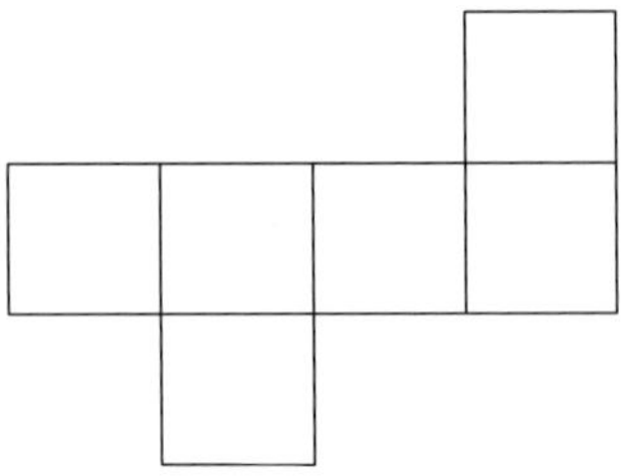

4. Asra hat ihr Zimmer neu eingerichtet. Von der Tür aus macht sie dieses Bild:

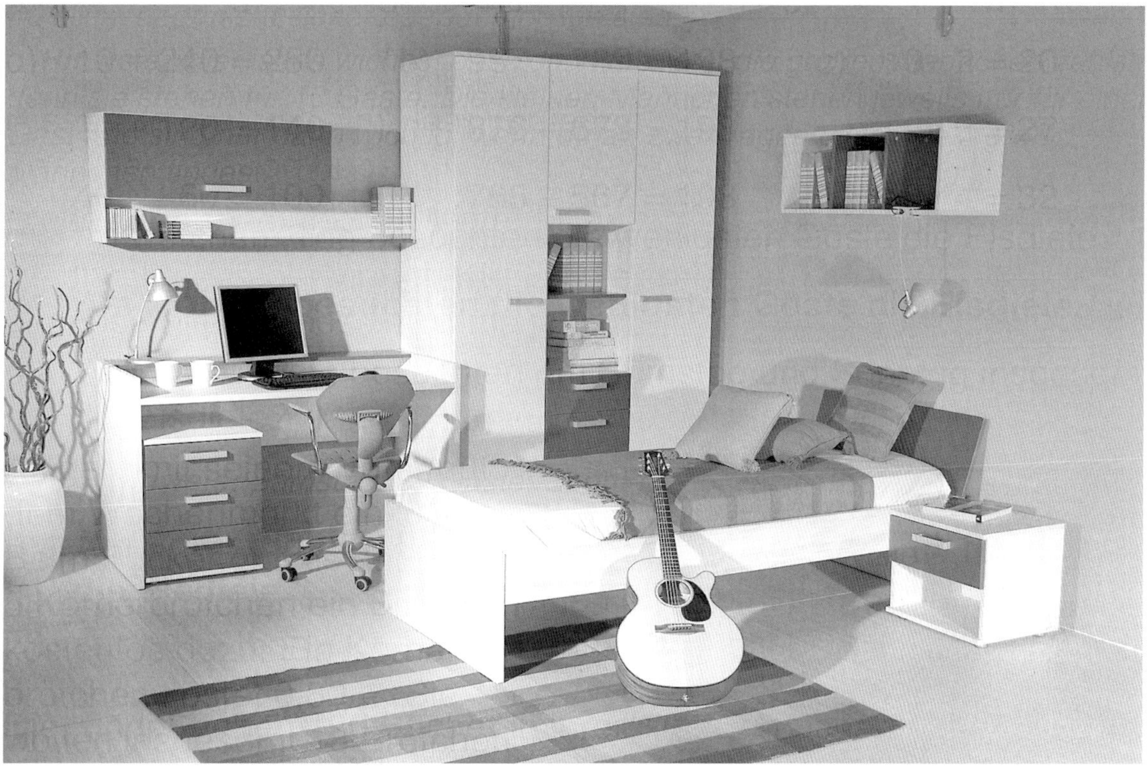

Wie sieht das Zimmer von oben aus? Kreuze an.

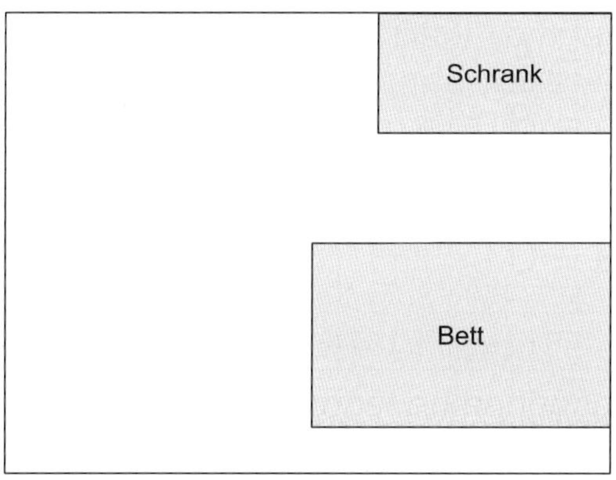

☐

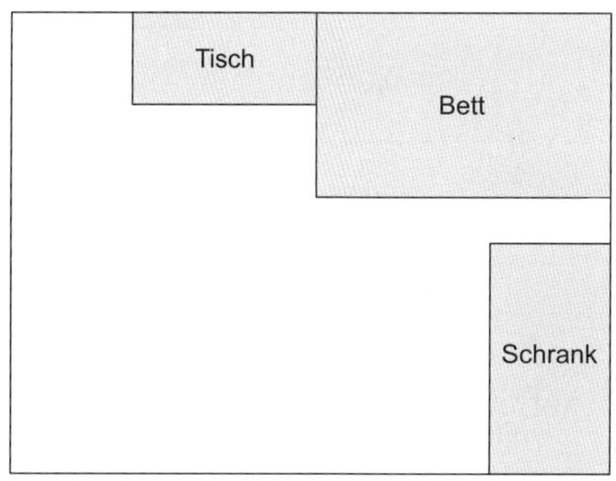

☐

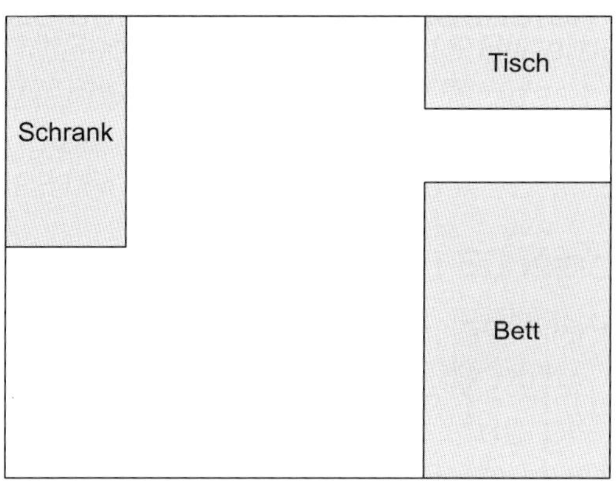

☐

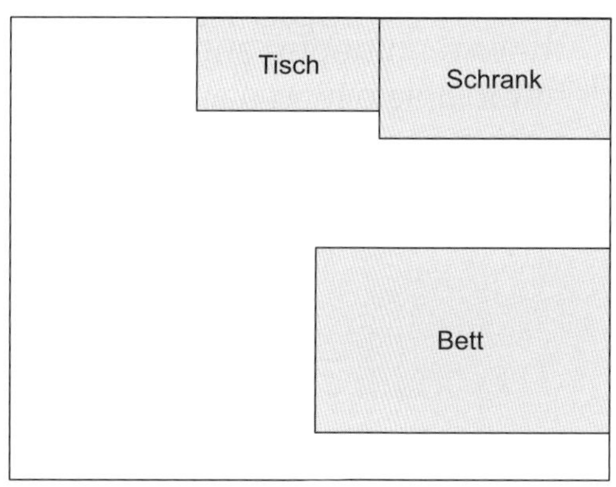

☐

5. Ninas Mutter möchte die Terrasse neu pflastern. Innen hat sie 12 große, quadratische Platten verlegt und außen möchte sie nun kleine Platten verlegen. Neun kleine Platten sind so groß wie eine große Platte. Wie viele kleine Platten braucht Ninas Mutter, um die großen Platten einmal zu umrunden?
Tipp: Beachte die Skizze.

Ninas Mutter braucht ______ kleine Platten für die Terrasse.

6. Trage für die folgenden Körper die Anzahl der Ecken, Kanten und Flächen ein.

	Ecken	Kanten	Flächen
Würfel			
Quader			
Zylinder			
Pyramide			

7. Hier siehst du ein Schiff aus geometrischen Formen.

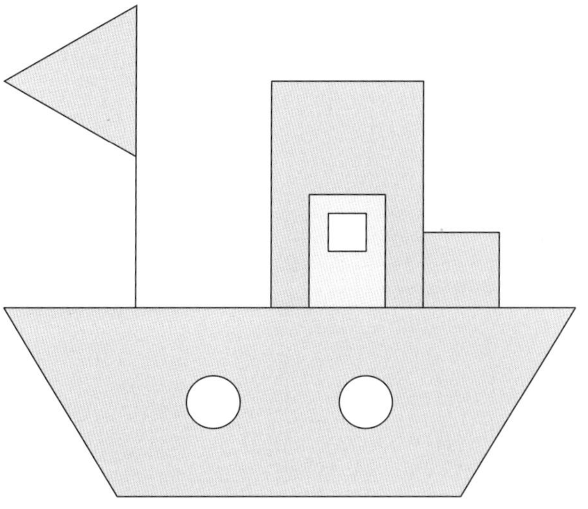

Wurden diese Teile benutzt? Kreuze an und ergänze auch die Anzahl der Teile.

 ☐ nein ☐ ja Anzahl: ____________

 ☐ nein ☐ ja Anzahl: ____________

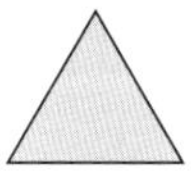 ☐ nein ☐ ja Anzahl: ____________

 ☐ nein ☐ ja Anzahl: ____________

 ☐ nein ☐ ja Anzahl: ____________

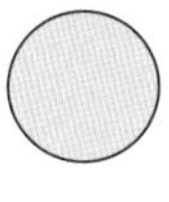 ☐ nein ☐ ja Anzahl: ____________

8. Zeichne diese Figur ab.

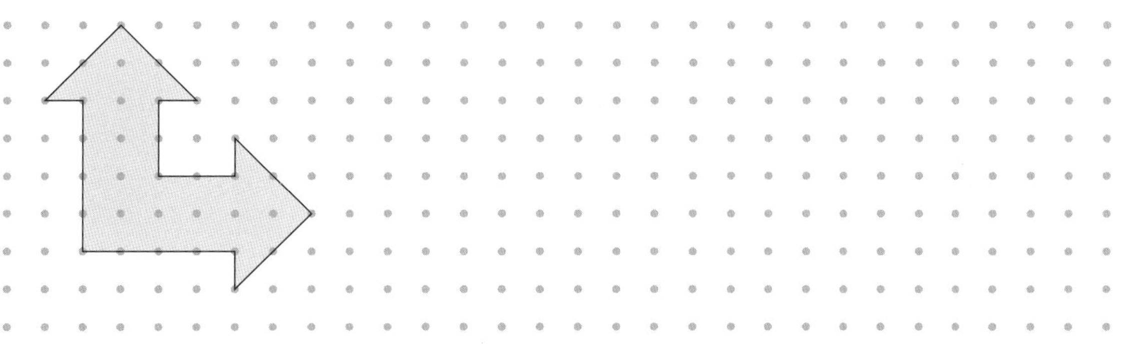

9. Zeichne die Spiegelachsen ein.

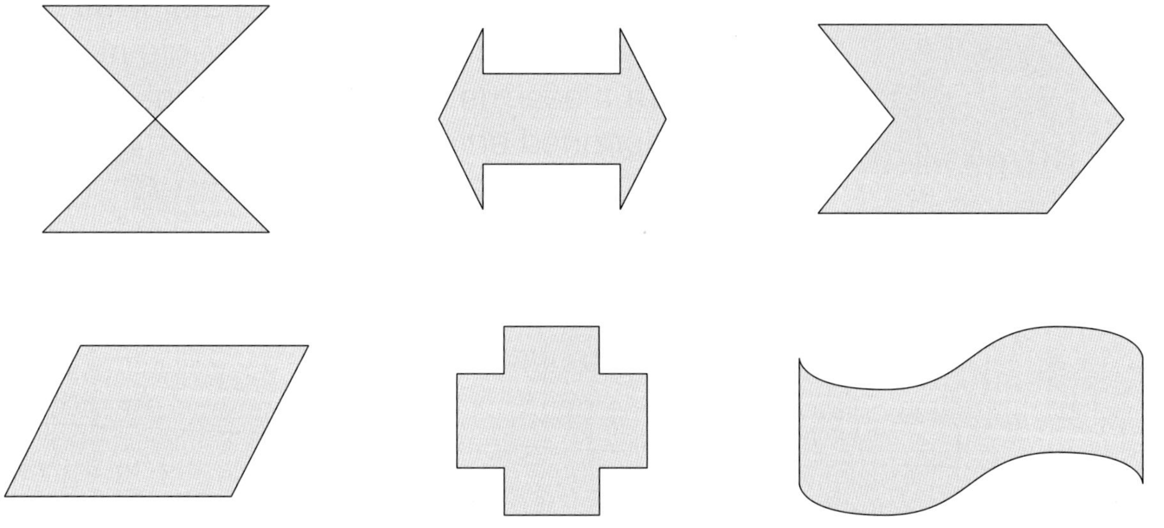

Kontrolliere, ob du alle Aufgaben bearbeitet hast!

So lange habe ich gebraucht: ______ Minuten

5 Beispieltest 4

Basismodul

Zahlen und Operationen

1. Trage die fehlende Zahl in das graue Feld ein.

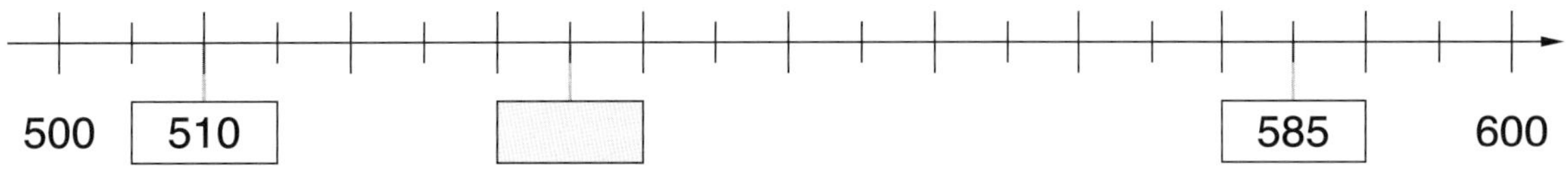

2. Meine Zahl gehört zur Vierer- und Sechserreihe und ist größer als 25 und kleiner als 45. Wie heißt die Zahl?

Die Zahl heißt ____________.

3. Rechne folgende Aufgaben.

Denke daran:
Klammern werden zuerst ausgerechnet.
Punktrechnung (· und :) geht vor Strichrechnung (+ und –).

a) (22 + 5) : 3 = ________

b) 70 – 5 · 8 = ________

c) 45 + (20 : 4) = ________

d) 56 : 8 – 7 = ________

Muster und Strukturen

4. Vervollständige die Reihen.

a) 3; 9; 15; 21; ________; ________; ________; 45

b) 975; 860; 745; 630; ________; ________; ________; 170

c) 3; 5; 9; 17; ________; ________; ________; 257

5. Schau dir das Parkettmuster genau an. Zeichne es bis zum Ende der Kästchenreihe weiter und färbe es wie in der Vorgabe.

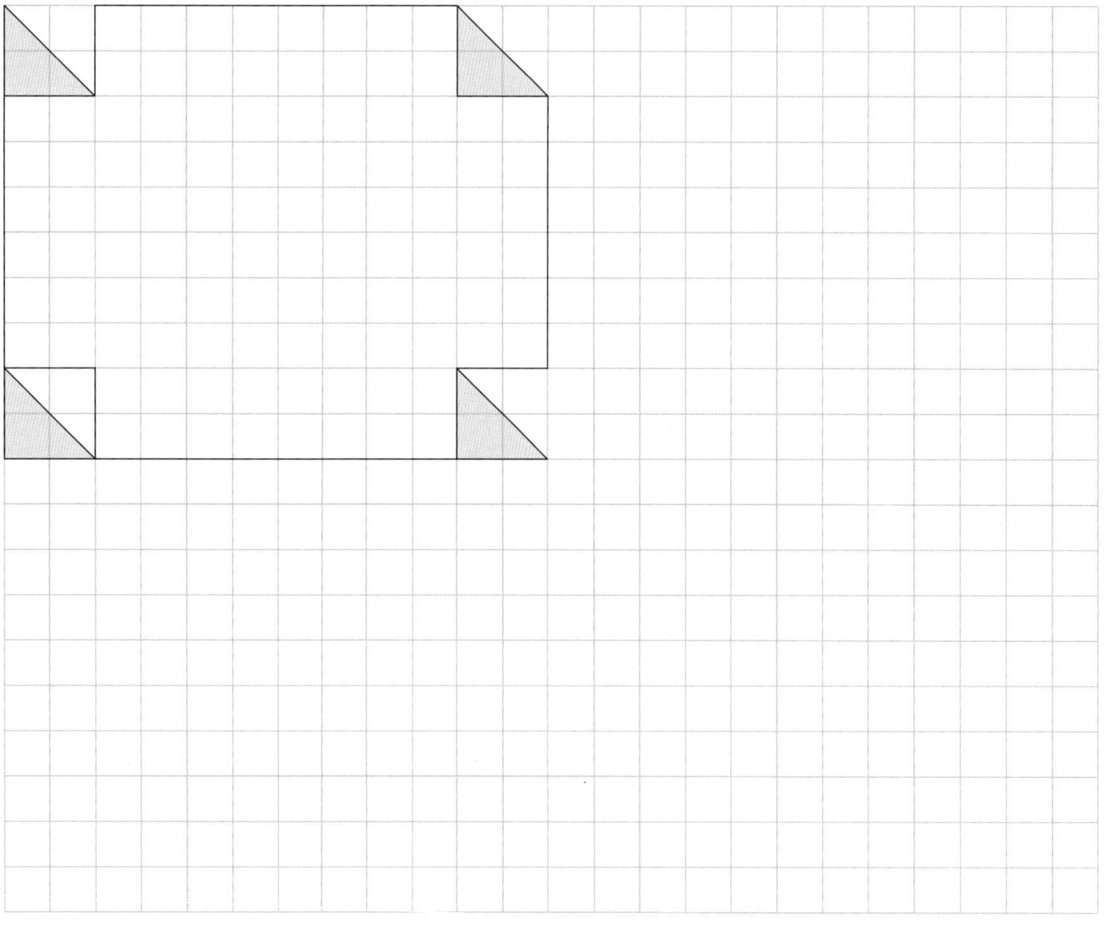

6. Ein Zahlenpaar passt nicht zusammen. Streiche es durch und begründe deine Entscheidung.

2 / 4 15 / 30 30 / 60 56 / 112 32 | 64 38 / 72

Größen und Messen

7. Wandle um.

1 cm 3 mm = ______ mm
90 min = ______ h ______ min
1 kg 500 g = ______ g
250 ct = ______ € ______ ct

8. Ava vergleicht die Preise für Äpfel auf dem Wochenmarkt:

Welches Angebot ist am preiswertesten?

Das Angebot für ________ kg Äpfel ist am preiswertesten.

9. Die Klasse 3 b macht im Sportunterricht einen Ausdauertest. Alle Kinder laufen 1 000 m. Hier siehst du einige Ergebnisse.

Lino	Ronja	Ilias	Clara
5 min 6 sec	4 min 29 sec	4 min 42 sec	5 min 2 sec

a) Wer war am schnellsten?

________________ war über 1 000 m am schnellsten.

b) Jasmin war 20 sec schneller als Clara. Wie schnell war Jasmin?

Jasmin hat ________________ für die 1 000 m gebraucht.

Raum und Form

10. Spiegele die Zeichnungen an den jeweiligen Spiegelachsen.

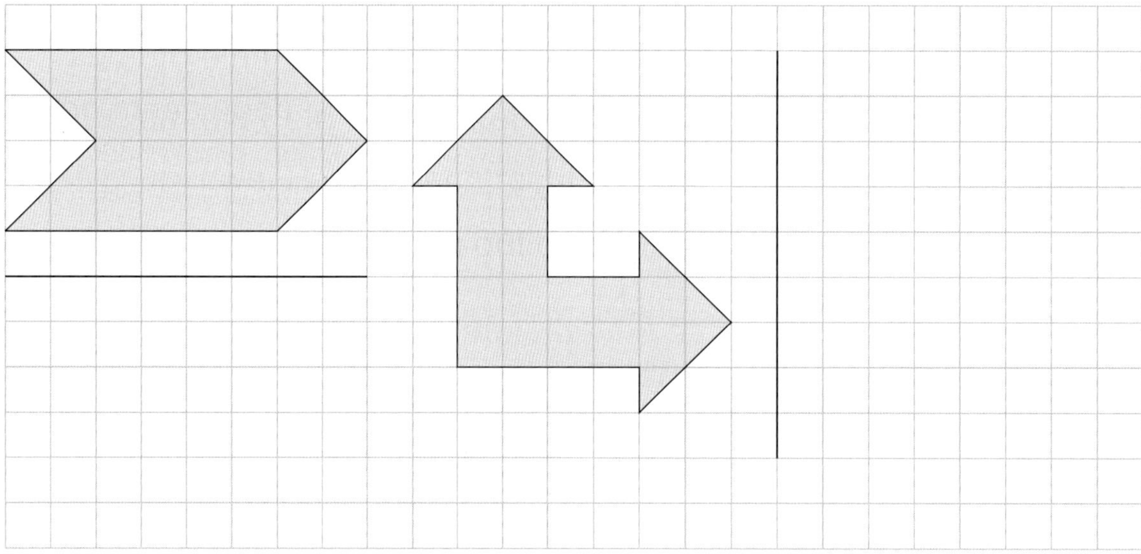

11. Du siehst hier verschiedene Ansichten eines Körpers.
Welcher Körper ist es? Kreuze an.

von vorne	von hinten	von oben	von unten	von rechts	von links

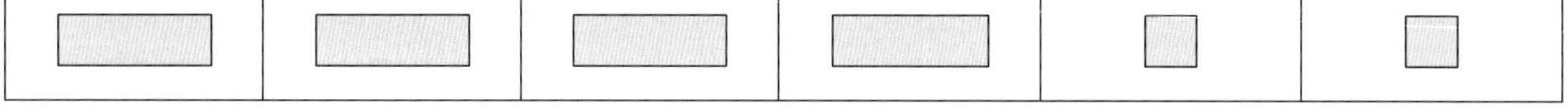

- ☐ Würfel
- ☐ Kugel
- ☐ Kegel
- ☐ Quader
- ☐ Pyramide

12. Zeichne ein Quadrat mit einer Seitenlänge von 2 cm.

Daten, Häufigkeiten und Wahrscheinlichkeiten

13. Auf einem Schulfest hat die Klasse 3 a ein Säckchen mit 40 grünen und 20 gelben Kugeln vorbereitet. Alle dürfen einmal eine Kugel ziehen.

Welche Aussagen stimmen? Kreuze an.

☐ Es ist sicher, dass man eine grüne Kugel zieht.

☐ Es ist möglich, aber nicht sicher, dass man eine gelbe Kugel zieht.

☐ Es ist unmöglich, dass man eine blaue Kugel zieht.

☐ Es ist wahrscheinlicher, eine gelbe als eine grüne Kugel zu ziehen.

14. Basti muss am Freitag nicht in die Schule. Für das lange Wochenende haben Basti und seine Eltern einen Fahrradausflug, eine Kanufahrt und einen Schwimmbadbesuch geplant. Schreibe alle Möglichkeiten auf, in welcher Reihenfolge sie die Unternehmungen machen können.

15. Die Kinder haben gezählt, wie viele Kinder welches Haustier am liebsten mögen. Die Ergebnisse haben sie in ein Kreisdiagramm gezeichnet. Trage die Haustiere den Aussagen entsprechend in das Diagramm ein.

Die wenigsten Kinder mögen Fische.
Mehr als die Hälfte der Kinder mag Hunde am liebsten.
Ein Viertel der Kinder mag Katzen am liebsten.
Einige Kinder mögen Meerschweinchen.

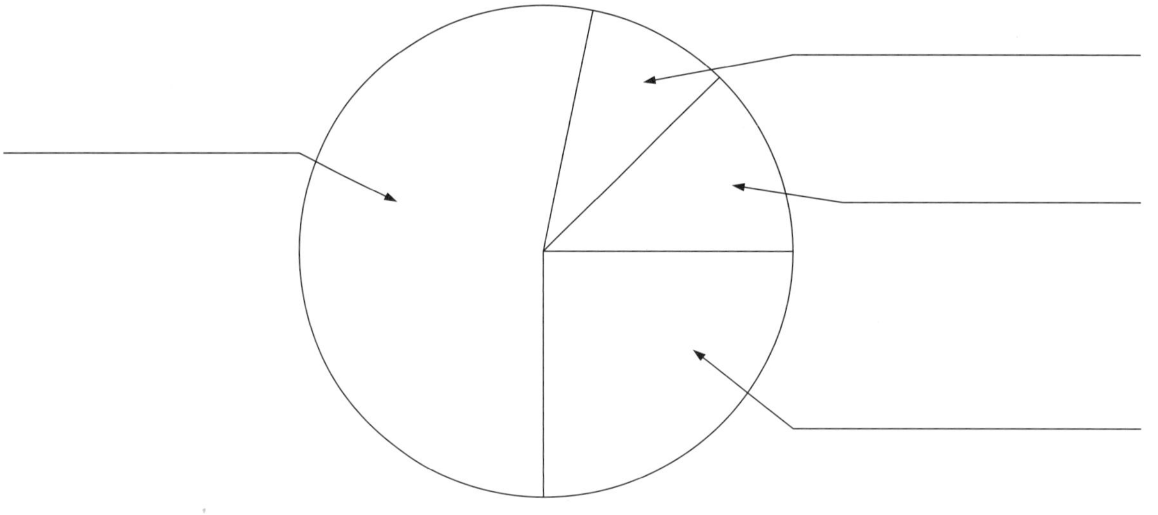

Ergänzungsmodul: Daten, Häufigkeiten und Wahrscheinlichkeiten

1. Die Kinder der Klasse 3 b haben die Kinder der 4. Klassen vor den Sommerferien gefragt, wo sie ihre Ferien verbringen. Die Ergebnisse haben sie in ein Balkendiagramm gezeichnet.

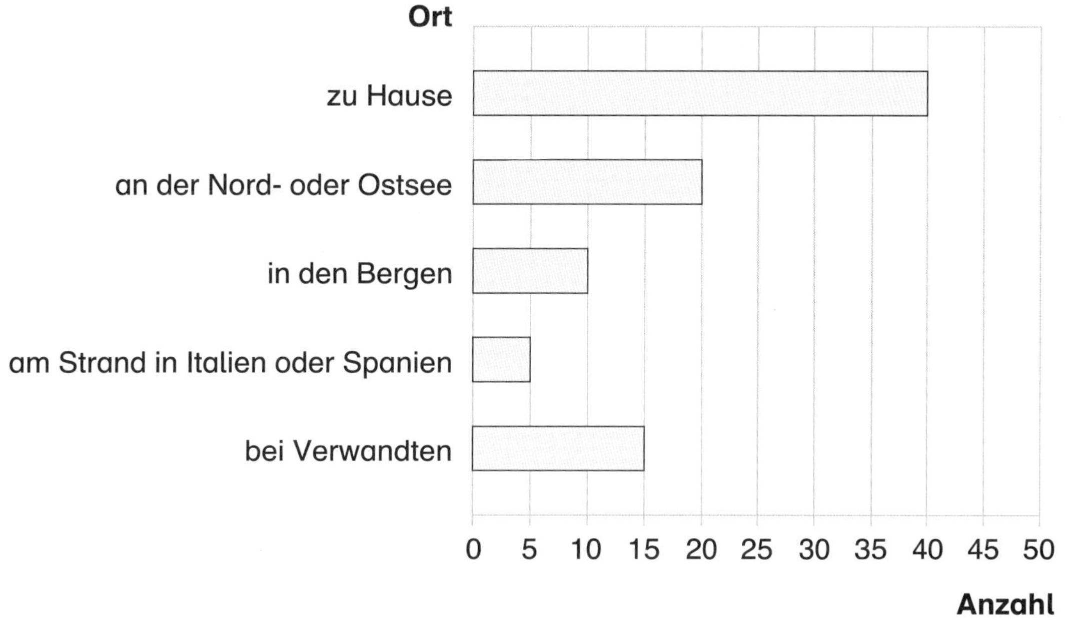

Lies die Ergebnisse ab und ergänze sie in der Tabelle.

Ort	Anzahl
zu Hause	
an der Nord- oder Ostsee	
in den Bergen	
am Strand in Italien oder Spanien	
bei Verwandten	

2. Sina und ihre beste Freundin Ella wollen gemeinsam ins Kino. Da der Film sehr beliebt ist, kann man sich für eine der drei Filmvorstellungen anmelden, und wenn man Glück hat, bekommt man Karten. Im Internet sehen sie diese Übersicht:

	Reservierte Sitzplätze	**Freie Sitzplätze**
Vorstellung 1 (14 Uhr)	120	60
Vorstellung 2 (17 Uhr)	75	75
Vorstellung 3 (20 Uhr)	160	20

Bei welcher Vorstellung ist die Chance am größten, dass Sina und Ella eine Karte bekommen? Begründe deine Entscheidung.

Vorstellung ______

Begründung:

____

____

____

3. Beim Essen in der Schulmensa kann man zwischen drei verschiedenen Hauptgerichten (Gericht 1, Gericht 2 und Gericht 3) und zwei unterschiedlichen Nachspeisen (Nachspeise 1, Nachspeise 2) wählen. Wie viele Kombinationsmöglichkeiten aus Hauptgericht und Nachspeise gibt es? Schreibe alle Möglichkeiten auf.

Es gibt insgesamt ________ Kombinationsmöglichkeiten.

4. Auf einem Schulflohmarkt möchte die Klasse 3 a ein Gewinnspiel anbieten. Sie bereiten vier Säckchen vor.

In dem ersten Säckchen sind 50 Gewinne und 25 Nieten.
Bei den drei anderen Säckchen soll man die gleichen Gewinnchancen haben. Sie beinhalten 60 Lose (Säckchen 2), 90 Lose (Säckchen 3) und 120 Lose (Säckchen 4).

Wie viele Gewinne und Nieten müssen jeweils in den Säckchen sein? Trage ein.

Säckchen 1	(____ Lose):	50 Gewinne,	25 Nieten
Säckchen 2	(60 Lose):	____ Gewinne,	____ Nieten
Säckchen 3	(90 Lose):	____ Gewinne,	____ Nieten
Säckchen 4	(120 Lose):	____ Gewinne,	____ Nieten

5. Du hast diese Ziffernkarten:

1 2 5 8 9

Du ziehst immer zwei Ziffernkarten und legst sie zu einer zweistelligen Zahl zusammen. Entscheide, ob die Aussagen „sicher", „möglich, aber nicht sicher" oder „unmöglich" sind.

	sicher	möglich, aber nicht sicher	unmöglich
a) Die Zahl ist kleiner als 99.	☐	☐	☐
b) Die Zahl ist gerade.	☐	☐	☐
c) Die Zahl liegt zwischen 60 und 70.	☐	☐	☐
d) Die Zahl ist durch 4 teilbar.	☐	☐	☐
e) Die Zahl lautet 38.	☐	☐	☐

6. Der Lehrer der Klasse 3 c befragt seine Schülerinnen und Schüler zu ihren Traumberufen. Hier siehst du das Ergebnis:

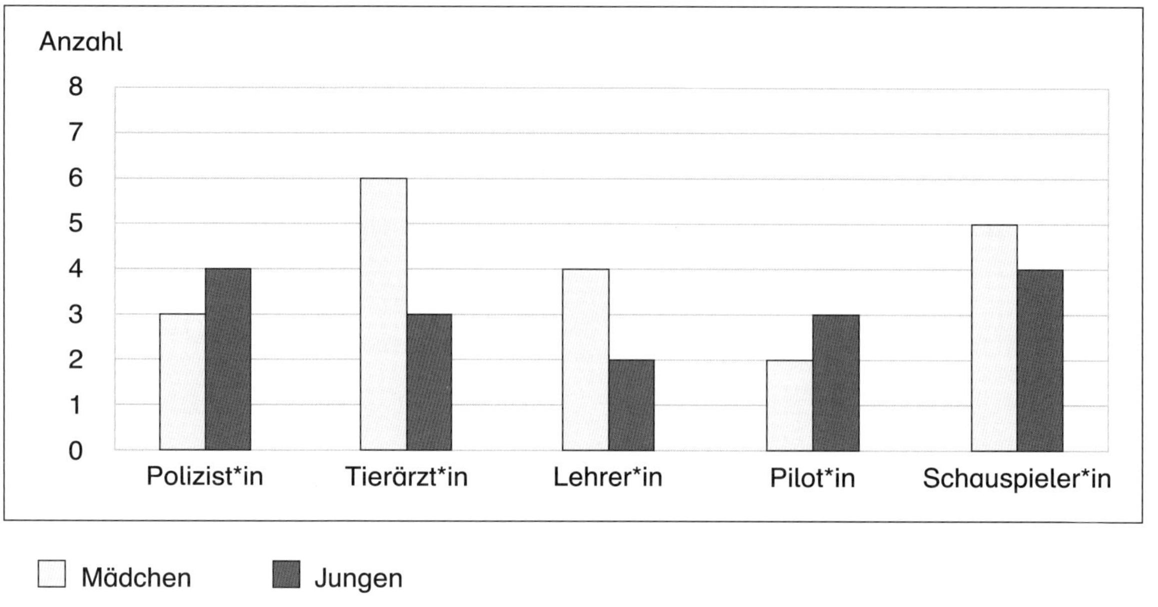

Stimmen die Aussagen? Kreuze an.

	stimmt	stimmt nicht
Es haben mehr Mädchen als Jungen an der Umfrage teilgenommen.	☐	☐
Doppelt so viele Mädchen wie Jungen möchten Tierärzt*in werden.	☐	☐
Polizist*in ist der einzige Beruf, den mehr Jungen als Mädchen ausüben möchten.	☐	☐
Kein Junge möchte Schauspieler werden.	☐	☐

7. Die Klassen 1 a, 1 b und 2 a sollen sich klassenweise hintereinander aufstellen, weil sie gemeinsam zum Theater gehen möchten. Wie viele Möglichkeiten haben sie, sich aufzustellen?

Sie haben ________ Möglichkeiten, sich aufzustellen.

8. Ole hat zwei Spielwürfel. Er würfelt mit beiden Würfeln und zieht die kleinere Augenzahl von der größeren Augenzahl ab. Er behauptet: „Das größte Ergebnis ist 5.“

Begründe, warum das so ist.

____

____

____

____

____

____

Kontrolliere, ob du alle Aufgaben bearbeitet hast!

So lange habe ich gebraucht: ______ Minuten

6 Beispieltest 5

Basismodul

Zahlen und Operationen

1. Du hast folgende Ziffernkarten:

1 2 4 5 8 9

Bilde zwei dreistellige Zahlen und berechne deren Summe. Das Ergebnis soll ungerade sein. Du darfst jede Ziffer nur einmal benutzen.

2. Eine Fußballmannschaft fährt zu einem Fußballspiel. In vier Autos fahren jeweils drei Kinder mit und in einem weiteren Auto sitzen noch zwei Kinder.

Wie rechnest du, wenn du wissen möchtest, wie viele Kinder mit zu dem Fußballspiel fahren? Kreuze an.

- ☐ $4 \cdot 3 \cdot 2$
- ☐ $4 \cdot 3 + 2$
- ☐ $4 + 3 - 2$
- ☐ $4 + 3 + 2$

3. Mina hat folgende Zahl in der Stellentafel gelegt.

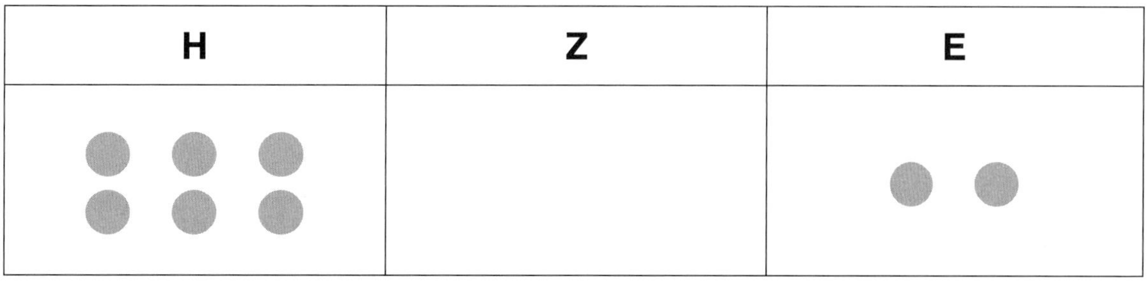

Jetzt legt sie ein Plättchen dazu. Welche Zahl kann **nicht** entstehen? Kreuze an.

- ☐ 703
- ☐ 603
- ☐ 612
- ☐ 702

Muster und Strukturen

4. Zeichne die nächste Figur in der Abfolge.

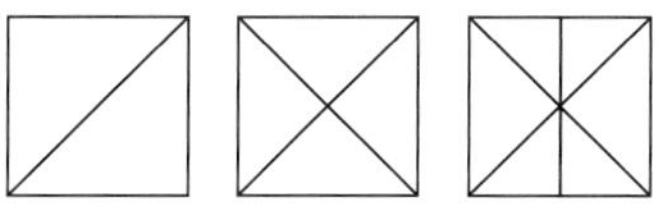

5. a) Hier siehst du eine Zahlenmauer-Kette. Berechne die fehlenden Zahlen.

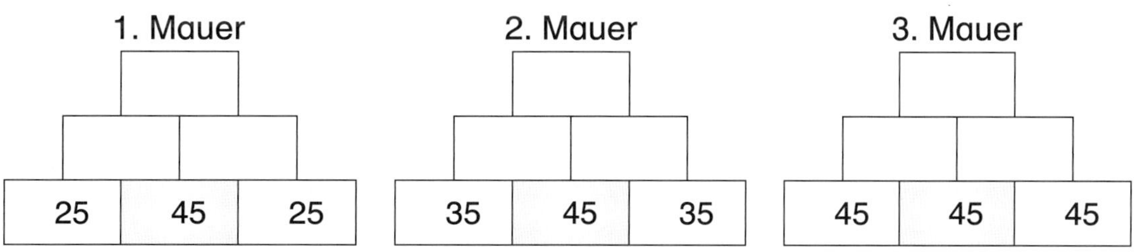

b) Wie geht die Zahlenmauer-Kette weiter?

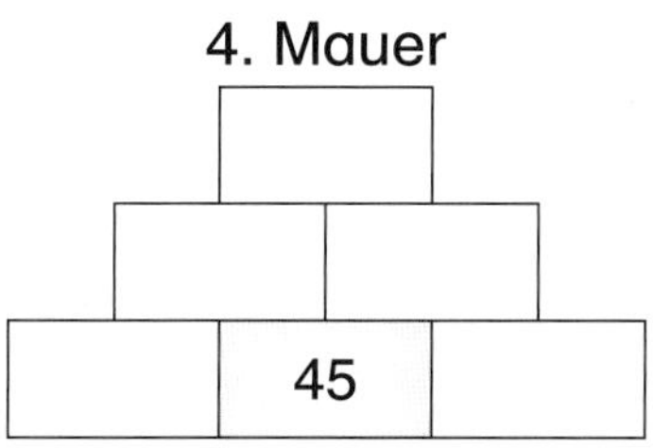

6. Welche Zahl ist falsch? Streiche sie durch.

a) 4 9 7 13 10 15 13

b) 1 4 9 16 25 34 49

Raum und Form

7. Wie viele Würfel hat Toni gebraucht, um diese Würfelgebäude zu bauen?

a)

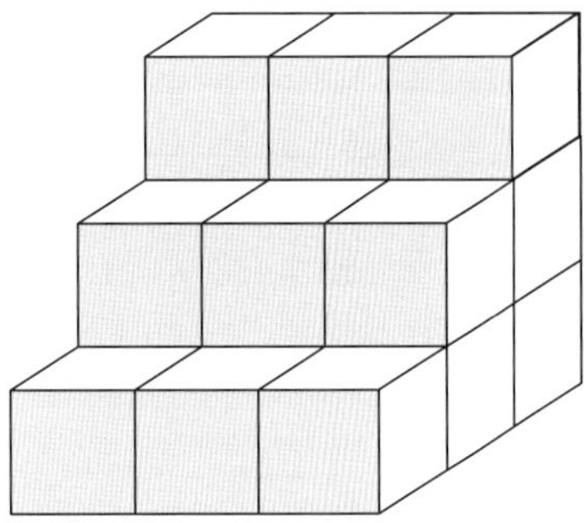

Toni hat __________ Würfel gebraucht.

b)

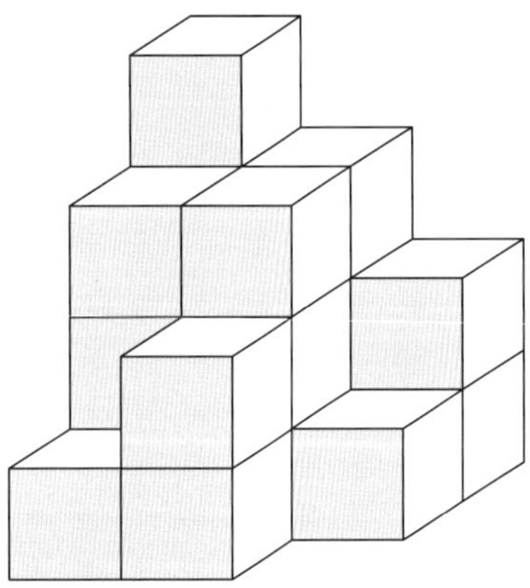

Toni hat __________ Würfel gebraucht.

8. a) Zerlege folgendes Quadrat in vier gleich große Dreiecke.

b) Zerlege die folgende Figur in zwei Quadrate.

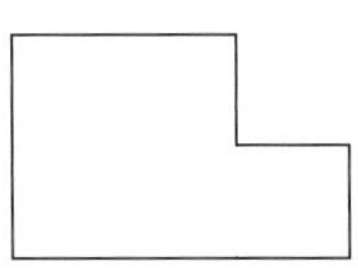

Größen und Messen

9. Timo soll 5,30 € in Münzen zeichnen. Seine Zeichnung sieht so aus:

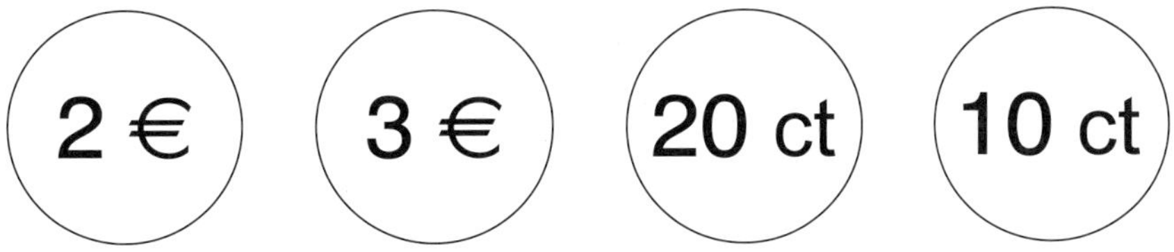

Hierbei hat er einen Fehler gemacht. Erkläre, was falsch ist.

____

____

____

10. Leni hat folgende Gewichtsstücke.

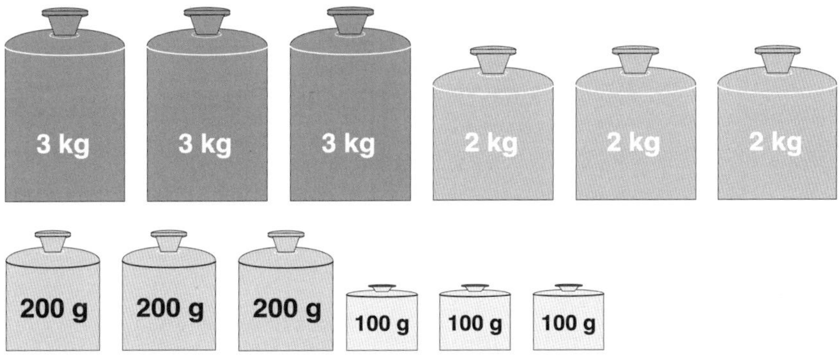

Sie möchte 11,5 kg auf eine Waage legen. Welche Gewichtsstücke kann sie legen?

11. Als Lauras Klavierunterricht zu Ende ist, zeigt die Uhr folgende Uhrzeit.

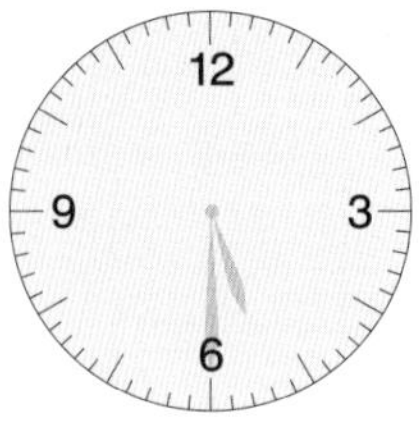

Insgesamt hatte Laura 45 Minuten Klavierunterricht. Wann fing ihr Klavierunterricht an?

Lauras Klavierunterricht fing um __________ an.

Daten, Häufigkeiten und Wahrscheinlichkeit

12. Die Kinder der Klasse 4 a haben in der Schulbücherei eine Umfrage zu den Lieblingsbüchern gemacht. Insgesamt haben sie 200 Schülerinnen und Schüler befragt. Das Ergebnis siehst du hier:

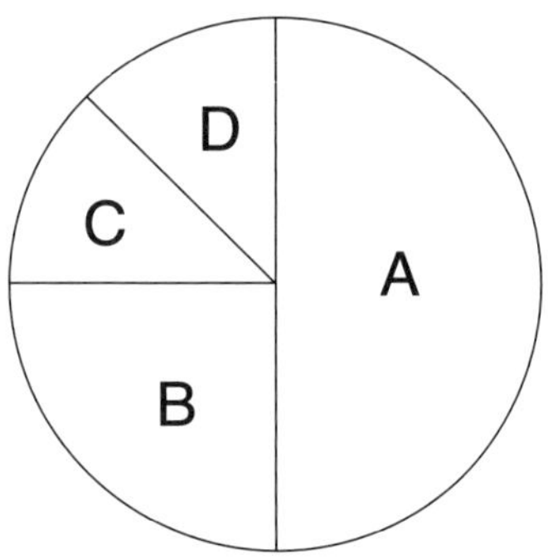

A = Detektivgeschichten
B = Freundschaftsgeschichten
C = Fußballgeschichten
D = Pferdegeschichten

a) Welche Bücher werden am häufigsten ausgeliehen?

____

b) Welche Bücher werden gleich oft ausgeliehen?

____

c) Wie viele Kinder leihen gerne Freundschaftsgeschichten aus?

____

13. Entscheide, ob die Aussagen „sicher“, „möglich, aber nicht sicher“ oder „unmöglich“ sind.

a) Nasim würfelt einmal mit einem Würfel. Er würfelt eine 2.

- ☐ sicher
- ☐ möglich, aber nicht sicher
- ☐ unmöglich

b) Nasim würfelt mit zwei Würfeln und addiert die Zahlen. Die Summe ergibt 13.

- ☐ sicher
- ☐ möglich, aber nicht sicher
- ☐ unmöglich

c) Nasim würfelt mit drei Würfeln und multipliziert die Zahlen. Das Produkt ist kleiner als 250.

- ☐ sicher
- ☐ möglich, aber nicht sicher
- ☐ unmöglich

14. In einem Säckchen sind 12 Lose. Es sind nur Gewinne, Gewinne und Nieten oder nur Nieten enthalten. Wie viele Gewinne bzw. Nieten sind in dem Säckchen, damit die Aussagen stimmen?

a) Es ist sicher, einen Gewinn zu ziehen.

_______ Gewinne _______ Nieten

b) Es ist möglich, aber nicht sicher, eine Niete zu ziehen.

_______ Gewinne _______ Nieten

c) Die Chance, eine Niete zu ziehen, ist doppelt so groß wie die Chance, einen Gewinn zu ziehen.

_______ Gewinne _______ Nieten

Ergänzungsmodul: Zahlen und Operationen

1. Du hast folgende Ziffernkarten:

1 4 8

Schreibe alle Zahlen größer 480 auf, die du aus den drei Ziffern bilden kannst.

____

2. Bilde aus den folgenden Ziffern zwei dreistellige Zahlen und addiere sie. Das Ergebnis soll möglichst klein sein. Benutze jede Ziffer nur einmal.

2 4 5 6 7 9

3. Zu welcher Sachaufgabe passt die Rechnung (24 + 14) : 2? Kreuze an.

- ☐ Karl und Mala haben zusammen 24 €. Davon geben sie 14 € für Spielzeug aus und dann teilen sie den Rest.
- ☐ Karl und Mala haben zusammen 24 €. Ihre Oma gibt ihnen noch 14 € dazu. Jetzt teilen sie gerecht.
- ☐ Karl und Mala haben zusammen 24 €. Davon geben sie 14 € für Spielzeug aus und dann bekommen sie noch 2 € von ihrer Oma.

4. Lino rechnet 824 – 361 so:

8	2	4	–	3	6	1	=	5	4	3
8	0	0	–	3	0	0	=	5	0	0
	2	0	–		6	0	=		4	0
		4	–			1	=			3

Finde seinen Fehler und kreuze die richtige Erklärung an.

Lino hat …

- ☐ immer die kleinere von der größeren Zahl abgezogen.
- ☐ addiert statt subtrahiert.
- ☐ sich bei den Hundertern verrechnet.
- ☐ die falschen Einer genommen.

5. Setze die fehlenden Zahlen ein.

a)

	3	___	1
+	2	5	___
=	___	3	5

b)

	9	7	___
–	___	2	9
=	6	___	7

6. Du siehst hier einen Quader, der aus vielen kleinen Würfeln besteht.

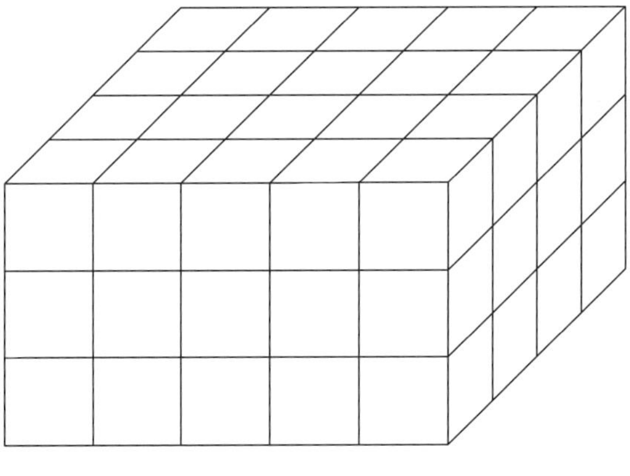

Du willst herausfinden, wie viele kleine Würfel verwendet wurden. Welche Rechnung stimmt? Kreuze an.

- ☐ $5 \cdot 4 + 3$
- ☐ $5 + 4 \cdot 3$
- ☐ $5 + 4 + 3$
- ☐ $5 \cdot 4 \cdot 3$

7. Welche Rechnung ist falsch? Kreuze an. **Tipp:** Denke an die Rechenregeln „Punkt vor Strich" und „Klammern zuerst berechnen".

- ☐ $3 + 7 \cdot 5 = 50$
- ☐ $3 \cdot 8 : 6 = 4$
- ☐ $(15 - 7) : 2 = 4$
- ☐ $45 : (14 - 9) = 9$

8. Die Zahlen auf dem Zahlenstrahl haben immer den gleichen Abstand zueinander. Trage die fehlenden Zahlen ein.

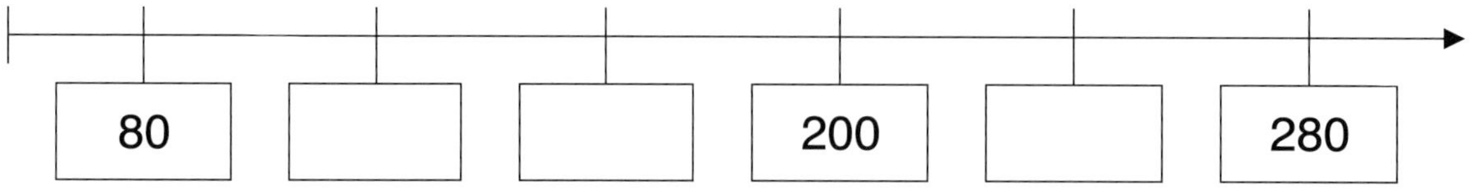

9. Trage ein: <, > oder =

802 ◯ 820 378 ◯ 873

642 ◯ 624 121 ◯ 121

10. Hier siehst du eine Hundertertafel. Du startest bei der Zahl 56 (grau markiert) und gehst drei Felder nach oben und zwei Felder nach links. Bei welcher Zahl landest du?

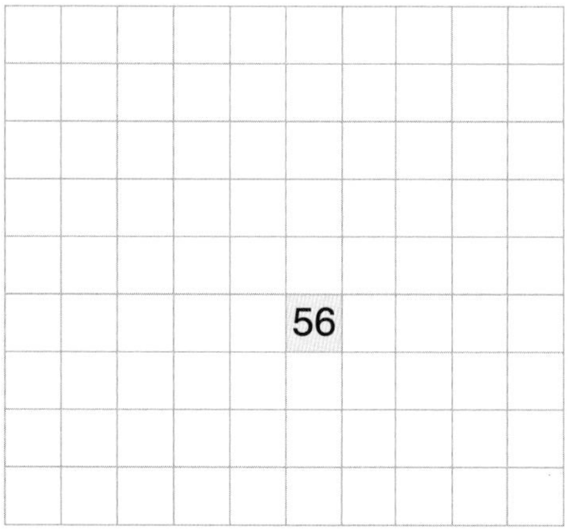

Ich lande auf der Zahl ____________.

Kontrolliere, ob du alle Aufgaben bearbeitet hast!

So lange habe ich gebraucht: ______ Minuten

Lösungen

Beispieltest 1

Basismodul

Zahlen und Operationen

1. Berechne die Differenz aus 845 und 239.

   Hinweis: „Differenz" ist das Fachwort für das Ergebnis einer Minusaufgabe. Achte hier darauf, dass du die kleinere von der größeren Zahl abziehst.

   845 – 239 = 606

2. Luna hat eine Folie auf die Hundertertafel gelegt und diese vier Zahlen markiert.

1	2	3	4	5	6	7	8	9	10
11	12	13	14	15	16	17	18	19	20
21	22	23	24	25	26	27	28	29	30
31	32	33	34	35	36	37	38	39	40
41	42	43	44	45	46	47	48	49	50
51	52	53	54	55	56	57	58	59	60
61	62	63	64	65	66	67	68	69	70
71	72	73	74	75	76	77	78	79	80
81	82	83	84	85	86	87	88	89	90
91	92	93	94	95	96	97	98	99	100

   a) Berechne die Summe der markierten Zahlen.

   Hinweis: „Summe" ist das Fachwort für das Ergebnis einer Plusaufgabe.

   15 + 16 + 25 + 26 = 82

b) Wie muss Luna die Folie verschieben, damit die Summe um 4 größer wird? Kreuze an.

Hinweis: *Damit die Summe um vier größer wird, muss hier beim Verschieben der Folie jede der vier Zahlen um eins größer werden.*

- [x] um ein Feld nach rechts
- [ ] um ein Feld nach links
- [ ] um ein Feld nach unten
- [ ] um zwei Felder nach rechts
- [ ] Das geht nicht.

3. Ich denke mir eine Zahl, zu der ich 5 addiere. Dann multipliziere ich sie mit 9. Das Ergebnis ist 99. Wie heißt meine Zahl?

Hinweis: *Wichtige Fachwörter sind hier „addieren", das bedeutet plus rechnen, und „multiplizieren", das bedeutet mal rechnen. Am besten schreibst du dir die Aufgabe einmal mit Platzhaltern so auf, wie sie hier gerechnet werden soll, und rechnest dann „zurück":* $(\_\_ + 5) \cdot 9 = 99$
Du teilst also zuerst 99 durch 9, damit du das Ergebnis der Klammer kennst, und subtrahierst dann 5: $99 : 9 = 11$ $\quad 11 - 5 = 6$

Meine Zahl heißt **6**.

Muster und Strukturen

4. Welche Zahlenfolge passt zu dem Wort „Pappe"?

Hinweis: *Hier steht jeder Buchstabe für eine Zahl. Die erste, dritte und vierte Zahl müssen also gleich sein und die zweite und fünfte Zahl müssen sich voneinander unterscheiden.*

- [ ] 59443
- [ ] 59229
- [ ] keine
- [x] 59552
- [ ] 59559

5. Schau dir das Parkettmuster genau an. Zeichne es bis zum Ende der Kästchenreihe weiter.

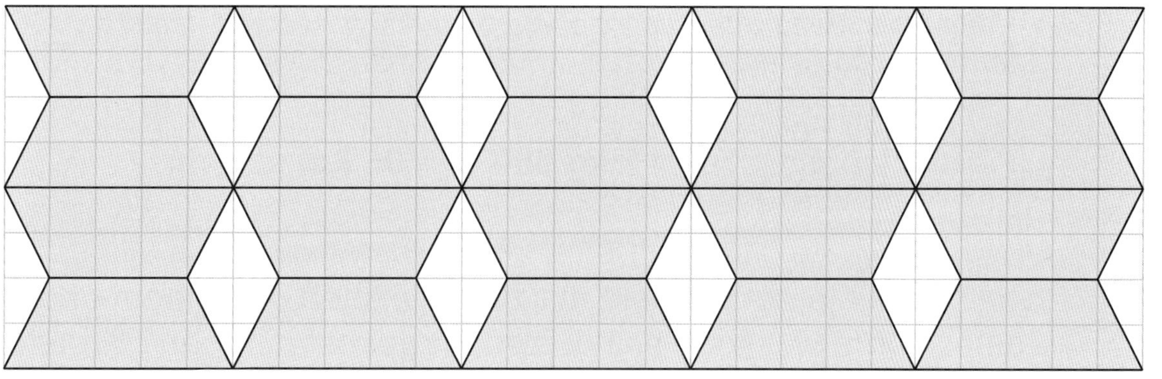

6. Vervollständige die Reihen.

Hinweis: *Schau dir die Reihen genau an. Werden die Zahlen größer, wurde addiert (+) oder multipliziert (·); werden die Zahlen kleiner, wurde subtrahiert (–) oder dividiert (:). Wenn du dann genau überlegst, wie du von der ersten zur zweiten Zahl kommst und von der zweiten zur dritten Zahl, erhältst du schnell die Rechenregel und kannst die fehlenden Zahlen berechnen.*

a) ***Hinweis:*** *Hier wird immer 35 addiert.*

50; 85; 120; 155; **190**; **225**; **260**; 295; 330

b) ***Hinweis:*** *Hier wird die Zahl, die du subtrahiert hast, immer um zwei größer: –2, –4, –6, …*

100; 98; 94; 88; **80**; **70**; **58**; 44; 28

Größen und Messen

7. Die Kinder der Klasse 3 a haben ihre Schultaschen gewogen.

Kira	Emil	Linda	Karim	Anna
3 kg 450 g	4,1 kg	3,54 kg	2 kg 900 g	5 kg 200 g

Hinweis: *Schau dir hier die Gewichtsangaben wirklich genau an und achte auf die Einheiten. Einige Gewichte sind als Kommazahl angegeben, andere in Kilogramm und Gramm. Wenn du dir sehr unsicher bist, kannst du auch alles in eine Schreibweise umwandeln.*

a) Wer hat die leichteste Schultasche?

Karim hat die leichteste Schultasche.

b) Ferdis Schultasche ist 500 g leichter als Kiras Schultasche. Wie schwer ist Ferdis Schultasche?

Hinweis: *Kiras Schultasche wiegt 3 kg 450 g. Hiervon musst du 500 g abziehen, da Ferdis Schultasche 500 g leichter ist:*
3 kg 450 g – 500 g = 2 kg 950 g

Ferdis Schultasche ist **2 kg 950 g (2,95 kg)** schwer.

8. Nazim bezahlt in der Eisdiele mit zwei gleichen und einem anderen Geldstück. Wie viel kann sein Eis **nicht** gekostet haben? Kreuze an.

Hinweis: *Hier findest du die Lösung, indem du versuchst jeden Betrag aus den vorgegebenen Münzen zusammenzusetzen. Denke dabei daran, dass es nur bestimmte Geldmünzen gibt.*
1,10 €: 1 € + 2 · 5 ct oder 2 · 50 ct + 10 ct
0,60 €: 50 ct + 2 · 5 ct
1,30 €: funktioniert nicht
2,50 €: 2 · 1 € + 50 ct

☐ 1,10 €　　☐ 0,60 €
☒ 1,30 €　　☐ 2,50 €

9. Beim Sportfest laufen die Kinder 800 m. Lasse braucht 4 min 23 sec und Sandro ist nach 5 min im Ziel. Wie viel länger braucht Sandro für die Strecke?

Hinweis: *Hier musst du daran denken, dass 1 Minute 60 Sekunden hat. Du ergänzt also die 23 sec zu 60 sec.*

Sandro braucht **37 sec** länger als Lasse.

Raum und Form

10. Zeichne alle Spiegelachsen ein. Denke daran: Es kann eine, mehrere, aber auch gar keine Spiegelachse geben.

Hinweis: *Denke daran, die waagerechte und die senkrechte Spiegelachse wirklich genau in die Mitte zu zeichnen. Orientiere dich an den Kästchen. Vergiss nicht die diagonalen Spiegelachsen. Zeichne genau und benutze ein Lineal.*

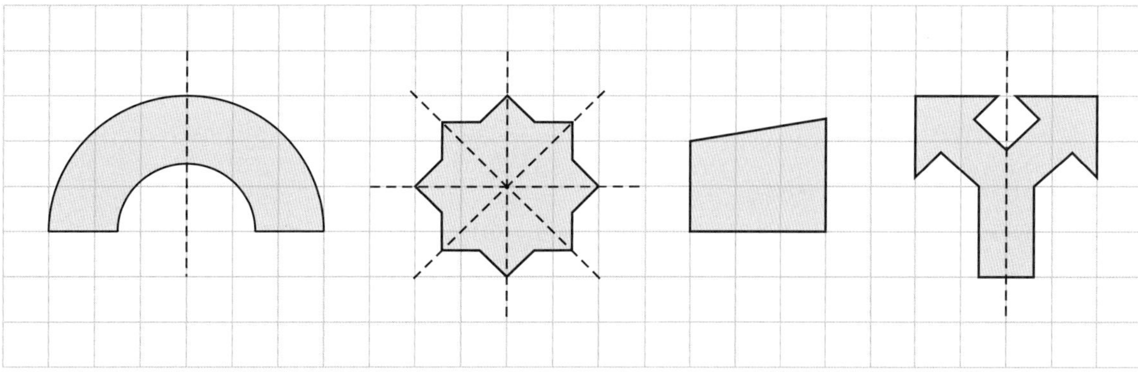

11. Phil dreht den Würfel zweimal nach hinten und einmal nach rechts. Welche Augenzahl sieht er dann oben auf dem Würfel?

Hinweis: *Denke daran, dass die Summe der gegenüberliegenden Seiten bei einem Spielwürfel immer 7 ist. Jetzt kannst du dir in Gedanken genau vorstellen, welche Zahl oben liegt, wenn du den Würfel in die angegebenen Richtungen drehst. Hier ist zu beachten, dass sich die Augenzahl drei und damit auch die gegenüberliegende vier nicht verändert, wenn du den Würfel nach vorne oder hinten drehst. Daher ist nur die letzte Drehung wichtig, nach der die vier oben zu sehen ist. Wenn es dir schwerfällt, dir diese Drehungen vorzustellen, kannst du sie auch mit einem richtigen Spielwürfel nachmachen. Übe dann einige Male solche Aufgaben.*

Phil sieht die Augenzahl **4** oben auf dem Würfel.

12. Zeichne die folgende Figur noch einmal ab.

Hinweis: *Achte darauf, dass du die Linien und Abstände genauso lang zeichnest wie in der Vorgabe. Zeichne mit dem Lineal.*

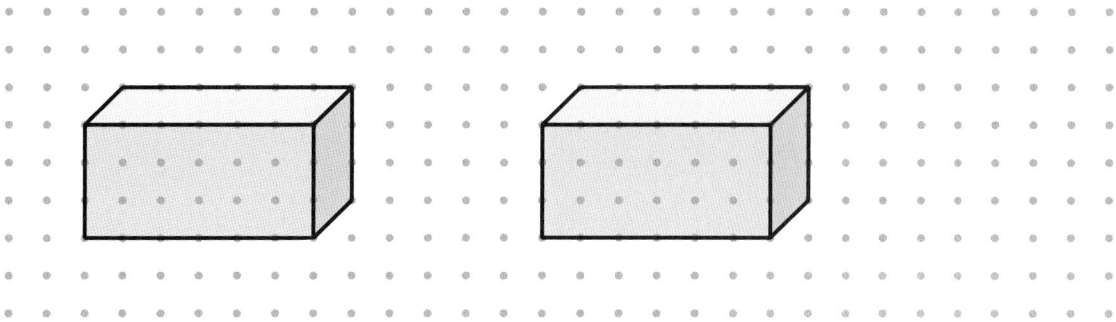

13. Welcher Bauplan gehört zu welchem Würfelgebäude? Verbinde.

Hinweis: *Hier findest du schnell heraus, welcher Bauplan zum zweiten Würfelgebäude passt, denn dieses hat schon einen anderen Grundriss. Bei den beiden anderen Würfelgebäuden musst du genau darauf achten, wie viele Würfel an welcher Stelle im Bauplan aufeinanderliegen. Vielleicht fällt dir auch auf, dass nur in dem einen Würfelgebäude fünf Würfel übereinanderliegen. Dann ist eine Zuordnung noch leichter.*

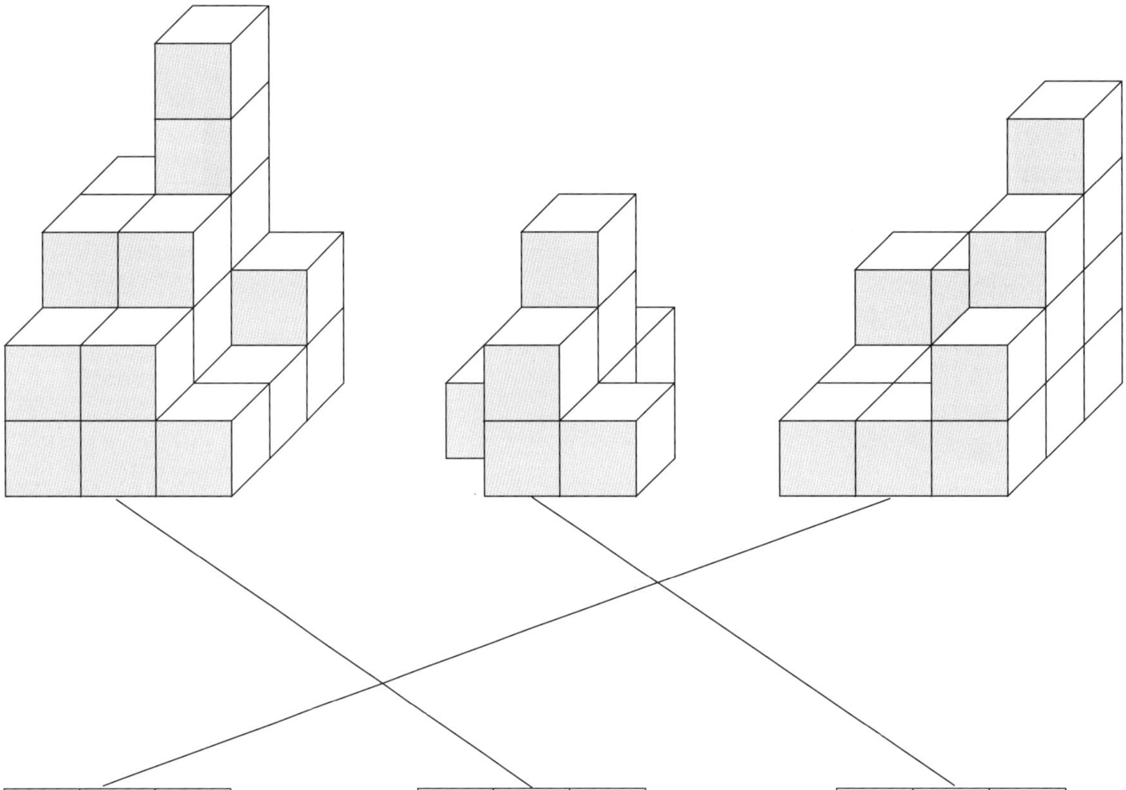

2	2	4
1	1	3
1	1	2

3	5	2
3	3	1
2	2	1

1	1	
1	3	
	2	1

Daten, Häufigkeiten und Wahrscheinlichkeiten

14. Saras Mutter macht Eis in der neuen Eismaschine. Sie probiert vier verschiedene Eissorten aus: Erdbeereis (E), Himbeereis (H), Vanilleeis (V), Schokoladeneis (S). Sara möchte zwei Kugeln Eis. Wie viele verschiedene Möglichkeiten hat sie? Denke daran, sie könnte auch zwei Kugeln der gleichen Eissorte wählen. Schreibe alle Möglichkeiten auf.

Hinweis: *Hier gehst du am besten systematisch vor.*

1. EE	**2. HH**	**3. VV**	**4. SS**
5. EH	**6. EV**	**7. ES**	
8. HV	**9. HS**		
10. VS			

Sara hat **10** Möglichkeiten, zwei Kugeln Eis zu wählen.

15. In einem Kartenspiel gibt es acht blaue Spielkarten, zwei rote Spielkarten und zwei gelbe Spielkarten. Emil muss zwei Karten ziehen. Kreuze die richtigen Aussagen an.

Hinweis: *Lies die Aussagen konzentriert durch. Beim Ziehen der Karten ist die Wahl zufällig. Achte auch darauf, dass es bei der letzten Aussage keine grünen Spielkarten gibt und die Aussage daher richtig ist.*

- [ ] Es ist sicher, dass Emil zwei blaue Spielkarten zieht.
- [ ] Es ist unmöglich, dass Emil eine rote und eine gelbe Spielkarte zieht.
- [x] Es ist möglich, aber nicht sicher, dass Emil eine blaue und eine rote Spielkarte zieht.
- [x] Es ist unmöglich, dass Emil eine gelbe und eine grüne Spielkarte zieht.

16. Die Kinder der Klasse 3 a machen eine Umfrage, welche Haustiere sie haben. Die Ergebnisse haben sie in ein Säulendiagramm gezeichnet. Lara hat noch ein passendes Kreisdiagramm erstellt. Beschrifte die Teile im Kreisdiagramm richtig.

Hinweis: *Hier siehst du, dass zwei Säulen gleich hoch sind. Diese entsprechen also den beiden gleich großen Teilstücken des Kreisdiagramms. Die beiden übrigen Säulen kannst du leicht zuordnen, weil die deutlich höhere Säule zum großen Teilstück im Kreis gehören muss.*

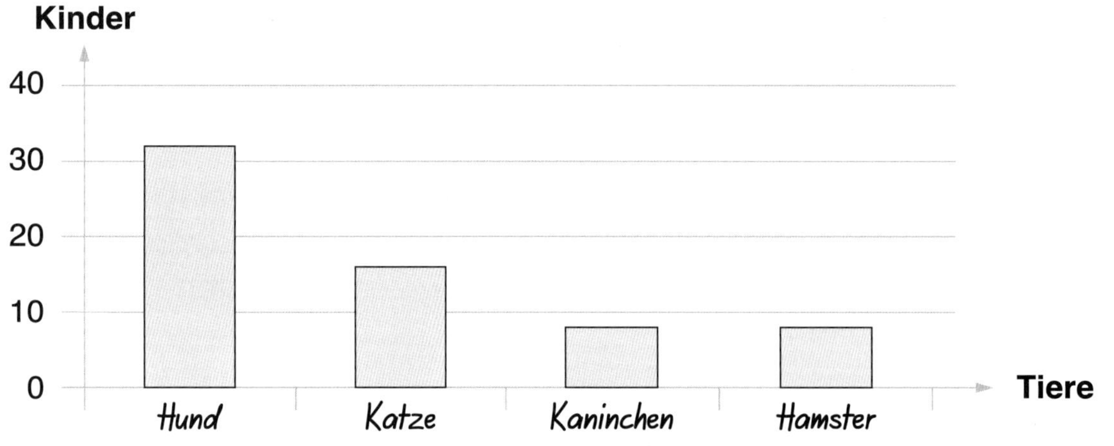
Kinder
40
30
20
10
0
Hund
Katze
Kaninchen
Hamster
Tiere

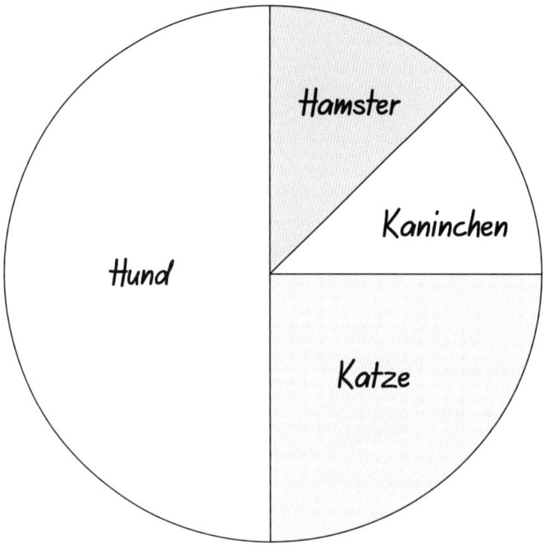
Hamster
Kaninchen
Hund
Katze

Ergänzungsmodul

Muster und Strukturen

1. Ein Schaf ist ungefähr 1,5 m lang. Beim Scheren der Wolle stehen die Schafe direkt hintereinander und der Gang, durch den sie gehen müssen, ist 12 m lang. Wie viele Schafe passen hintereinander in den Gang?

Hinweis: *Die Frage könntest du auch übersetzen in: Wie oft passen 1,5 m in 12 m? Für die Lösung musst du nur so lange 1,5 m addieren, bis du 12 m oder etwas weniger erreicht hast. Wenn du die Anzahl der Summanden (hier genau 8) zählst, erhältst du die Lösung.*

1,5 m + 1,5 m + 1,5 m + 1,5 m + 1,5 m + 1,5 m + 1,5 m + 1,5 m
= 12 m

8 Schafe passen hintereinander in den Gang.

2. Vergleiche die Preise. Kreuze jeweils das günstigere Produkt an.

a) ***Hinweis:*** *Hier kannst du jeweils berechnen, wie viel eine Kugel Eis kostet, damit du die Angebote vergleichen kannst.*

- [x] Eis mit vier Kugeln 4 €
- [ ] Eis mit drei Kugeln 3,30 €

b) ***Hinweis:*** *Hier siehst du bei genauem Hinschauen schnell die Lösung. Im ersten Angebot kostet eine Flasche weniger als 1 €, beim zweiten Angebot muss eine Flasche mehr als 1 € kosten. Hier reicht also ein Überschlag.*

- [x] eine 0,5 ℓ Flasche Wasser 0,95 €
- [ ] eine Packung mit sechs 0,5 ℓ Flaschen Wasser 6,66 €

c) ***Hinweis:*** *Hier musst du berechnen, wie viel ein Radiergummi kostet, damit du die Angebote vergleichen kannst. Allerdings kannst du auch schnell erkennen, dass im ersten Angebot ein Radiergummi mehr als 2 € und beim zweiten Angebot weniger als 2 € kostet. Auch hier reicht also ein Überschlag.*

- [ ] zwei Radiergummis 4,60 €
- [x] eine Packung mit 5 Radiergummis 9,90 €

3. Lino soll die Zahl in der folgenden Stellentafel ablesen:

H	Z	E
●●●●	●●●●● ●	●●●●● ●●

Er schreibt 476. Erkläre seinen Fehler.

Lino hat hier die Anzahl der Zehner und Einer vertauscht. Er hat 7 statt 6 Zehner und 6 statt 7 Einer aufgeschrieben.

4. Auf einer Rolle sind 3 m Klebeband zum Basteln. Wie viele Meter Klebeband sind auf 2, 4 und 6 Rollen?

Hinweis: *Hier multiplizierst du die Längenangabe mit der Anzahl der Rollen Klebeband.*

Anzahl der Rollen Klebeband	1	2	4	6
Länge in m	**3**	**6**	**12**	**18**

5. Setze die Zahlenfolgen jeweils um zwei Zahlen fort.

Hinweis: *Schau dir die Reihen genau an. Werden die Zahlen größer, wurde addiert (+) oder multipliziert (·); werden die Zahlen kleiner, wurde subtrahiert (–) oder dividiert (:). Wenn du dann genau überlegst, wie du von der ersten zur zweiten Zahl kommst und von der zweiten zur dritten Zahl, erhältst du schnell die Rechenregel und kannst die fehlenden Zahlen berechnen.*

a) ***Hinweis:*** *Rechenregel: immer +115*

115; 230; 345; 460; **575**; **690**

b) ***Hinweis:*** *Rechenregel: immer –111 (Jede Ziffer wird immer um 1 kleiner.)*

975; 864; 753; 642; **531**; **420**

c) ***Hinweis:*** *Rechenregel: immer :2*

512; 256; 128; 64; **32**; **16**

6. Karim kauft für sein Kaninchen 700 g Futter pro Woche. Heute kauft er eine 2-kg-Packung. Wie viele Tage reicht das Futter?

Hinweis: *Wenn 700 g Futter für eine Woche, also 7 Tage reichen, braucht Karim pro Tag 100 g Futter. 2 kg sind 2000 g. Du teilst also 2000 g durch 100 g.*

2000 g : 100 g = 20

Die 2-kg-Packung Futter reicht für **20** Tage.

7. Setze das Muster um zwei Figuren fort.

Hinweis: *Du siehst, dass der Sonne immer ein Strahl fehlt. Schau dir genau an, welche Strahlen fehlen, und achte auf das Muster: Zuerst fehlt der gegenüberliegende Strahl und dann der rechts daneben (im Uhrzeigersinn der nächste Strahl). Setze dieses Muster fort.*

8. Familie Müller schafft bei ihrer Wanderung 3 km in einer Stunde. Wie lange brauchen sie für 1 km, 6 km und 8 km?

Hinweis: *Hier rechnest du am besten zuerst aus, wie lange Familie Müller für einen Kilometer braucht. Dann kannst du die anderen Angaben leicht ausrechnen.*

3 km: 1 h oder 60 min
1 km: **60 min : 3 = 20 min**
6 km: **20 min · 6 = 120 min = 2 h**
8 km: **20 min · 8 = 160 min = 2 h 40 min**

9. Setze jeweils um eine Aufgabe fort.

Hinweis: *Schau dir die untereinanderstehenden Zahlen genau an und vergleiche sie miteinander.*
In Aufgabe a wird die erste Zahl immer um 109 größer, die zweite Zahl um 1 kleiner, die dritte Zahl bleibt gleich (2), und das Ergebnis wird immer um 55 größer.
In Aufgabe b werden die ersten beiden Zahlen immer um 111 kleiner (jede Ziffer wird um 1 kleiner) und das Ergebnis wird um 222 kleiner. Wenn du dir hier den ersten und zweiten Summanden anschaust, erkennst du vielleicht auch, dass hier immer die Umkehrzahl addiert wird.

a) (119 – 9) : 2 = 55
(228 – 8) : 2 = 110
(337 – 7) : 2 = 165
(446 – 6) : 2 = 220

b) 864 + 468 = 1 332
753 + 357 = 1 110
642 + 246 = 888
531 + 135 = 666

10. ***Hinweis:*** *Sedat hat immer die Anzahl aller Felder berechnet (8 · 8; 6 · 6) und das Ergebnis dann durch 2 geteilt. Dann wusste er immer, wie viele Felder es von einer Farbe gibt.*

a) Sedat hat sich folgende Muster aufgemalt und Rechnungen dazugeschrieben. Schreibe die fehlende Rechnung auf.

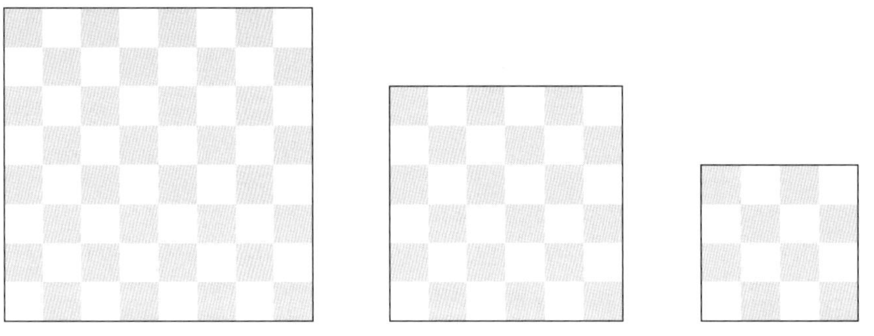

(8 · 8) : 2 (6 · 6) : 2 **(4 · 4) : 2**

b) Was hat Sedat mit den Rechnungen ausgerechnet?

Sedat hat ausgerechnet, wie viele Felder es von einer Farbe gibt.

Beispieltest 2

Basismodul

Zahlen und Operationen

1. Setze die passenden Rechenzeichen (+, –, · oder :) ein.

***Hinweis:** Hier findest du durch Probieren die Lösungen. Denke daran: Wenn das Ergebnis größer ist als die Zahlen in der Aufgabe, wurde addiert oder multipliziert. Wenn das Ergebnis kleiner ist als die erste Zahl in der Aufgabe, wurde subtrahiert oder dividiert.*

a) 45 **+** 28 = 73

b) 120 **:** 3 = 40

c) 12 **·** 10 = 120

d) 85 **–** 35 = 50

2. Ordne die Zahlen der Größe nach. Beginne mit der größten Zahl.

***Hinweis:** Schau dir die Zahlen genau an. Achte darauf, welche Ziffer an der Hunderter-, Zehner- und Einerstelle steht. Lies die Aufgabenstellung sorgfältig und beachte sie, indem du wirklich mit der größten Zahl beginnst.*

a) 84 3 139 62 41

139; 84; 62; 41; 3

b) 54 151 537 259 865

865; 537; 259; 151; 54

c) 754 475 745 457 547

754; 745; 547; 475; 457

3. Fehlersuche: Sina hat folgende Aufgabe gerechnet. Dabei hat sie einen Fehler gemacht.

Sinas Aufgabe:

$$\begin{array}{r} 461 \\ -\ 874 \\ \hline 413 \end{array}$$

Hinweis: *Schau dir die Aufgabe und auch die möglichen Fehlerbeschreibungen genau an. Wenn du nicht auf den ersten Blick siehst, dass Sina die größere von der kleineren Zahl abgezogen hat, überprüfe der Reihe nach die einzelnen Fehlerbeschreibungen.*

Kreuze an: Sinas Aufgabe ist falsch, weil …

- ☐ … sie addiert, statt subtrahiert hat.
- ☒ … sie die größere von der kleineren Zahl abgezogen hat.
- ☐ … sie den Übertrag vergessen hat.
- ☐ … das richtige Ergebnis ______ sein muss.

Muster und Strukturen

4. Setze die Aufgabenfolgen um jeweils zwei Aufgaben fort.

Hinweis: *Schau dir bei diesen Aufgaben genau die Zahlen an, die untereinanderstehen, und überlege, wie sie sich verändern. Setze diese Folge dann fort. Achte auf die richtigen Rechenzeichen.*
a) Hier verdoppelt sich die erste Zahl (der erste Summand) und die zweite Zahl (der zweite Summand) halbiert sich. Bei den Ergebnissen findest du kein sichtbares Muster. Rechne hier einfach die gefundenen Aufgaben aus.
b) Hier wird die erste Zahl (Minuend) um 111 kleiner, die zweite Zahl (Subtrahend) wird ebenfalls um 111 kleiner und das Ergebnis (Differenz) bleibt gleich. Wenn du nicht siehst, dass die Zahlen um 111 kleiner werden, erkennst du vielleicht, dass die einzelnen Ziffern immer um eins kleiner werden. Wenn du dieses Muster fortführst, erhältst du auch die weiteren Zahlen.
c) Hier wird die erste Zahl (erster Faktor) um eins kleiner und die zweite Zahl (zweiter Faktor) um eins größer. Das Ergebnis (Produkt) wird immer um die nächstkleinere ungerade Zahl größer (7, 5, 3, 1).

a)	b)	c)
10 + 240 = 250	987 – 789 = 198	10 · 2 = 20
20 + 120 = 140	876 – 678 = 198	9 · 3 = 27
40 + 60 = 100	765 – 567 = 198	8 · 4 = 32
80 + 30 = 110	**654 – 456 = 198**	**7 · 5 = 35**
160 + 15 = 175	**543 – 345 = 198**	**6 · 6 = 36**

5. Ali geht mit seinem Vater auf dem Wochenmarkt einkaufen. Beim Bäcker gibt es heute für 5 Körnerbrötchen ein Brötchen kostenlos dazu. Ein Körnerbrötchen kostet 0,80 €. Sie wollen insgesamt 18 Brötchen kaufen. Wie viel müssen sie für die 18 Brötchen bezahlen?

Hinweis: *Wenn Ali und sein Vater hier fünf Brötchen kaufen, bekommen sie sechs Brötchen insgesamt. Wenn sie also insgesamt 18 Brötchen (3 · 6 Brötchen) kaufen, müssen sie nur 15 Brötchen (3 · 5 Brötchen) bezahlen.*

18 : 6 = 3 Sie bekommen also drei Brötchen geschenkt.

18 – 3 = 15 Sie müssen 15 Brötchen bezahlen.

15 · 80 ct = 1200 ct

1200 ct = 12 €

Ali und sein Vater müssen insgesamt **12 €** bezahlen.

6. Zeichne jeweils die nächsten beiden Figuren der Folge.

Hinweis:
a) Du erkennst zwei Figuren: den Kreis außen und das Achteck innen. Diese beiden Muster musst du zeichnen. Bemühe dich, sauber zu zeichnen, aber es kommt hier nicht darauf an, dass du ganz exakt zeichnest. Achte darauf, dass du dann immer einen Zwischenraum mehr ausmalst. Gehe dabei im Uhrzeigersinn vor.
b) Hier siehst du ein Quadrat mit einem Dreieck. Bei dem Dreieck ist immer eine Seite mit einer Ecke verbunden und die zweite Linie ist immer senkrecht oder waagerecht. Dabei sieht es so aus, als ob das Dreieck im Uhrzeigersinn wandert. Eine Linie bleibt immer gleich (Figur 1 und 2: senkrechte Linie), die zweite Linie verschiebt sich (Figur 1 und 2: Linie nach oben links, Linie nach oben rechts).

a)

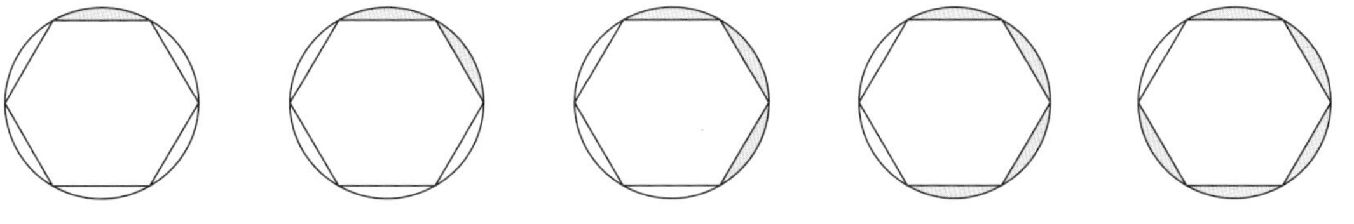

b)

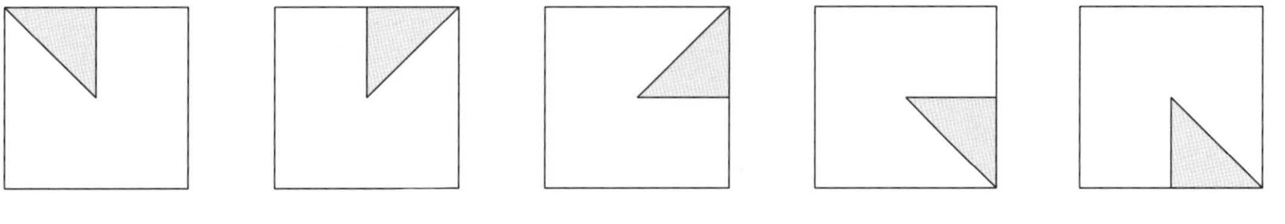

Größen und Messen

7. Die Kinder vergleichen die Längen ihrer Schulwege zur Grundschule miteinander. Welche Aussage kann nicht stimmen? Kreuze an.

Hinweis: *Wenn du dir die Längen der Schulwege genau anschaust, merkst du, dass die Aussage von Anika nicht stimmen kann. Für eine Strecke von mehr als 130 Kilometern bräuchte sie für einen Weg ungefähr 1 Stunde 30 Minuten über die Autobahn. Das schafft man nicht jeden Tag. Achte bei dieser Aufgabe nicht nur auf die Zahlen, sondern auch auf die Einheiten.*

- ☐ Tom: 2 km 300 m
- ☒ Anika: 130 km 800 m
- ☐ Suza: 1 km 500 m
- ☐ Tarek: 450 m
- ☐ Jan: 1 km 750 m

8. Karlo hat Geburtstag und bringt jedem Kind in seiner Klasse einen Muffin. Auch an die Lehrerin hat er gedacht. Insgesamt gehen 21 Kinder in seine Klasse. Für 9 Muffins braucht er diese Zutaten:

Hinweis: *Damit die Muffins für alle Kinder reichen, muss Karlo den Teig dreimal mischen oder er benötigt von jeder Zutat dreimal so viel. Mit dem Teig kann er dann $3 \cdot 9 = 27$ Muffins backen.*

a) Wie viel von jeder Zutat braucht er, wenn die Muffins für die ganze Klasse reichen sollen?

Butter: $3 \cdot 80$ g = 240 g
Mehl: $3 \cdot 200$ g = 600 g
Vanillezucker: $3 \cdot 1$ Packung = 3 Packungen
Backpulver: $3 \cdot \frac{1}{2}$ Packung = $1\frac{1}{2}$ Packungen
Eier: $3 \cdot 3 = 9$
Puderzucker: $3 \cdot 140$ g = 420 g
Milch: $3 \cdot 100$ ml = 300 ml

Er benötigt **240** g Butter, **600** g Mehl, **3** Packungen Vanillezucker, **1** $\frac{1}{2}$ Packungen Backpulver, **9** Eier, **420** g Puderzucker und **300** ml Milch.

b) Wie viele Muffins bleiben noch übrig, wenn jedes Kind und die Lehrerin je einen Muffin essen?

3 · 9 Muffins = 27 Muffins
21 Kinder + 1 Lehrerin = 22 Personen
27 Muffins – 22 Muffins = 5 Muffins

Es bleiben **5** Muffins übrig.

Raum und Form

9. Ergänze die Netze so, dass Würfelnetze entstehen.

Hinweis: *Stell dir vor, du klappst die Netze zusammen, und ergänze dann die fehlende Fläche.*

Lösungsvorschläge:

a) 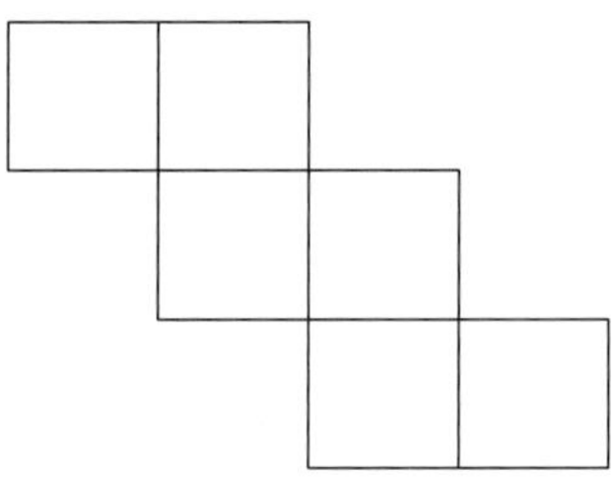

b) 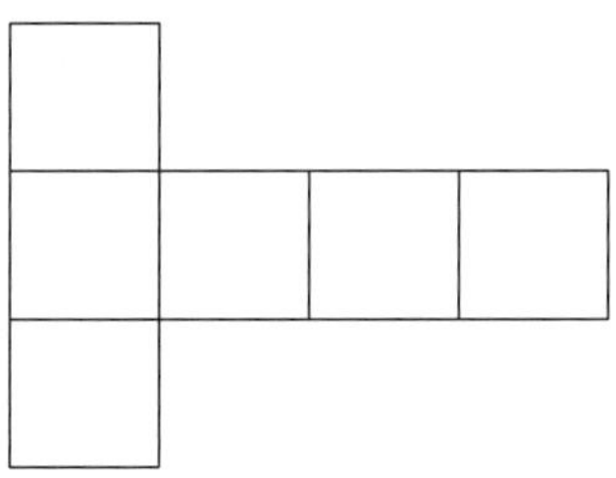

10. ***Hinweis:*** *Hier findest du durch Probieren die richtigen Lösungen. Du kannst dir auch gerne auf einem Blatt Papier Rechtecke zeichnen und wirklich verschiedene Lösungen ausprobieren. Achte aber genau auf die Aufgabenstellung.*

a) Zeichne eine gerade Linie so ein, dass zwei Dreiecke entstehen.

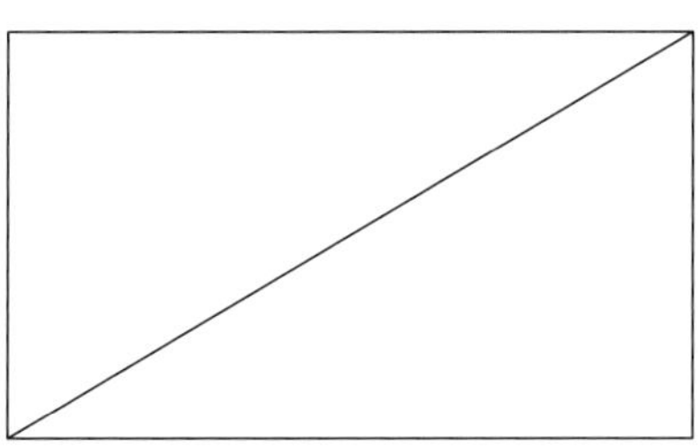

b) Zeichne zwei gerade Linien so ein, dass zwei Dreiecke und ein Parallelogramm entstehen.

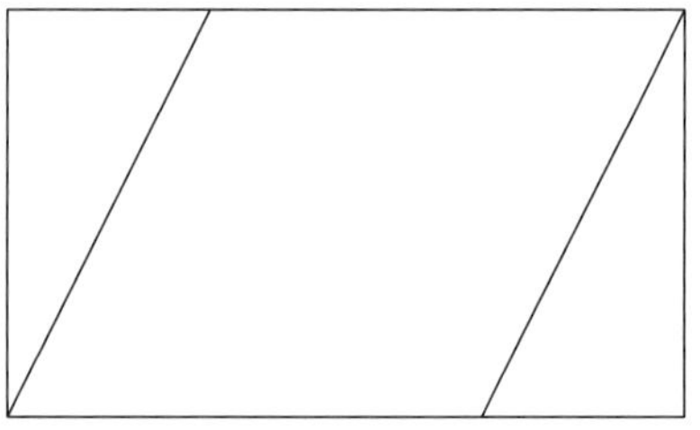

c) Zeichne zwei gerade Linien so ein, dass vier Dreiecke entstehen.

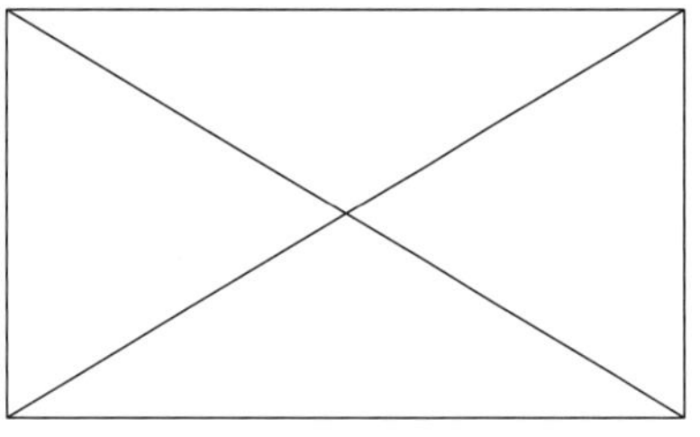

11. Familie Schmitt möchte ihre Terrasse neu pflastern. Sie legen aus sechs rechteckigen Steinen ein Muster, das 1 m lang und 60 cm breit ist. Insgesamt ist die Terrasse 4 m lang und 3 m breit. Wie viele Steine benötigen sie für ihre Terrasse?

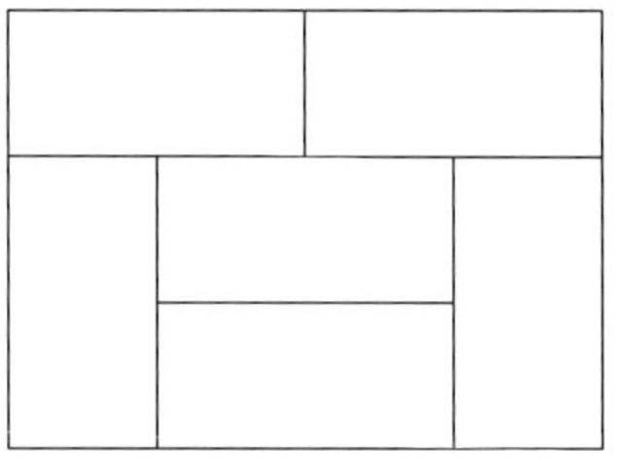

Hinweis: *Als Erstes musst du überlegen, wie viele dieser Muster, die du in der Zeichnung siehst, Familie Schmitt für ihre Terrasse benötigt. Bei einer Länge von 4 Metern passen vier dieser Muster nebeneinander und bei einer Breite von 3 Metern müssen sie fünf dieser Muster untereinanderlegen. Insgesamt legen sie also 20 Muster und jedes Muster besteht aus 6 Steinen.*

4 m : 1 m = 4 Muster
3 m = 300 cm
300 cm : 60 cm = 5 Muster
4 Muster · 5 Muster = 20 Muster
20 · 6 = 120

Familie Schmitt benötigt für ihre Terrasse **120** Steine.

Daten, Häufigkeiten und Wahrscheinlichkeiten

12. Elsa würfelt mit zwei Spielwürfeln und subtrahiert die kleinere von der größeren Augenzahl.

Hinweis: *Die größte Augenzahl, die Elsa würfeln kann, ist 6 und die kleinste Augenzahl ist 1. Das bedeutet, dass die größte Differenz, die sie errechnen kann, 5 ist. Wenn Elsa zwei gleiche Augenzahlen würfelt, beträgt die Differenz 0. Zwischen 0 und 5 können also die Ergebnisse ihrer Minusaufgaben liegen*

Welche Ergebnisse sind möglich? Kreuze an.

- [x] 0
- [ ] 6
- [x] 3
- [x] 5

13. Auf einem Stadtfest können die Besucher aus verschiedenen Lostöpfen Murmeln ziehen. Wer drei rote Murmeln zieht, bekommt einen Gewinn. Kreuze an, wo es am wahrscheinlichsten ist, einen Gewinn zu bekommen.

Hinweis: *Schau dir die Lostöpfe genau an. In allen Töpfen sind insgesamt 60 Lose. Nur im 2. Lostopf sind die Hälfte der Murmeln rot. In den beiden anderen Lostöpfen sind es weniger rote Murmeln. Das bedeutet, dass es beim 2. Lostopf am wahrscheinlichsten ist, einen Gewinn zu bekommen*

Lostopf 1	Lostopf 2	Lostopf 3
20 rote Murmeln	30 rote Murmeln	10 rote Murmeln
20 blaue Murmeln	30 blaue Murmeln	10 blaue Murmeln
20 gelbe Murmeln		40 gelbe Murmeln
☐	☒	☐

14. Mit einer Seilbahn können die Menschen zu einer Burg hinauffahren. Die Betreiber haben eine Woche lang gezählt, wie viele Menschen mit der Seilbahn fahren. Hier siehst du das Ergebnis:

Hinweis: *Hier ist es wichtig, dass du nicht danach schaust, an welchem Tag du wie viele Seilbahnen siehst, sondern überlegst, dass eine „große" Seilbahn für 100 Menschen steht.*
a) Schau, an welchem Tag die wenigsten „großen" Seilbahnen zu sehen sind. Da du für Montag und Mittwoch gleich viele Seilbahnen siehst, vergleiche noch

die Anzahl der „kleinen" Seilbahnen.
b) Am Samstag zählst du acht „große" Seilbahnen (= 800 Menschen) und zwei „kleine" Seilbahnen (= 20 Menschen).
c) Am Montag fahren 260 Menschen mit der Seilbahn und am Dienstag sind es 310 Menschen.

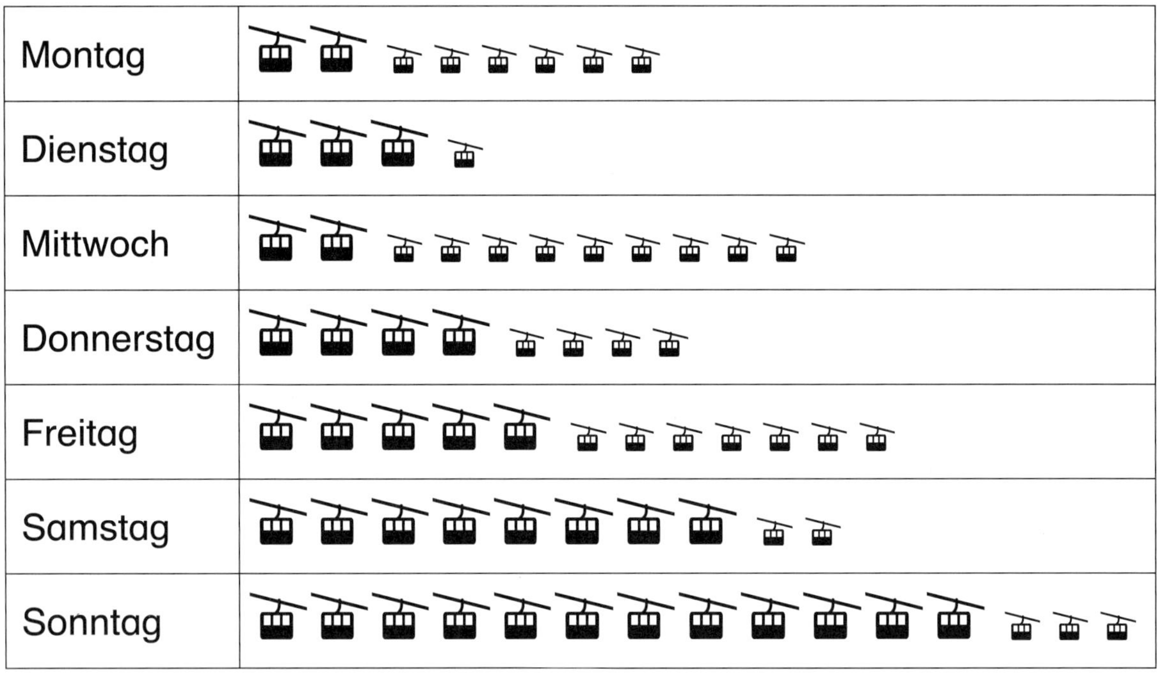

= 100 Menschen = 10 Menschen

a) An welchem Tag fahren die wenigsten Menschen mit der Seilbahn?

Am **Montag** fahren die wenigsten Menschen mit der Seilbahn.

b) Wie viele Besucher fahren am Samstag mit der Seilbahn?

Am Samstag fahren **820** Menschen mit der Seilbahn.

c) Wie viele Menschen fahren am Montag und Dienstag mit der Seilbahn?

Am Montag und Dienstag fahren insgesamt **570** Menschen mit der Seilbahn.

Ergänzungsmodul: Größen und Messen

1. Kreuze an: Eine Bahn im Schwimmbecken ist meist …

Hinweis: *Du siehst hier immer die gleiche Zahlenangabe, aber die Einheiten verändern sich. Wenn du dir unsicher bist, überlege, welche Angaben nicht richtig sein können. 25 mm kannst du an deinem Lineal ablesen. Das sind 2,5 cm. 25 cm ist etwa die lange Seite eines großen Heftes (DIN A4) lang. Für 25 Kilometer müsstest du zu Fuß 6 Stunden oder mehr laufen. Es passt also nur 25 m.*

- ☐ 25 mm lang.
- ☐ 25 cm lang.
- ☒ 25 m lang.
- ☐ 25 km lang.

2. Hier siehst du eine Waage mit Orangen.

Wie viel wiegen die Orangen?
Schreibe als Kommazahl in kg.

Hinweis: *Du musst hier nur die einzelnen Gewichtsangaben zusammenrechnen:*
1 kg + 200 g + 100 g + 20 g = 1 kg 320 g
= 1,320 kg
Achte darauf, dass du dein Ergebnis auch wirklich in kg schreibst.

Die Orangen wiegen **1,32 kg**.

3. ***Hinweis:*** *Bei allen Aufgaben mit der Größe „Zeit" ist es wichtig, dass du genau überlegst, wie du umrechnen musst:*
60 sec = 1 min
60 min = 1 h
24 h = 1 Tag
28/29 Tage bzw. 30/31 Tage = 1 Monat
12 Monate = 1 Jahr

a) Martha und ihre Familie gehen wandern. Sie gehen um 10.20 Uhr los, sind um 13.10 Uhr auf dem Berggipfel und um 16.05 Uhr zurück. Wie lange waren sie unterwegs?

Hinweis: *Hier sind für die Lösung der Aufgabe nur die Startzeit (10.20 Uhr) und die Ankunftszeit (16.05 Uhr) wichtig.*
Von 10.20 Uhr bis zur nächsten vollen Stunde (11 Uhr) sind es 40 min. Von 11 Uhr bis 16 Uhr sind es 5 h und dann kommen noch einmal 5 min bis 16.05 Uhr dazu.

Sie waren **5 h und 45 min** unterwegs.

b) Kilian besucht mit seinem Freund um 15.40 Uhr das Schwimmbad. Sie bleiben 90 Minuten. Wann verlassen sie das Schwimmbad wieder?

Hinweis: *90 Minuten sind 1 h und 30 Minuten. Wenn du die eine Stunde zu 15.40 Uhr rechnest, ist es schon 16.40 Uhr. Dann fehlen noch 30 Minuten und es ist 17.10 Uhr.*

Sie verlassen das Schwimmbad um **17.10 Uhr**.

c) Mila soll um 18.00 Uhr wieder von ihrer Freundin zu Hause sein. Für den Weg braucht sie 13 Minuten. Wann muss sie spätestens bei ihrer Freundin losgehen?

Hinweis: *Hier musst du von 18 Uhr 13 Minuten abziehen oder zurückrechnen.*

Mila muss spätestens um **17.47 Uhr** bei ihrer Freundin losgehen.

4. Wandle um.

Hinweis: *Überlege dir, wie viele Meter ein Kilometer, wie viele Gramm ein Kilogramm, wie viele Minuten eine Stunde und wie viele Millimeter ein Zentimeter hat. Wenn du dich unsicher fühlst, kann du die Umrechnungen der Einheiten auch auf einen Notizzettel schreiben.*

1 km 450 m = **1,45** km

3 500 g = **3,5** kg

75 min = **1** h **15** min

10 cm = **100** mm

5. Welche Einheit stimmt? Kreuze an.

Hinweis: *Überlege hier genau, welche Einheit passen kann. Sicher habt ihr im Unterricht auch über Vergleichsgrößen gesprochen. Wenn du dir unsicher bist, kannst du auch überlegen, welche Einheit nicht infrage kommt.*

a) Weltrekord im Weitsprung der Männer: 8,95

☐ cm ☒ m ☐ km

b) Fahrtdauer mit dem Auto von Berlin nach Köln: 7

☐ Tage ☐ min ☒ h

c) Gewicht eines erwachsenen Mannes: 90

☐ g ☒ kg ☐ t

d) Preis für ein Auto: 15 000

☐ ct ☒ €

6. Tilo und seine Mutter kaufen Getränke. Sie bezahlen mit einem Geldschein, zwei gleichen Geldstücken und einem anderen Geldstück. Wie viel können die Getränke gekostet haben?

Hinweis: *Hier findest du durch Probieren die richtige Lösung. Überlege vorher noch einmal, welche Geldscheine und Münzen es gibt und welche nicht. Die 9,20 € bestehen aus einem 5-€-Schein, zwei 2-€-Stücken und einem 20-ct-Stück.*

☒ 9,20 € ☐ 4,50 €

☐ 10,30 € ☐ 15,40 €

7. Elli und ihre Freundinnen machen mit Schnecken ein Schneckenrennen. Insgesamt sollen die Schnecken 2 m zurücklegen. Elli ruft begeistert: „Meine Schnecke gewinnt, sie hat schon 400 mm geschafft!“ Wie viele Zentimeter muss Ellis Schnecke noch bis ins Ziel kriechen?

Hinweis: *Hier ist es wichtig, dass du nur in einer Einheit rechnest. Es wird in der Aufgabe von mm und m gesprochen. Du rechnest am besten in cm. Das ist auch die Einheit, die in der Antwort von dir erwartet wird.*
Als Erstes rechnest du aus, wie viele Zentimeter 400 mm sind. Du weißt, dass 2 m insgesamt 200 Zentimeter sind, und kannst so die restliche Strecke für die Schnecke ausrechnen.

400 mm = 40 cm
2 m = 200 cm
200 cm – 40 cm = 160 cm

Ellis Schnecke muss noch **160** cm bis ins Ziel kriechen.

8. Anton schaut auf den Kalender und sieht, dass heute der 30. Mai ist. Am 15. Juli wollen er und seine Familie in den Urlaub ans Meer fahren.

Wie viele Tage muss Anton noch warten, bis sie losfahren?

*✎ **Hinweis:** Wichtig ist, dass du weißt, wie viele Tage die Monate Mai und Juni haben: Mai 31 Tage, Juni 30 Tage. Für Anton bedeutet das noch 1 Tag im Mai, 30 Junitage und 15 Julitage.*

Anton muss noch **46** Tage warten, bis sie losfahren.

9. Du gehst mit einer Freundin auf den Weihnachtsmarkt.
Dort gibt es diese Dinge:

1 Tasse Tee	2,30 €
250 ml Kinderpunsch	1,80 €
1 Waffel	2,00 €
1 Bratwurst mit Brötchen	3,50 €
100 g Schokolade	2,00 €

Kreuze die richtigen Antworten an.

a) Du kaufst zwei Tassen Tee. Du bezahlst mit einem Fünf-Euro-Schein. Reicht das Geld?

*✎ **Hinweis:** Eine Tasse Tee kostet 2,30 €. Zwei Tassen Tee kosten also 4,60 €.*

☒ ja ☐ nein

b) Du kaufst 200 g Schokolade. Reichen 4 € für deinen Einkauf?

*✎ **Hinweis:** 100 g Schokolade kosten 2 €. 200 g Schokolade kosten also 4,00 €.*

☒ ja ☐ nein

c) Du kaufst eine Tasse Tee und zwei Waffeln. Reichen 6 € für deinen Einkauf?

*✎ **Hinweis:** Eine Waffel kostet 2 €. Zwei Waffeln kosten also 4 €. Dazu kommen noch 2,30 € für eine Tasse Tee. Das sind dann zusammen 6,30 €.*

☐ ja ☒ nein

d) Du kaufst 200 g Schokolade und 500 ml Kinderpunsch. Reichen 8 € für deinen Einkauf?

*✎ **Hinweis:** 250 ml Kinderpunsch kosten 1,80 €. 500 ml kosten dann 3,60 €. 200 g Schokolade kosten 4 € (siehe b). Das sind dann zusammen 7,60 €.*

☒ ja ☐ nein

e) Du kaufst 250 ml Kinderpunsch, drei Waffeln und eine Bratwurst mit Brötchen. Reichen 12 € für deinen Einkauf?

Hinweis: *Drei Waffeln kosten 6 €. Dazu kommen 1,80 € für den Kinderpunsch und 3,50 € für die Bratwurst im Brötchen. Das sind zusammen 11,30 €.*

[X] ja [ ] nein

10. Miss die folgenden Strecken mit dem Lineal. Arbeite sehr genau.

Hinweis: *Achte darauf, dass du ganz genau misst. Lege dein Lineal genau mit der 0 an den Anfang der Strecke und lies exakt ab. Beachte, dass du deine gemessenen Strecken in den vorgegebenen Einheiten angibst.*

a) **3** cm

b) **4** cm **5** mm

c) **6,5** cm

d) **20** mm

Beispieltest 3

Basismodul

Zahlen und Operationen

1. Kreuze die richtigen Aufgaben an.

Hinweis: *Rechne hier die einzelnen Aufgaben nach. Das Ergebnis von a kann nicht sein und bei Aufgabe b ergibt die Summe der beiden Einerziffern schon 16, sodass in der Lösung nicht die Einerziffer 3 sein kann.*

☐ 49 + 34 = 15

☐ 118 + 18 = 163

☒ 25 + 25 = 50

☒ 128 + 28 = 156

2. Du hast diese vier Ziffernkarten. Bilde Aufgaben. Jede Aufgabe soll aus zwei zweistelligen Zahlen bestehen.

1 2 3 4

Hinweis: *Für die kleinste Summe müssen die einzelnen Summanden möglichst klein sein, für die größte Summe müssen sie möglichst groß sein. Für die kleinsten Zahlen müssen die kleinsten Ziffern bei zweistelligen Zahlen an den Zehnerstellen stehen. Für die größten Zahlen müssen die größten Ziffern bei zweistelligen Zahlen an den Zehnerstellen stehen. Die Reihenfolge der Ziffern ist dabei unwichtig. Bei den Lösungen sind auch jeweils die Tauschaufgaben möglich.*

a) Bilde eine Aufgabe mit der kleinsten Summe. Benutze jede Karte nur einmal.

13 + 24 = 37 oder 14 + 23 = 37

b) Bilde eine Aufgabe mit der größten Summe. Benutze jede Karte nur einmal.

31 + 42 = 73 oder 41 + 32 = 73

3. Welche Rechengeschichte passt zu der Aufgabe 6 · 8 · 2?
Kreuze an.

Hinweis: *Lies dir die Rechengeschichten genau durch. Alle Aufgaben, in denen etwas abgegeben, geschenkt oder geteilt wird, können nicht passen, da dann subtrahiert oder dividiert werden muss. Auch können nicht zwei Dinge dazukommen, denn dann würde addiert. Es muss sich in der letzten Rechnung etwas verdoppeln (· 2). Also passt nur die letzte Rechengeschichte.*

- ☐ Tom hat sechs unterschiedliche Stickerpackungen mit jeweils 8 Aufklebern gekauft. Zwei Packungen schenkt er seinem kleinen Bruder. Wie viele Aufkleber hat Tom noch?
- ☐ Tom hat sechs unterschiedliche Stickerpackungen mit jeweils 8 Aufklebern gekauft. Er teilt sie gerecht mit seinem kleinen Bruder. Wie viele Aufkleber bekommt jeder?
- ☐ Lisas Mutter kauft sechs Packungen Trinkpäckchen mit jeweils acht Trinkpäckchen. Lisa findet noch zwei Trinkpäckchen im Kühlschrank. Wie viele Trinkpäckchen hat Lisa insgesamt?
- ☒ Robin fährt mit seiner Mutter sechs Tage (von Montag bis Samstag) jeweils 8 km mit dem Fahrrad. Am Sonntag fahren sie mit der Familie noch einmal genauso viele Kilometer wie in der gesamten Woche zusammen. Wie viele Kilometer ist Robin in der Woche mit dem Fahrrad gefahren?

Muster und Strukturen

4. Eine Zahl in der Zahlenreihe ist falsch. Streiche sie durch.

Hinweis: *Hier können die einzelnen Muster unterschiedlich sein. Achte auf Einmaleinsreihen, Zahlenreihen oder Zahlenfolgen, in denen eine Zahl nicht passt.*
a) Hier gehören alle Zahlen zur 7er-Reihe. Die 43 ist also falsch.
b) Hier wird immer + 2, + 3, + 4, … gerechnet. Die 20 ist also falsch.
c) Hier werden die Zahlen immer um 111 größer. Du erkennst es daran, dass jede Ziffer von Zahl zu Zahl um eins größer wird. Die 768 ist also falsch.

a) 28 35 ~~43~~ 49 56 63

b) 5 7 10 14 ~~20~~ 25 32

c) 425 536 647 ~~768~~ 869

5. Beim Schulfest kosten 5 Waffeln zusammen 7,50 €. Berechne, wie viel zwei, drei und zehn Waffeln kosten. Ergänze die fehlenden Angaben in der Tabelle.

Hinweis: *Berechne, wie viel eine Waffel kostet (7,50 € : 5 = 1,50 €). Dann kannst du leicht ausrechnen, was die übrigen Preise sind.*

2 Waffeln	3 Waffeln	5 Waffeln	10 Waffeln
3 €	**4,50** €	7,50 €	**15** €

6. Die Figuren bestehen aus einzelnen Quadraten.

Hinweis: *Du erkennst, dass die Quadrate von einer Figur zur nächsten immer um 4 Quadrate größer werden. An jeder Seite kommt ein Quadrat dazu.*
Die Anzahl berechnest du ganz einfach:
1. Figur: 1 · 4 Quadrate; 2. Figur: 2 · 4 Quadrate; 3. Figur: 3 · 4 Quadrate. Für die siebte Figur brauchst du also 7 · 4 Quadrate.

a) Zeichne die nächste Figur der Folge.

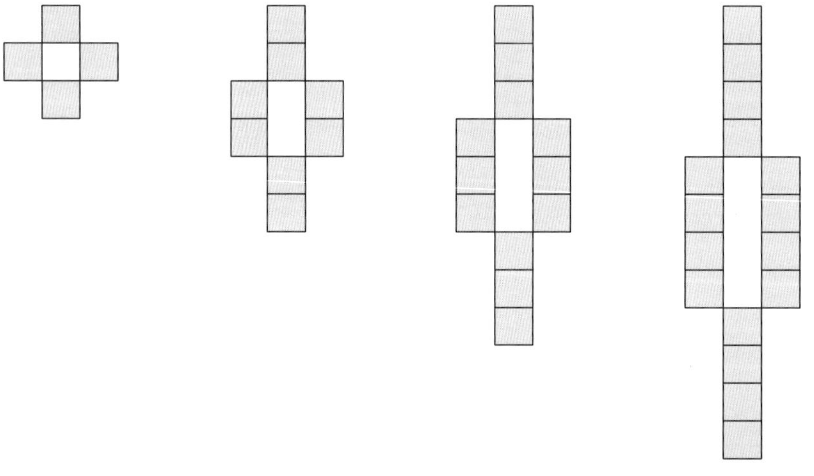

b) Aus wie vielen einzelnen Quadraten besteht die siebte Figur?

Die siebte Figur besteht aus **28** einzelnen Quadraten.

Größen und Messen

7. Eduard hat seine Großeltern mit dem Fahrrad besucht. Als er wieder zu Hause ist, zeigt sein Tacho an, dass er auf dem Hin- und Rückweg genau 21 km und 400 m gefahren ist. Wie weit wohnen seine Großeltern entfernt?

Hinweis: *Eduards Großeltern wohnen auf der Hälfte des Weges. Das bedeutet, dass du 21 km 400 m halbieren oder durch 2 teilen musst.*

21 km 400 m : 2 = 10 km 700 m
20 km : 2 = 10 km
1400 m : 2 = 700 m

Eduard wohnt **10 km 700 m** von seinen Großeltern entfernt.

8. Tina hat die Äpfel aus dem Obstkorb in der Küche gewogen. Sie hatte 500-g-, 250-g-, 200-g-, 100-g- und 50-g-Gewichte. Sie sagt: „Die Äpfel wiegen zusammen 700 g und ich habe zwei gleiche Gewichte und zwei unterschiedliche Gewichte zum Wiegen benutzt."

Welche Gewichte hat Tina benutzt?

Hinweis: *Hier findest du die Lösung wieder durch Probieren. Beginne systematisch: 2 · 500 g = 1000 g sind schon zu viel. 2 · 250 g = 500 g geht, aber du findest keine zwei unterschiedlichen Gewichte, die zusammen die fehlenden 200 g ergeben. 2 · 200 g = 400 g geht, die fehlenden 300 g kannst du aus 1 · 250 g und 1 · 50 g zusammensetzen. Du hast die Lösung gefunden.*

2 · 200 g = 400 g

250 g + 50 g = 300 g

400 g + 300 g = 700 g

Tina hat **zwei 200-g-Gewichte, ein 250-g-Gewicht und ein 50-g-Gewicht** benutzt.

9. Ergänze die richtige Einheit.

Hinweis: *Überlege zuerst, nach welcher Größe hier gefragt ist (Längen, Gewichte, Zeit, Geld). Sicher habt ihr in der Schule über Vergleichsgrößen gesprochen, sodass du die richtige Einheit wählen kannst.*

Ein Becher Sahne wiegt 250 **g**.
Der Weg zum nächsten Supermarkt ist 2 500 **m** lang.
Eine Schultasche ist etwa 4 **kg** schwer.
Mit dem Geodreieck kann ich eine 14 **cm** lange Linie zeichnen.
Ein Vormittag in der Schule dauert etwa 4 bis 5 **h**.

Raum und Form

10. Aus welchen Flächen besteht eine Pyramide? Kreuze an.

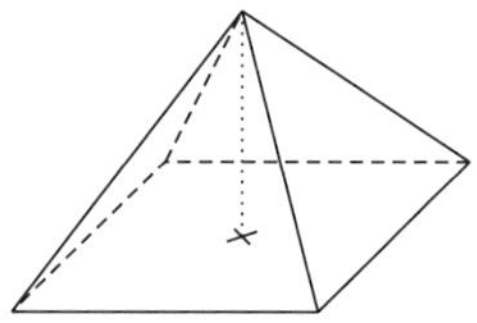

Hinweis: *Erinnere dich, wie eine Pyramide genau aussieht: Hier erkennst du, dass die Fläche unten ein Quadrat ist, von dem vier Dreiecke nach oben gehen, die sich in einem Punkt treffen.*

- ☐ Kreis
- ☒ Dreieck
- ☐ Rechteck
- ☒ Quadrat
- ☐ Würfel
- ☐ aus keiner der Flächen

11. Kevin hat aus kleinen Würfeln einen großen Würfel gebastelt. Jetzt möchte er diesen Würfel vergrößern, sodass immer drei Würfel nebeneinanderliegen. Wie viele zusätzliche Würfel benötigt er?

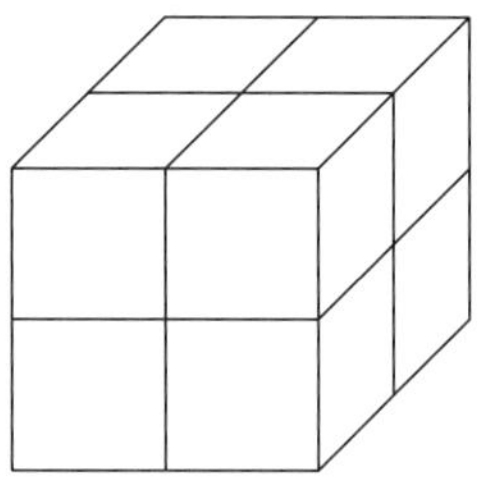

Hinweis: *Für einen 3 · 3 · 3 Würfel braucht Kevin insgesamt 27 Würfel. Der kleine Würfel aus 2 · 2 · 2 Würfeln besteht schon aus 8 Würfeln. Kevin benötigt also noch 27 – 8 = 19 kleine Würfel.*
Du kannst dir auch vorstellen, dass du drei kleine Würfel vor den Würfel legst. Dann fehlen dir noch 2 Würfel, um die untere Etage zu vervollständigen. Genauso viele Würfel brauchst du auf der zweiten Etage. Für die obere Etage fehlen dann noch 9 kleine Würfel. Das Ergebnis ist gleich.

Kevin benötigt noch **19** kleine Würfel.

12. Mustafa legt mit folgenden Plättchen Muster:

Wie viele dieser Plättchen braucht er für die Muster?

Hinweis: *Überlege genau, wo Mustafa rechteckige Plättchen legen muss und wo er dreieckige Plättchen braucht.*

a) 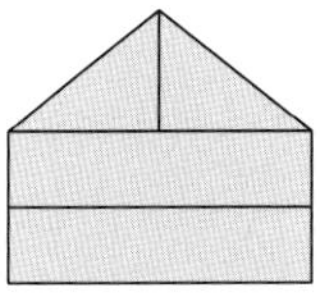

Mustafa braucht **2** 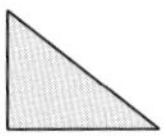 und **2** .

b) 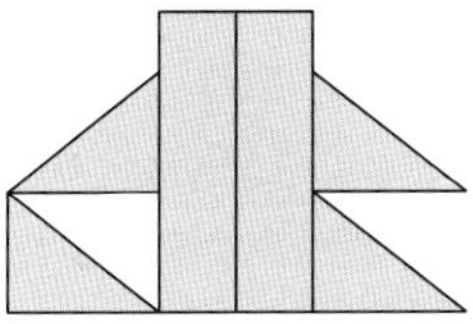

Mustafa braucht **4** 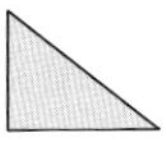 und **2** 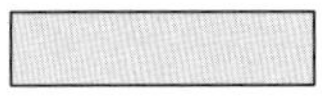.

c) 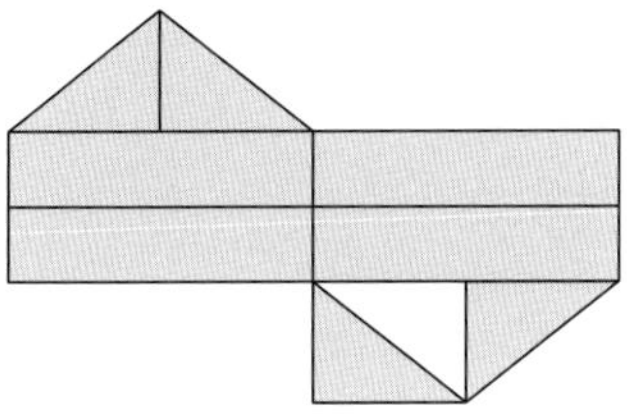

Mustafa braucht **4** 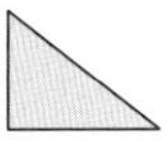 und **4** .

Daten, Häufigkeiten und Wahrscheinlichkeiten

13. Erik, Paul, Ida und Marla sitzen in der Klasse an zwei Zweiertischen. Wie viele verschiedene Möglichkeiten haben sie, nebeneinander zu sitzen?

Hinweis: *Hier schreibst du dir am besten die verschiedenen Möglichkeiten systematisch auf.*

Erik neben Paul und Ida neben Marla
Erik neben Ida und Paul neben Marla
Erik neben Marla und Ida neben Paul

Erik, Paul, Ida und Marla haben **3** verschiedene Möglichkeiten, nebeneinander zu sitzen.

14. Milla zieht zwei der folgenden Spielkarten und addiert sie.

Hinweis: *Schau dir die Zahlen genau an und überlege.*

Kreuze an.

	sicher	möglich, aber nicht sicher	unmöglich
Die Summe ist größer als 3.	☐	☒	☐
Die Summe ist größer als 14.	☐	☐	☒
Die Summe ergibt 10.	☐	☐	☒
Die Summe ergibt 11.	☐	☒	☐

15. Hier siehst du die Höhe einiger hoher Berge in Deutschland. Zeichne sie in das Diagramm.

Hinweis: Achte auf die Höhenangaben und markiere dir jeweils die Höhe der Säulen, damit du die Säulen nur noch gerade nach unten zeichnen musst. Zeichne die Säulen zu den richtigen Bergen.

Feldberg	ungefähr 1 500 m
Brocken	ungefähr 1 100 m
Nebelhorn	ungefähr 2 200 m

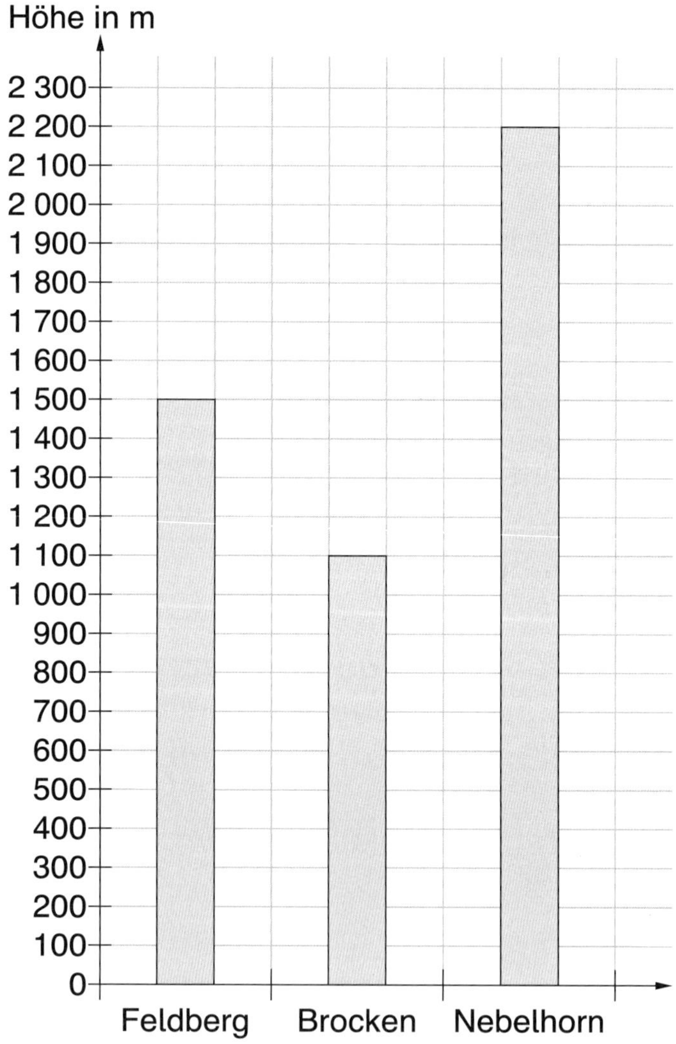

Ergänzungsmodul: Raum und Form

1. Spiegele die Figuren an der jeweiligen Spiegelachse.

__Hinweis:__ Achte darauf, dass die vorgegebene Zeichnung und die gespiegelte Zeichnung gleich weit von der Spiegelachse entfernt sind. Du kannst auch zuerst die Eckpunkte der Zeichnung spiegeln und diese dann verbinden.

a) 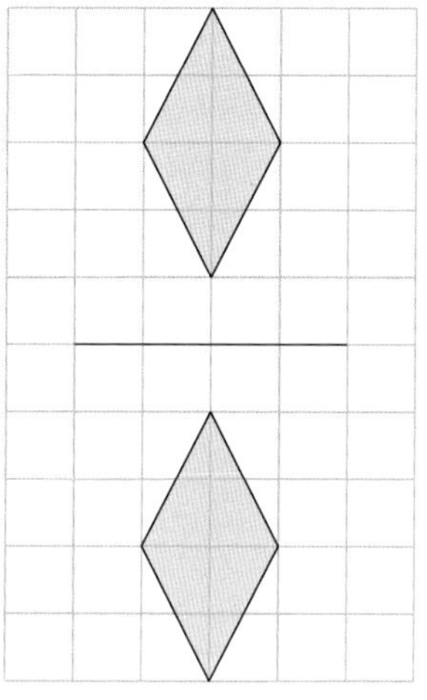

b) 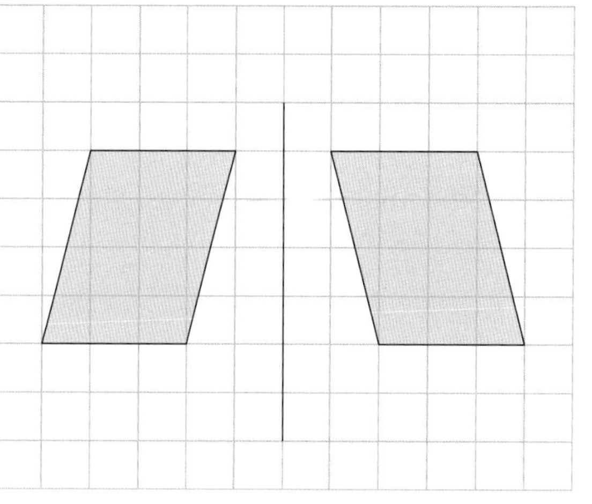

2. Hier siehst du ein Würfelgebäude:

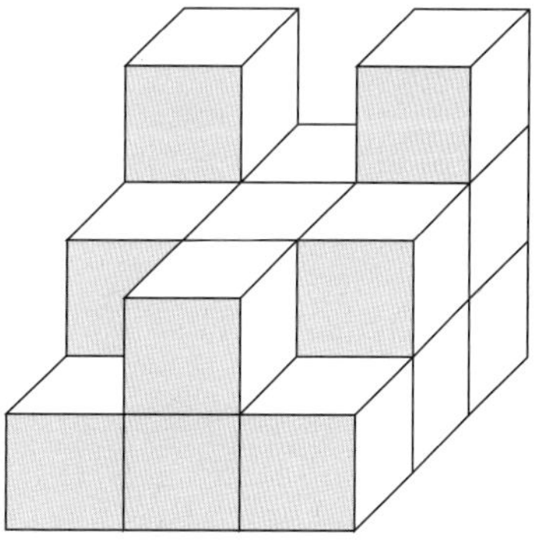

Welches der drei unten angegebenen Würfelgebäude ist gleich? Kreuze an.

__Hinweis:__ Achte bei diesem Würfelgebäude darauf, dass es eine Platte mit 3 · 3 Würfeln geben muss. Es muss auch zwei „Türme" mit drei Würfeln geben. Dies ist nur bei dem dritten Würfelgebäude so.

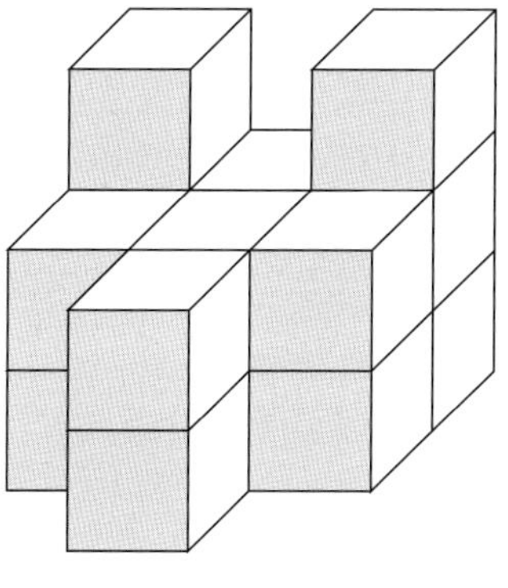

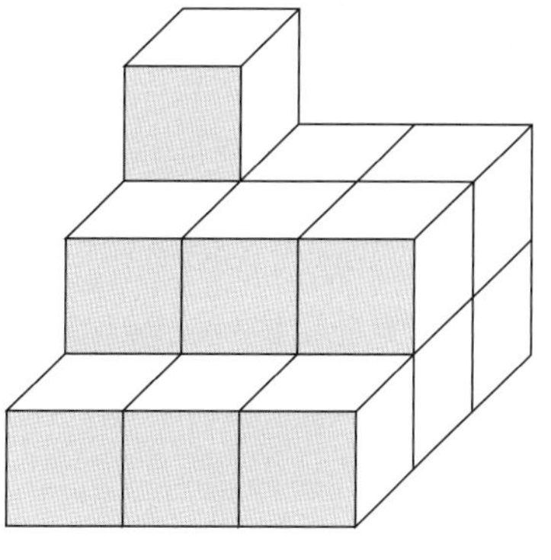

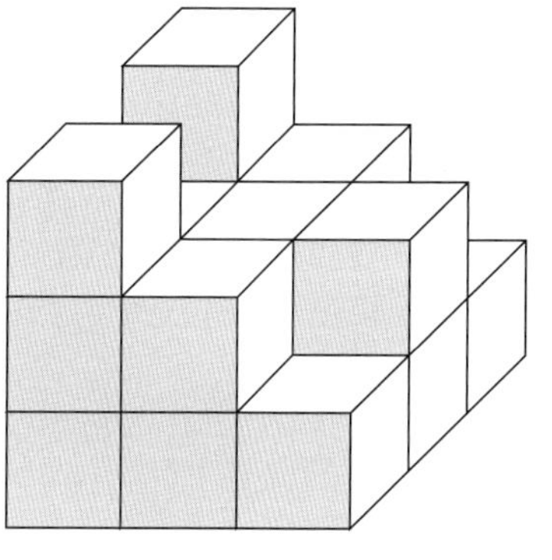

☐ ☐ ☒

3. Hier siehst du ein Würfelnetz. Die gegenüberliegenden Quadrate haben immer das gleiche Symbol (ein Herz ♥, einen Punkt ●, ein Kreuz ✚). Male die Symbole richtig auf die Quadrate.

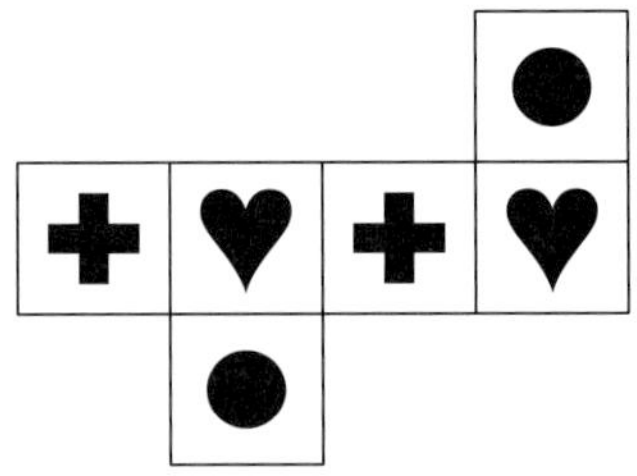

Hinweis: Stell dir vor, du faltest das Netz zu einem Würfel zusammen. Welche Quadrate liegen sich dann gegenüber?

4. Asra hat ihr Zimmer neu eingerichtet. Von der Tür aus macht sie dieses Bild.

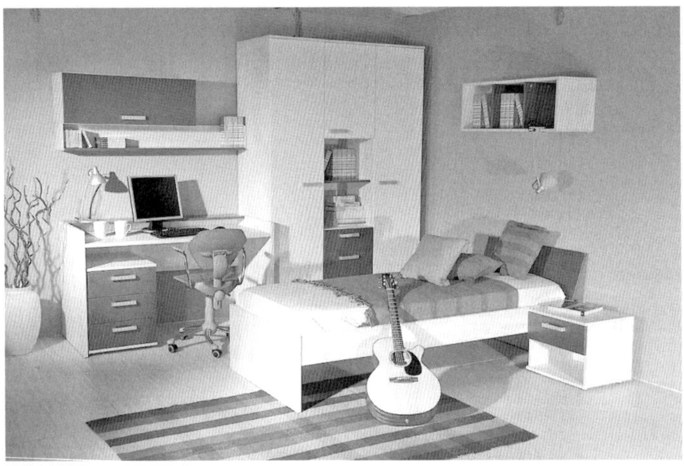

Wie sieht das Zimmer von oben aus? Kreuze an.

***Hinweis:** Schau dir das Zimmer genau an und achte darauf, wo die Möbelstücke (Bett, Schrank und Schreibtisch) stehen. Merke dir: Der Schrank und der Schreibtisch stehen nebeneinander an einer Wand und das Bett ragt vor dem Schrank in den Raum hinein. Jetzt stelle dir vor, du schaust von oben auf das Zimmer, und überlege, welcher Grundriss passt:*
Bei Grundriss A fehlt der Schreibtisch.
Bei Grundriss B steht das Bett neben dem Schreibtisch und der Schrank steht an einer anderen Wand.
Bei Grundriss C stehen Schrank, Bett und Schreibtisch an unterschiedlichen Wänden.

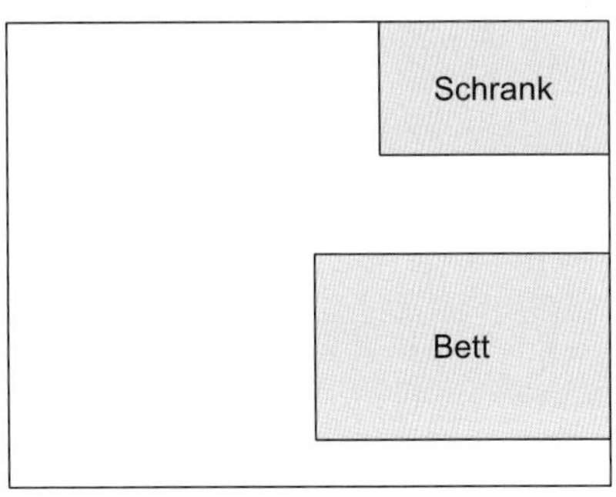

☐

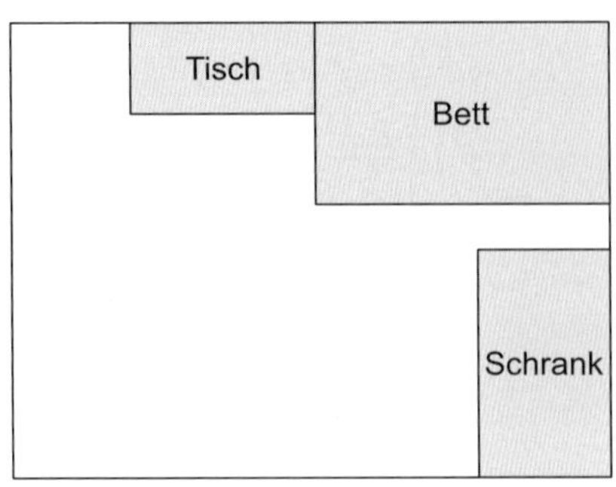

☐

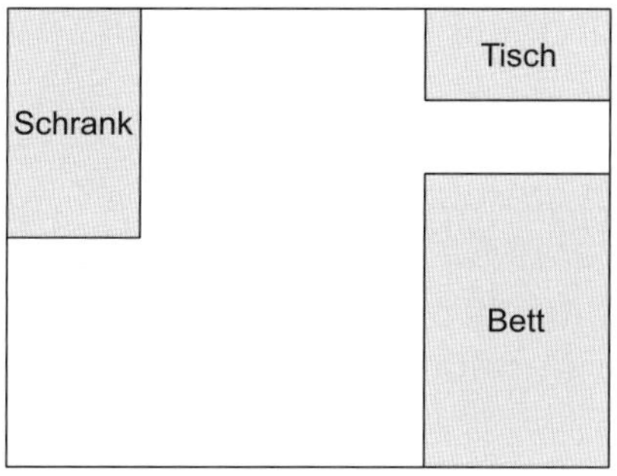

☐

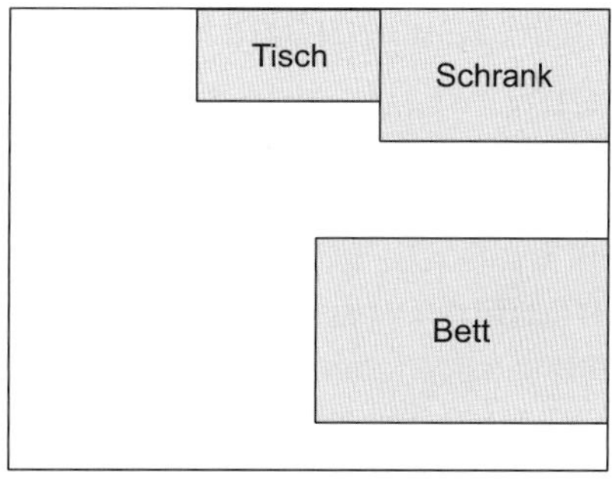

☒

5. Ninas Mutter möchte die Terrasse neu pflastern. Innen hat sie 12 große, quadratische Platten verlegt und außen möchte sie nun kleine Platten verlegen. Neun kleine Platten sind so groß wie eine große Platte. Wie viele kleine Platten braucht Ninas Mutter, um die großen Platten einmal zu umrunden?
Tipp: Beachte die Skizze.

Hinweis: *Hier kannst du die Anzahl der kleinen Platten oben und unten bzw. links und rechts ausrechnen. Wenn du die Platten in den Ecken weglässt, vergiss nicht, am Ende noch vier Platten zu addieren.*

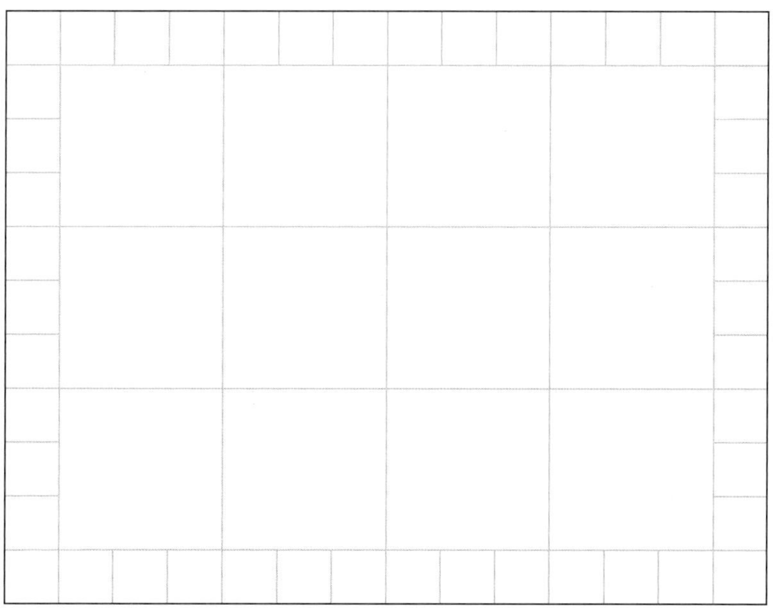

oben: 4 · 3 = 12; unten: 4 · 3 = 12; zusammen 24
links: 3 · 3 = 9; rechts: 3 · 3 = 9; zusammen 18
18 + 24 = 42
4 Eckplatten ergänzen: 42 + 4 = 46

Ninas Mutter braucht **46** kleine Platten für die Terrasse.

6. Trage für die folgenden Körper die Anzahl der Ecken, Kanten und Flächen ein.

Hinweis: *Hier musst du wissen, was Ecken, Kanten und Flächen sind. Auf eine Ecke kannst du deinen Finger legen, eine Kante kannst du mit deinem Finger entlangfahren und auf eine Fläche kannst du deine Hand legen. Erinnere dich, wie ein Würfel, Quader, Zylinder und eine Pyramide genau aussehen.*

	Ecken	Kanten	Flächen
Würfel	**8**	**12**	**6**
Quader	**8**	**12**	**6**
Zylinder	**0**	**2**	**3**
Pyramide	**5**	**8**	**5**

7. Hier siehst du ein Schiff aus geometrischen Formen.

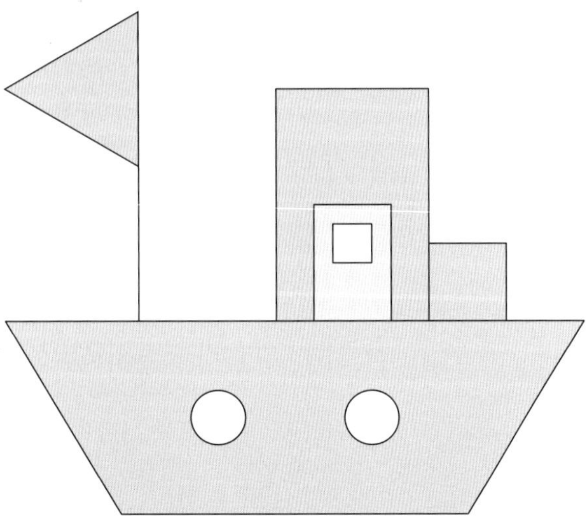

Wurden diese Teile benutzt? Kreuze an und ergänze auch die Anzahl der Teile.

Hinweis: *Schau genau, welche Teile wie oft benutzt wurden. Wenn du möchtest, könntest du auch Teile, die du gezählt hast, farblich markieren (z. B. mit einem blauen Punkt).*

 ☐ nein ☒ ja Anzahl: **2**

 ☐ nein ☒ ja Anzahl: **2**

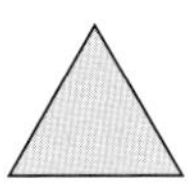 ☐ nein ☒ ja Anzahl: **1**

[X] nein [ ] ja Anzahl: –

[ ] nein [X] ja Anzahl: **1**

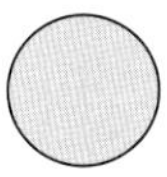

[ ] nein [X] ja Anzahl: **2**

8. Zeichne diese Figur ab.

Hinweis: *Zeichne hier genau und mit dem Lineal. Achte genau darauf, welche Punkte miteinander verbunden werden müssen und wie lang die einzelnen Linien sind. Vergleiche am Ende, ob beide Figuren wirklich genau gleich aussehen.*

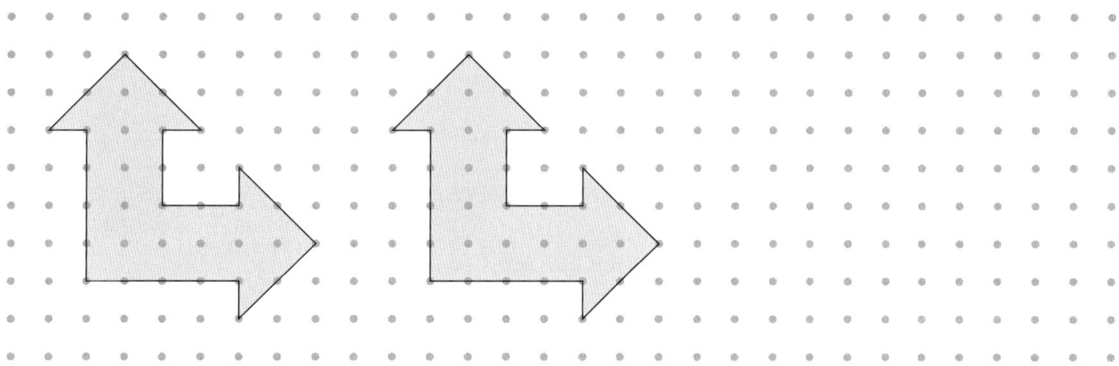

9. Zeichne die Spiegelachsen ein.

Hinweis: *Stell dir vor, du faltest die Figur so, dass beide Hälften genau übereinanderliegen. Die Faltkante ist die Spiegelachse. Achte auch auf Kleinigkeiten.*

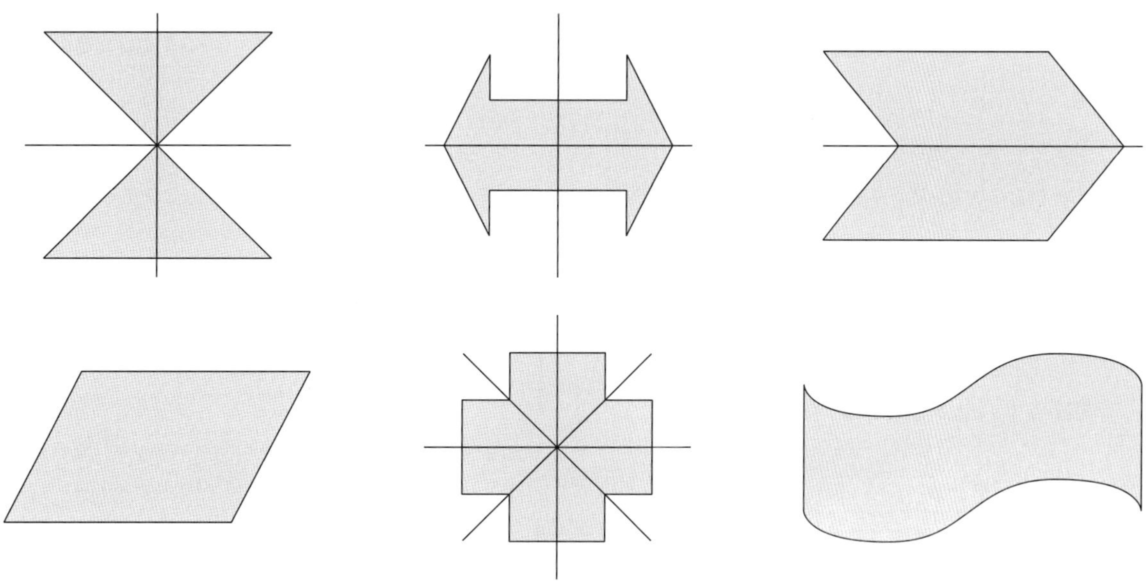

Beispieltest 4

Basismodul

Zahlen und Operationen

1. Trage die fehlende Zahl in das graue Feld ein.

Hinweis: Achte hier darauf, mit welcher Zahl der Zahlenstrahl beginnt und endet. Überlege, welche Abstände die Zahlen haben. Dann findest du die fehlende Zahl.

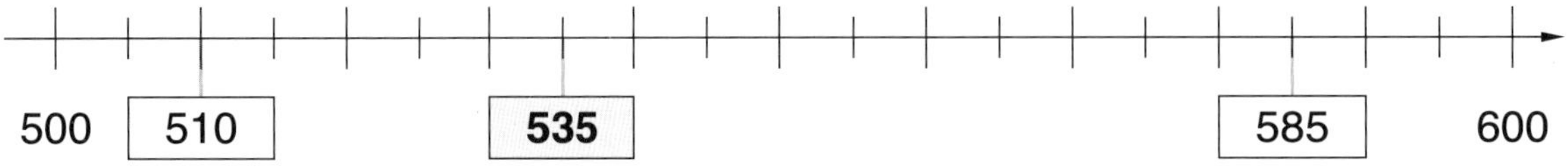

2. Meine Zahl gehört zur Viererund Sechserreihe und ist größer als 25 und kleiner als 45. Wie heißt die Zahl?

Hinweis: Du kannst in Gedanken die Viererreihe ab 25 durchgehen und überlegen, ob dein Vielfaches auch in der Sechserreihe vorkommt. Du kannst die Reihe auch aufschreiben, wenn dir das leichterfällt.

Die Zahl heißt **36**.

3. Rechne folgende Aufgaben.

Denke daran:
Klammern werden zuerst ausgerechnet.
Punktrechnung (· und :) geht vor Strichrechnung (+ und –).

Hinweis: Schau dir die Aufgaben genau an und überlege, was du hier zuerst ausrechnen musst.
a) Hier rechnest du zuerst die Klammer aus. Dann teilst du das Ergebnis (27) durch 3.
b) Rechne zuerst die Malaufgabe aus (40). Dann ziehst du das Ergebnis von 70 ab.
c) Hier rechnest du zuerst die Klammer aus. Dann addierst du das Ergebnis (5) zu 45.
d) Rechne zuerst die Divisionsaufgabe aus (7). Dann subtrahierst du 7.

a) (22 + 5) : 3 = **9**

b) 70 – 5 · 8 = **30**

c) 45 + (20 : 4) = **50**

d) 56 : 8 – 7 = **0**

Muster und Strukturen

4. Vervollständige die Reihen.

Hinweis: *Schau dir die einzelnen Reihen genau an. Überlege, was du rechnen musst, um von der ersten zur zweiten Zahl zu kommen. Überprüfe dann, ob du mit der gleichen Rechnung auch die anderen Zahlen ausrechnen kannst. Wenn das nicht geht, musst du deinen Weg noch einmal überprüfen. Denke daran: Wenn die Zahlen größer werden, wurde addiert oder multipliziert. Wenn die Zahlen kleiner werden, wurde subtrahiert oder dividiert.*
a) Hier wird immer 6 addiert.
b) Hier wird immer 115 subtrahiert.
c) Hier wird immer mit 2 multipliziert und 1 subtrahiert.

a) 3; 9; 15; 21; **27**; **33**; **39**; 45

b) 975; 860; 745; 630; **515**; **400**; **285**; 170

c) 3; 5; 9; 17; **33**; **65**; **129**; 257

5. Schau dir das Parkettmuster genau an. Zeichne es bis zum Ende der Kästchenreihe weiter und färbe es wie in der Vorgabe.

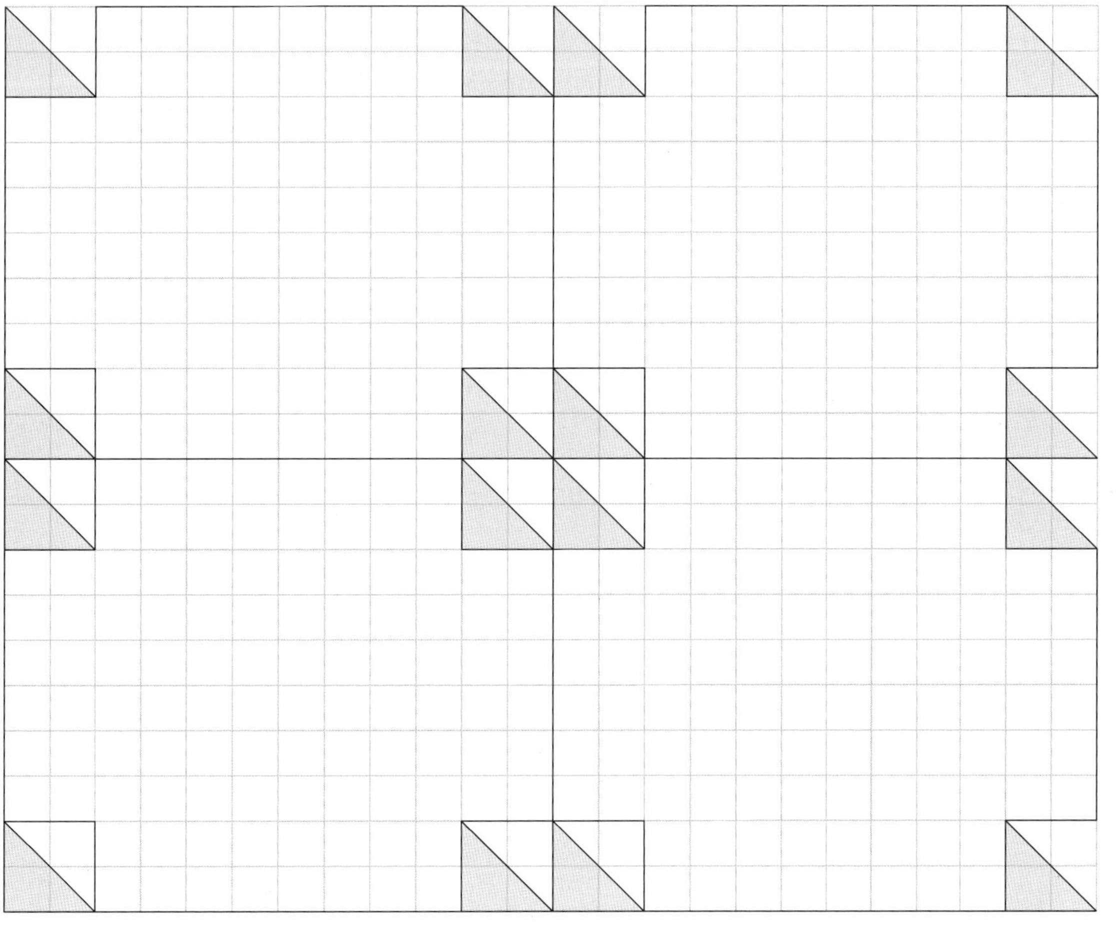

6. Ein Zahlenpaar passt nicht zusammen. Streiche es durch und begründe deine Entscheidung.

Hinweis: *Schau dir die Zahlenpaare genau an. Du kannst ein Zahlenpaar auswählen und überlegen, wie die Zahlen zusammenpassen. Deine Lösung überprüfst du dann an den anderen Zahlenpaaren. Hier stellst du fest, dass du die erste Zahl verdoppeln musst, um die zweite Zahl zu finden.*

2/4 15/30 30/60 56/112 32/64 ~~38/72~~

Größen und Messen

7. Wandle um.

Hinweis: *Überlege dir, wie viele Millimeter ein Zentimeter, wie viele Minuten eine Stunde, wie viele Gramm ein Kilogramm, und wie viele Cent ein Euro hat. Wenn du dich unsicher fühlst, kann du die Umrechnungen der Einheiten auch auf einen Notizzettel schreiben.*

1 cm 3 mm = **13** mm
90 min = **1** h **30** min
1 kg 500 g = **1 500** g
250 ct = **2** € **50** ct

8. Ava vergleicht die Preise für Äpfel auf dem Wochenmarkt:

Welches Angebot ist am preiswertesten?

Hinweis: *Da die Preise alle für unterschiedliche Mengen an Äpfeln angegeben sind, ist es schwer, die Preise zu vergleichen. Rechne am besten für alle Angebote aus, wie viel 1 kg Äpfel kostet. Dann kannst du gut vergleichen. Oft reicht ein ungefährer Preis.*

Preise für 1 kg Äpfel

Angebot 1:
5,99 € : 2 Überschlag: 6 € : 2 = 3 €

Angebot 2:

3,99 € : 3 = 1,33 € (Preis für 0,5 kg) 1,33 € · 2 = 2,66 €

Angebot 3: 2,49 €

Das Angebot für **1** kg Äpfel ist am preiswertesten.

9. Die Klasse 3 b macht im Sportunterricht einen Ausdauertest. Alle Kinder laufen 1 000 m. Hier siehst du einige Ergebnisse.

Lino	Ronja	Ilias	Clara
5 min 6 sec	4 min 29 sec	4 min 42 sec	5 min 2 sec

Hinweis: *Lies die Aufgabe sorgfältig und schaue die Zeiten genau an. Das Kind mit der „kleinsten" Zeit ist am schnellsten. Denke daran, dass eine Minute 60 Sekunden hat.*

a) Wer war am schnellsten?

Ronja war über 1 000 m am schnellsten.

b) Jasmin war 20 sec schneller als Clara. Wie schnell war Jasmin?

Jasmin hat **4 min 42 sec** für die 1 000 m gebraucht.

Raum und Form

10. Spiegele die Zeichnungen an den jeweiligen Spiegelachsen.

Hinweis: *Achte darauf, dass die vorgegebene Zeichnung und die gespiegelte Zeichnung gleich weit von der Spiegelachse entfernt sind. Du kannst auch zuerst die Eckpunkte der Zeichnung spiegeln und diese dann verbinden.*

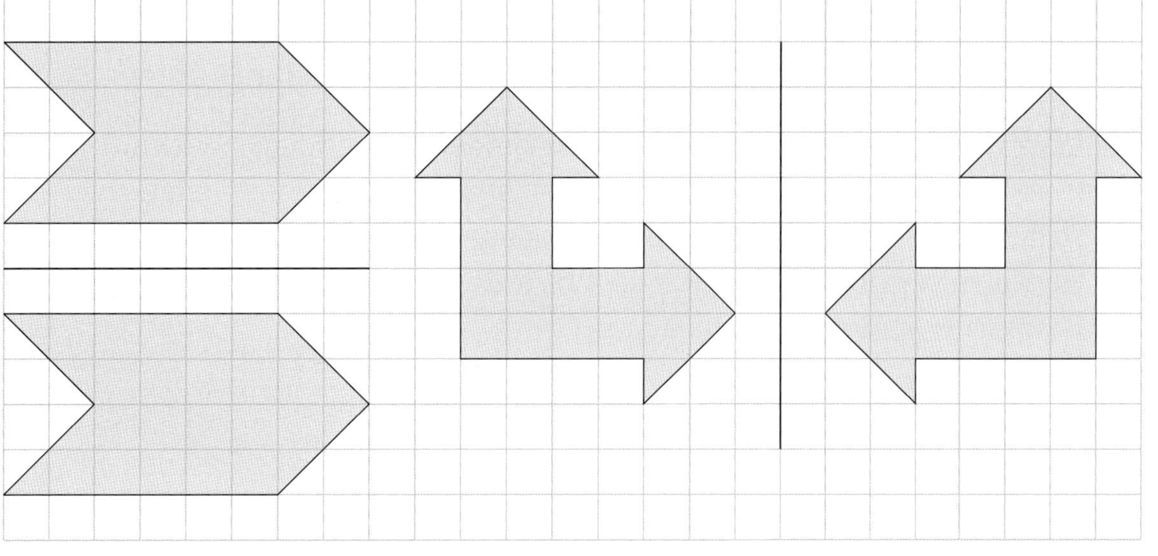

11. Du siehst hier verschiedene Ansichten eines Körpers.
Welcher Körper ist es? Kreuze an.

von vorne	von hinten	von oben	von unten	von rechts	von links
▭	▭	▭	▭	▫	▫

Hinweis: *Überlege genau, wie die Körper, die als Antwortmöglichkeiten vorgegeben sind, aussehen und aus welchen Flächen sie bestehen.*

- ☐ Würfel
- ☐ Kugel
- ☐ Kegel
- ☒ Quader
- ☐ Pyramide

12. Zeichne ein Quadrat mit einer Seitenlänge von 2 cm.

Hinweis: *Bei einem Quadrat sind alle Seiten gleich lang und es gibt vier rechte Winkel.*

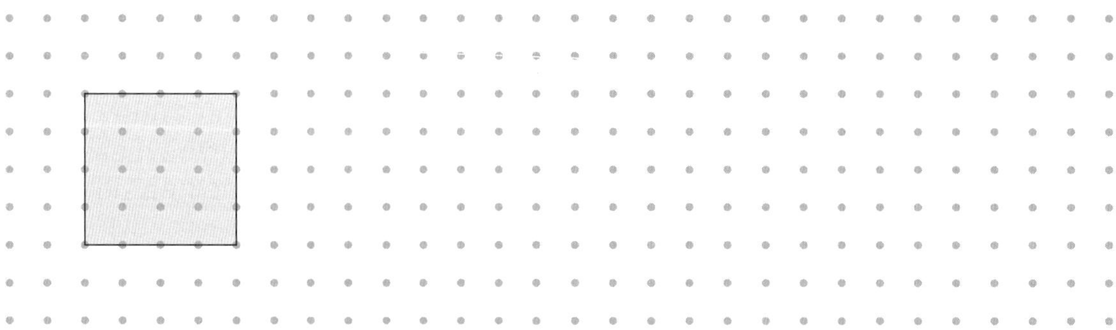

Daten, Häufigkeiten und Wahrscheinlichkeiten

13. Auf einem Schulfest hat die Klasse 3 a ein Säckchen mit 40 grünen und 20 gelben Kugeln vorbereitet. Alle dürfen einmal eine Kugel ziehen.

Hinweis: *Lies den Aufgabentext sorgfältig und schau dir das Bild an. Überlege, welche Aussagen zutreffen.*

Welche Aussagen stimmen? Kreuze an.

- [ ] Es ist sicher, dass man eine grüne Kugel zieht.
- [x] Es ist möglich, aber nicht sicher, dass man eine gelbe Kugel zieht.
- [x] Es ist unmöglich, dass man eine blaue Kugel zieht.
- [ ] Es ist wahrscheinlicher, eine gelbe als eine grüne Kugel zu ziehen.

14. Basti muss am Freitag nicht in die Schule. Für das lange Wochenende haben Basti und seine Eltern einen Fahrradausflug, eine Kanufahrt und einen Schwimmbadbesuch geplant. Schreibe alle Möglichkeiten auf, in welcher Reihenfolge sie die Unternehmungen machen können.

Hinweis: *Gehe hier systematisch vor, damit du alle Lösungsmöglichkeiten findest. Beginne immer mit einer Unternehmung und finde die beiden zugehörigen Lösungen. Dann startest du mit einer neuen Unternehmung. Das wiederholst du, bis du alle Möglichkeiten gefunden hast.*

Fahrradausflug, Kanufahrt, Schwimmbadbesuch
Fahrradausflug, Schwimmbadbesuch, Kanufahrt

Kanufahrt, Fahrradausflug, Schwimmbadbesuch
Kanufahrt, Schwimmbadbesuch, Fahrradausflug

Schwimmbadbesuch, Kanufahrt, Fahrradausflug
Schwimmbadbesuch, Fahrradausflug, Kanufahrt

15. Die Kinder haben gezählt, wie viele Kinder welches Haustier am liebsten mögen. Die Ergebnisse haben sie in ein Kreisdiagramm gezeichnet. Trage die Haustiere den Aussagen entsprechend in das Diagramm ein.

Die wenigsten Kinder mögen Fische.
Mehr als die Hälfte der Kinder mag Hunde am liebsten.
Ein Viertel der Kinder mag Katzen am liebsten.
Einige Kinder mögen Meerschweinchen.

Hinweis: *Lies die einzelnen Hinweise genau und überlege, zu welchem Teil des Kreisdiagramms der Hinweis passt. Wenn du dir unsicher bist, ordne erst die anderen Hinweise zu. Am Ende bleibt dann nur eine Möglichkeit übrig.*

„Die wenigsten Kinder mögen Fische." → Suche hierfür den kleinsten Abschnitt des Diagramms.
„Mehr als die Hälfte der Kinder mag Hunde am liebsten." → Hierzu passt der größte Abschnitt des Diagramms.
„Ein Viertel der Kinder mag Katzen am liebsten." → Suche das Stück, das genau ein Viertel des Kreises einnimmt.
„Einige Kinder mögen Meerschweinchen." → Für diese Aussage bleibt nun nur noch ein Abschnitt übrig.

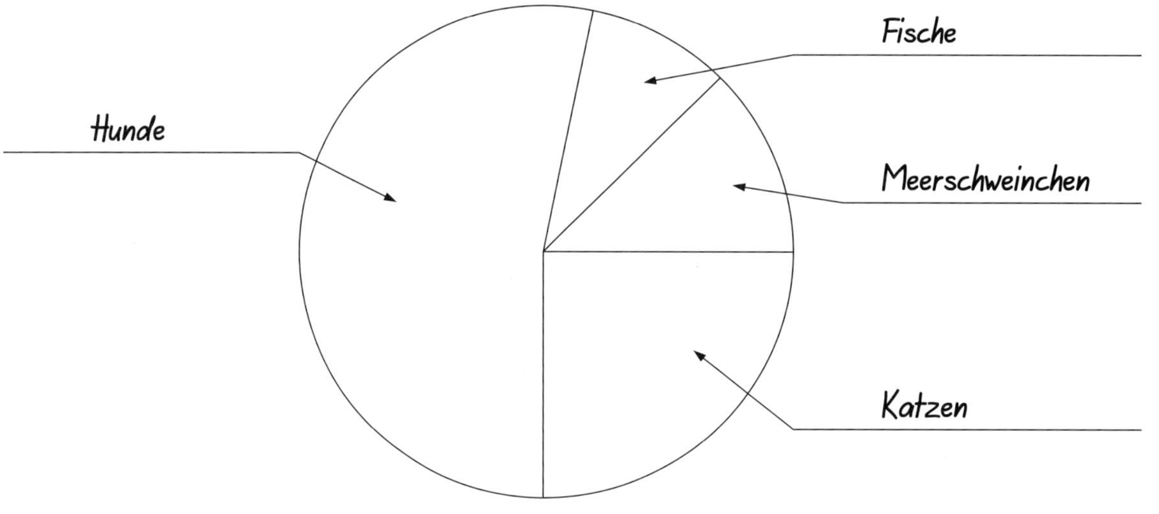

Ergänzungsmodul: Daten, Häufigkeiten und Wahrscheinlichkeiten

1. Die Kinder der Klasse 3 b haben die Kinder der 4. Klassen vor den Sommerferien gefragt, wo sie ihre Ferien verbringen. Die Ergebnisse haben sie in ein Balkendiagramm gezeichnet.

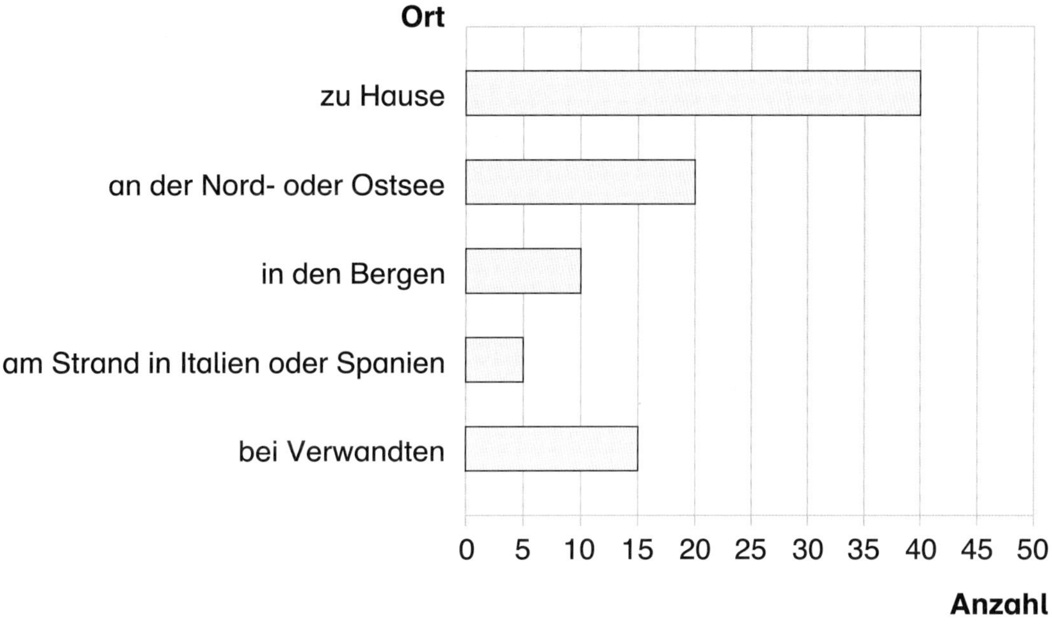

Lies die Ergebnisse ab und ergänze sie in der Tabelle.

Hinweis: *Schau dir das Diagramm genau an. An der Länge der Balken kannst du unten ablesen, wie viele Kinder wo Urlaub machen.*

Ort	Anzahl
zu Hause	**40**
an der Nord- oder Ostsee	**20**
in den Bergen	**10**
am Strand in Italien oder Spanien	**5**
bei Verwandten	**15**

2. Sina und ihre beste Freundin Ella wollen gemeinsam ins Kino. Da der Film sehr beliebt ist, kann man sich für eine der drei Filmvorstellungen anmelden, und wenn man Glück hat, bekommt man Karten. Im Internet sehen sie diese Übersicht:

	Reservierte Sitzplätze	**Freie Sitzplätze**
Vorstellung 1 (14 Uhr)	120	60
Vorstellung 2 (17 Uhr)	75	75
Vorstellung 3 (20 Uhr)	160	20

Bei welcher Vorstellung ist die Chance am größten, dass Sina und Ella eine Karte bekommen? Begründe deine Entscheidung.

Vorstellung **2**

Begründung:

Die Chance, bei der zweiten Vorstellung eine Karte zu bekommen, ist am größten, da es hier die meisten freien Plätze gibt.

3. Beim Essen in der Schulmensa kann man zwischen drei verschiedenen Hauptgerichten (Gericht 1, Gericht 2 und Gericht 3) und zwei unterschiedlichen Nachspeisen (Nachspeise 1, Nachspeise 2) wählen. Wie viele Kombinationsmöglichkeiten aus Hauptgericht und Nachspeise gibt es? Schreibe alle Möglichkeiten auf.

Hinweis: *Gehe hier systematisch vor, damit du alle Lösungsmöglichkeiten findest. Beginne immer mit einem Gericht und ordne die Nachspeisen zu. Dann startest du mit einem neuen Gericht. Das wiederholst du, bis du alle Möglichkeiten gefunden hast.*

Gericht 1 – Nachspeise 1
Gericht 1 – Nachspeise 2

Gericht 2 – Nachspeise 1
Gericht 2 – Nachspeise 2

Gericht 3 – Nachspeise 1
Gericht 3 – Nachspeise 2

Es gibt insgesamt **6** Kombinationsmöglichkeiten.

4. Auf einem Schulflohmarkt möchte die Klasse 3 a ein Gewinnspiel anbieten. Sie bereiten vier Säckchen vor.

In dem ersten Säckchen sind 50 Gewinne und 25 Nieten.
Bei den drei anderen Säckchen soll man die gleichen Gewinnchancen haben. Sie beinhalten 60 Lose (Säckchen 2), 90 Lose (Säckchen 3) und 120 Lose (Säckchen 4).

Wie viele Gewinne und Nieten müssen jeweils in den Säckchen sein? Trage ein.

Hinweis: *An dem Beispiel von Säckchen 1 siehst du, dass es immer doppelt so viele Gewinne wie Nieten geben muss. Um die richtige Lösung zu finden, teilst du die Anzahl aller Lose in einem Säckchen durch 3. Das Ergebnis ergibt die Anzahl der Nieten. Wenn du das Ergebnis verdoppelst, erhältst du die Anzahl der Gewinne. Wenn du deine Ergebnisse überprüfen möchtest, addiere am Ende die Anzahl der Gewinne und die Anzahl der Nieten.*

Säckchen 1 (**75** Lose): 50 Gewinne, 25 Nieten
Säckchen 2 (60 Lose): **40** Gewinne, **20** Nieten
Säckchen 3 (90 Lose): **60** Gewinne, **30** Nieten
Säckchen 4 (120 Lose): **80** Gewinne, **40** Nieten

5. Du hast diese Ziffernkarten:

Du ziehst immer zwei Ziffernkarten und legst sie zu einer zweistelligen Zahl zusammen. Entscheide, ob die Aussagen „sicher", „möglich, aber nicht sicher" oder „unmöglich" sind.

Hinweis: *Gleiche die Aussagen genau mit den Ziffernkarten ab.*
a) Diese Aussage ist sicher, da an der Zehner- und der Einerstelle nicht gleichzeitig die Ziffer 9 stehen kann und es keine größere Ziffer als 9 gibt.
b) Diese Aussage ist möglich, aber nicht sicher, da die 2 oder 8 an der Einerstelle stehen kann, es kann aber auch die 1, 5 oder 9 an der Einerstelle stehen und damit wäre die Zahl ungerade.
c) Diese Aussage ist unmöglich, da dann an der Zehnerstelle eine 6 stehen müsste, diese aber nicht unter den möglichen Ziffern ist.
d) Diese Aussage ist möglich, aber nicht sicher, da die Zahlen 12 oder 28 oder 92 entstehen können, die durch 4 teilbar sind. Es sind aber auch Zahlen wie 15 oder 25 möglich, die nicht durch 4 teilbar sind.
e) Diese Aussage ist unmöglich, da die Ziffer 3 nicht auf den Zahlenkarten ist.

	sicher	möglich, aber nicht sicher	unmöglich
a) Die Zahl ist kleiner als 99.	X		
b) Die Zahl ist gerade.		X	
c) Die Zahl liegt zwischen 60 und 70.			X
d) Die Zahl ist durch 4 teilbar.		X	
e) Die Zahl lautet 38.			X

6. Der Lehrer der Klasse 3 c befragt seine Schülerinnen und Schüler zu ihren Traumberufen. Hier siehst du das Ergebnis:

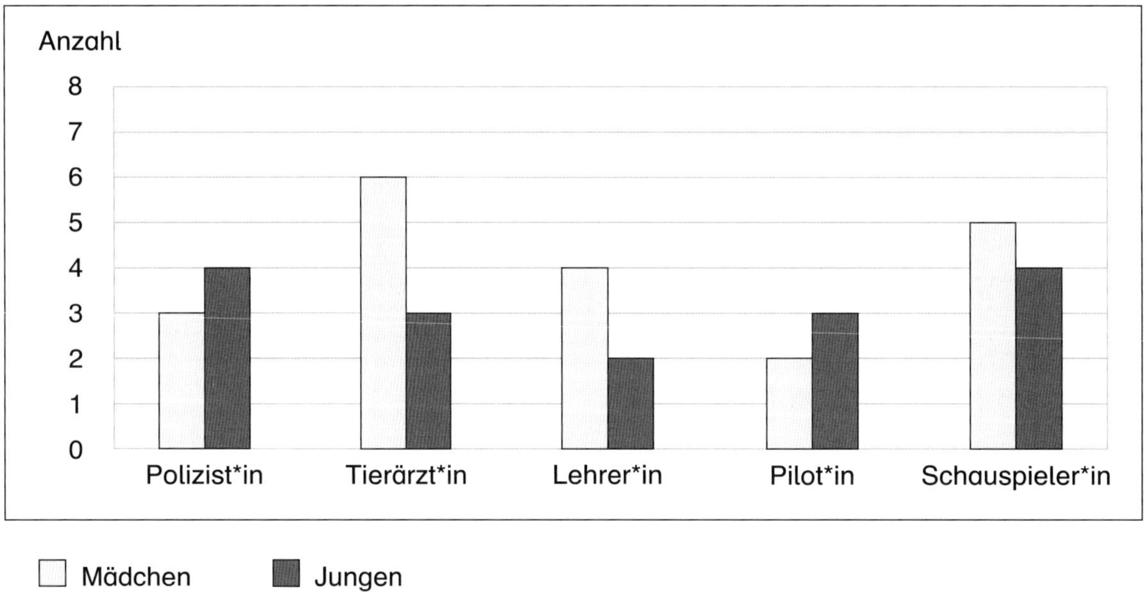

Stimmen die Aussagen? Kreuze an.

Hinweis: *Schau dir das Diagramm sorgfältig an. Für die beiden ersten Aussagen musst du die entsprechenden Zahlen im Diagramm ablesen und vergleichen. Bei der dritten und vierten Aussage musst du dir nur die richtigen Säulen im Diagramm genau anschauen.*

	stimmt	stimmt nicht
Es haben mehr Mädchen als Jungen an der Umfrage teilgenommen.	X	
Doppelt so viele Mädchen wie Jungen möchten Tierärzt*in werden.	X	

Polizist*in ist der einzige Beruf, den mehr Jungen als Mädchen ausüben möchten.	☐	☒
Kein Junge möchte Schauspieler werden.	☐	☒

7. Die Klassen 1 a, 1 b und 2 a sollen sich klassenweise hintereinander aufstellen, weil sie gemeinsam zum Theater gehen möchten. Wie viele Möglichkeiten haben sie, sich aufzustellen?

__Hinweis:__ Gehe hier systematisch vor, damit du alle Lösungsmöglichkeiten findest. Beginne immer mit einer Klasse und ordne die beiden anderen Klassen zu. Dann startest du mit einer neuen Klasse. Das wiederholst du, bis du alle Möglichkeiten gefunden hast.

1 a, 1 b, 2 a   **1 a, 2 a, 1 b**

1 b, 2 a, 1 a   **1 b, 1 a, 2 a**

2 a, 1 a, 1 b   **2 a, 1 b, 1 a**

Sie haben **6** Möglichkeiten, sich aufzustellen.

8. Ole hat zwei Spielwürfel. Er würfelt mit beiden Würfeln und zieht die kleinere Augenzahl von der größeren Augenzahl ab. Er behauptet: „Das größte Ergebnis ist 5."

Begründe, warum das so ist.

Die größte Zahl, die Ole würfeln kann, ist die 6. Die kleinste Zahl, die möglich ist, ist die 1. Die Differenz der größten und der kleinsten Zahl ist die größte Differenz, die entstehen kann. Daher ist 5 wirklich das größte Ergebnis.

Beispieltest 5

Basismodul

Zahlen und Operationen

1. Du hast folgende Ziffernkarten:

1 2 4 5 8 9

Bilde zwei dreistellige Zahlen und berechne deren Summe. Das Ergebnis soll ungerade sein. Du darfst jede Ziffer nur einmal benutzen.

Hinweis: *Für diese Aufgabe musst du wissen, dass das Ergebnis einer Plusaufgabe (Summe) immer dann ungerade ist, wenn einer der beiden Summanden ungerade ist. Achte also darauf, dass die letzte Ziffer des einen Summanden gerade und die letzte Ziffer des anderen Summanden ungerade ist. Es gibt mehrere Lösungsmöglichkeiten. Unten siehst du zwei Beispiele.*

Lösungsvorschläge:

$124 + 589 = 713$

$541 + 298 = 839$

2. Eine Fußballmannschaft fährt zu einem Fußballspiel. In vier Autos fahren jeweils drei Kinder mit und in einem weiteren Auto sitzen noch zwei Kinder.

Wie rechnest du, wenn du wissen möchtest, wie viele Kinder mit zu dem Fußballspiel fahren? Kreuze an.

Hinweis: *Damit du weißt, wie viele Kinder in den vier Autos mit jeweils drei Kindern sitzen, rechnest du 4 · 3. Dann addierst du noch die beiden Kinder aus dem weiteren Auto.*

- [ ] $4 \cdot 3 \cdot 2$
- [x] $4 \cdot 3 + 2$
- [ ] $4 + 3 - 2$
- [ ] $4 + 3 + 2$

3. Mina hat folgende Zahl in der Stellentafel gelegt.

H	Z	E
● ● ● ● ● ●		● ●

Jetzt legt sie ein Plättchen dazu. Welche Zahl kann **nicht** entstehen? Kreuze an.

Hinweis: *Achte hier ganz besonders auf die Anweisung „Welche Zahl kann* ***nicht*** *entstehen?". Für die Zahl 703 müsstest du zwei Plättchen dazulegen (eines an die Hunderterstelle und eines an die Einerstelle). Du musst also die erste Lösungsmöglichkeit (703) ankreuzen.*

- [x] 703
- [ ] 603
- [ ] 612
- [ ] 702

Muster und Strukturen

4. Zeichne die nächste Figur in der Abfolge.

Hinweis: *Hier wird immer eine Linie mehr in das Quadrat gezeichnet. Zeichne also ein Quadrat mit einer weiteren Linie, die waagerecht von links nach rechts geht.*

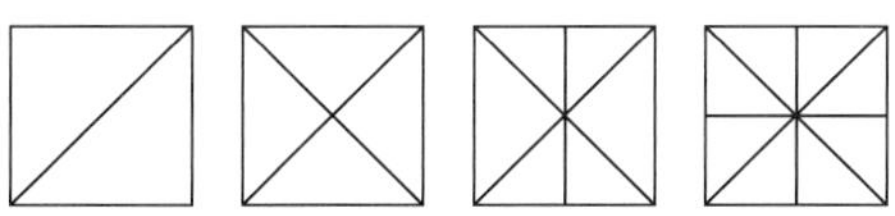

5. a) Hier siehst du eine Zahlenmauer-Kette. Berechne die fehlenden Zahlen.

Hinweis: *Zahlenmauern kennst du sicher aus der Schule. Hier eine kleine Erinnerung: Du addierst die beiden nebeneinanderliegenden Steine und schreibst die Lösung in den darüberliegenden Stein.*

1. Mauer	2. Mauer	3. Mauer
140	**160**	**180**
70 **70**	**80** **80**	**90** **90**
25 45 25	35 45 35	45 45 45

b) Wie geht die Zahlenmauer-Kette weiter?

Hinweis: Du siehst, dass der mittlere Grundstein immer gleich bleibt und die beiden äußeren Grundsteine ebenfalls gleich sind. Diese beiden äußeren Grundsteine werden immer um 10 größer.

4. Mauer

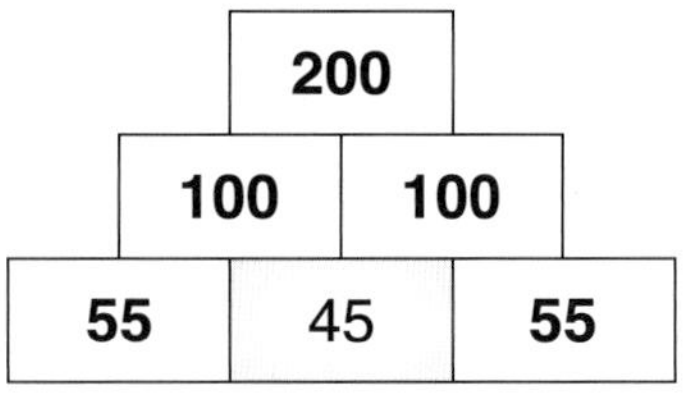

6. Welche Zahl ist falsch? Streiche sie durch.

a) ***Hinweis:*** *Du erkennst, dass die Zahlen abwechselnd größer und kleiner werden und dass man hier nicht mal- und geteiltrechnen kann. Du rechnest also + 5 und dann – 2. Dabei merkst du, dass die vierte Zahl nicht zu den anderen passt, und streichst sie durch.*

4 9 7 ~~13~~ 10 15 13

b) ***Hinweis:*** *Du erkennst, dass die Zahlen immer größer werden und du + 3, + 5, + 7, + 9 rechnen musst. Vielleicht fällt dir auch auf, dass dies aufeinanderfolgende Quadratzahlen sind. Egal, wie du rechnest, du stellst fest, dass die sechste Zahl nicht passt, und streichst sie durch.*

1 4 9 16 25 ~~34~~ 49

Raum und Form

7. Wie viele Würfel hat Toni gebraucht, um diese Würfelgebäude zu bauen?

a) ***Hinweis:*** *Am besten überlegst du dir „Etage“ für „Etage“, wie viele Würfel benutzt wurden, und addierst sie. Denke daran, dass du auf dem Bild nicht unbedingt alle Würfel sehen kannst. Hier rechnest du also: 9 + 6 + 3 = 18*

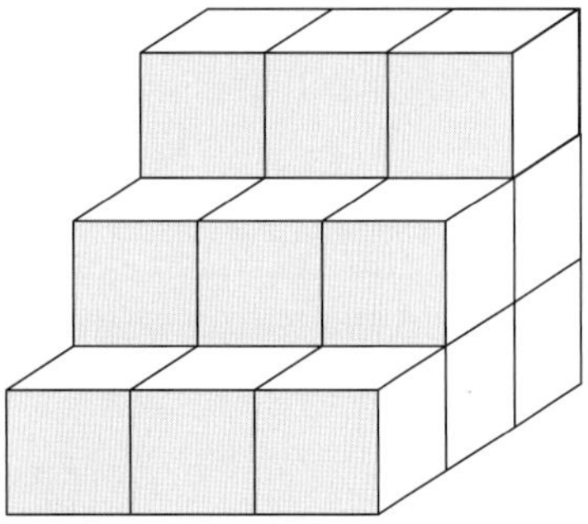

Toni hat **18** Würfel gebraucht.

b) *Hinweis:* *Rechne wieder „Etage" für „Etage": 8 + 6 + 4 + 1 = 19*

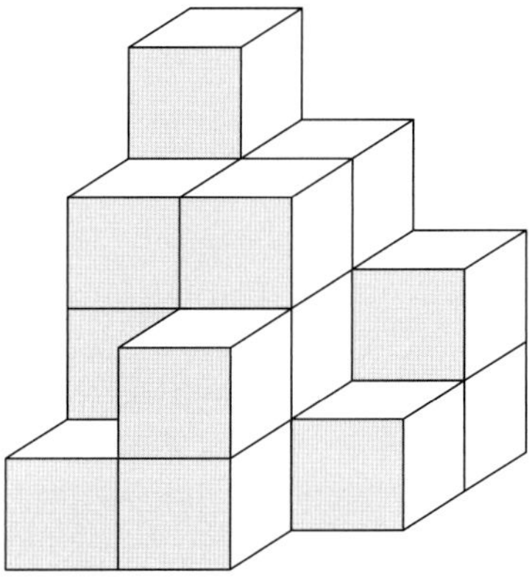

Toni hat **19** Würfel gebraucht.

8. ***Hinweis:*** *Hier kannst du durch genaues Überlegen, aber auch durch Ausprobieren zu Lösungen kommen. Nimm dir gerne ein Blatt, male die Figur (gerne auch etwas größer) auf und probiere aus.*

a) Zerlege folgendes Quadrat in vier gleich große Dreiecke.

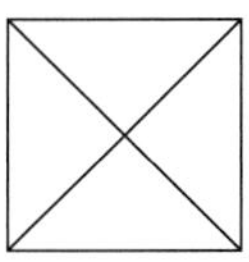

b) Zerlege die folgende Figur in zwei Quadrate.

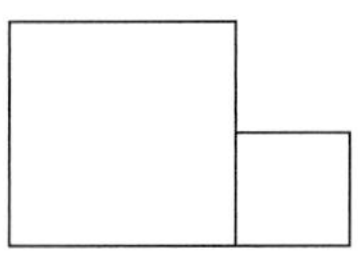

Größen und Messen

9. Timo soll 5,30 € in Münzen zeichnen. Seine Zeichnung sieht so aus:

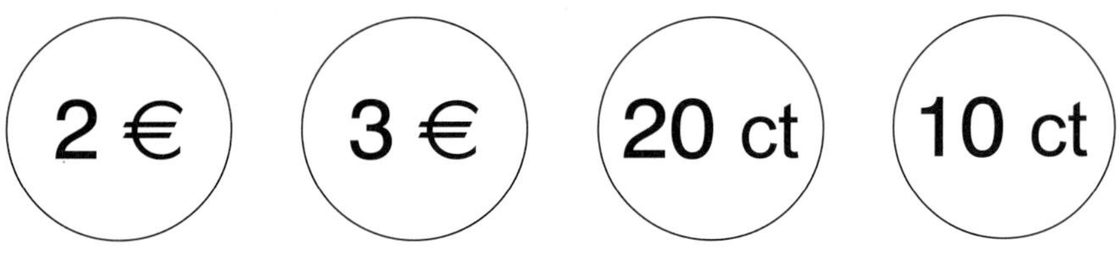

Hierbei hat er einen Fehler gemacht. Erkläre, was falsch ist.

Hinweis: *Die abgebildeten Münzen ergeben zwar zusammen 5,30 €, allerdings gibt es kein 3-Euro-Stück.*

Es gibt keine 3-€-Münze. Timo müsste stattdessen zum Beispiel ein 2-€-Stück und ein 1-€-Stück zeichnen.

10. Leni hat folgende Gewichtsstücke.

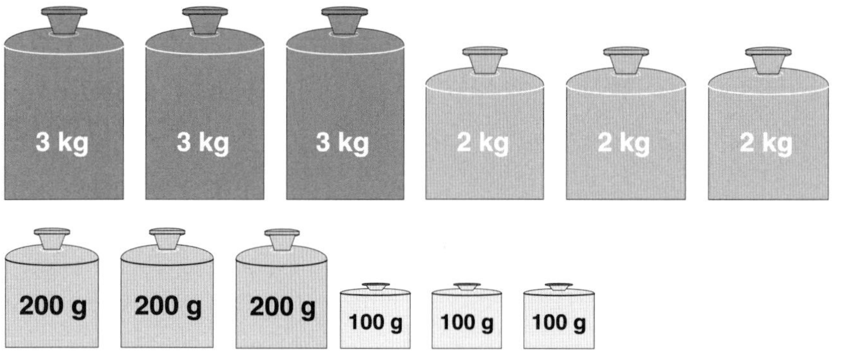

Sie möchte 11,5 kg auf eine Waage legen. Welche Gewichtsstücke kann sie legen?

Hinweis: *Hier findest du durch systematisches Probieren eine Lösung. Nimm zuerst möglichst viele schwere Gewichte und schau, ob du dann 11 kg auf die Waage legen kannst. Geht dies nicht, nimm ein schweres Gewicht weg und lege dafür mehrere leichtere Gewichte dazu. Genauso gehst du mit den Gramm-Gewichten vor. Nimm auch hier erst möglichst viele schwere Gewichte und ergänze diese dann mit den leichteren Gewichten.*

Lösungsvorschlag:

3-mal 3 kg, 1-mal 2 kg, 2-mal 200 g, 1-mal 100 g

11. Als Lauras Klavierunterricht zu Ende ist, zeigt die Uhr folgende Uhrzeit.

Insgesamt hatte Laura 45 Minuten Klavierunterricht. Wann fing ihr Klavierunterricht an?

Hinweis: *Stell dir vor, du stellst die Zeiger der Uhr um 45 min (Dreiviertelstunde) zurück.*

17.30 Uhr —(**– 30 min**)→ **17.00 Uhr**

17.00 Uhr —(**– 15 min**)→ **16.45 Uhr**

Lauras Klavierunterricht fing um **16.45 Uhr** an.

Daten, Häufigkeiten und Wahrscheinlichkeit

12. Die Kinder der Klasse 4 a haben in der Schulbücherei eine Umfrage zu den Lieblingsbüchern gemacht. Insgesamt haben sie 200 Schülerinnen und Schüler befragt. Das Ergebnis siehst du hier:

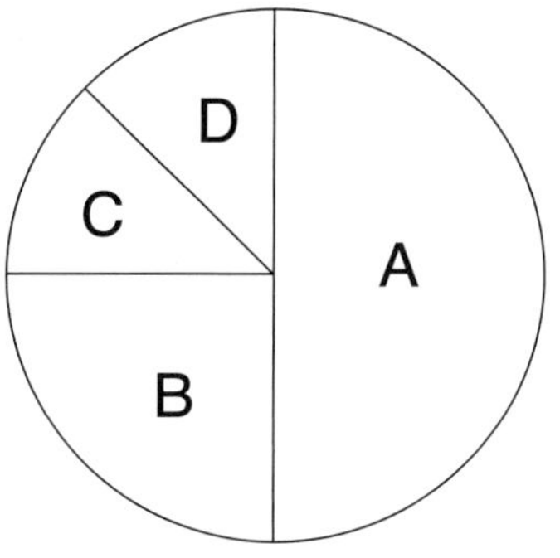

A = Detektivgeschichten
B = Freundschaftsgeschichten
C = Fußballgeschichten
D = Pferdegeschichten

***Hinweis:** Du kannst dir ein solches Kreisdiagramm wie einen Kuchen vorstellen, der in unterschiedlich große Kuchenstücke geteilt ist.*

a) Welche Bücher werden am häufigsten ausgeliehen?

***Hinweis:** Die Bücher, die das größte „Kuchenstück" haben, werden am häufigsten ausgeliehen. Da die Hälfte des Kreises mit A beschriftet ist, werden auch die Detektivgeschichten am häufigsten ausgeliehen.*

Detektivgeschichten

b) Welche Bücher werden gleich oft ausgeliehen?

***Hinweis:** Es gibt zwei gleich große „Kuchenstücke", die mit C und D beschriftet sind.*

Fußballgeschichten und Pferdegeschichten

c) Wie viele Kinder leihen gerne Freundschaftsgeschichten aus?

***Hinweis:** Du siehst, dass die Freundschaftsgeschichten mit B beschriftet sind. Vielleicht siehst du, dass das „Kuchenstück" B genau ein Viertel des Kreises ausmacht. Du musst also nur 200 durch 4 dividieren, damit du weißt, dass 50 Kinder gerne Freundschaftsgeschichten lesen.*
Es ist nicht schlimm, wenn du das nicht sofort siehst. Es gibt auch einen anderen Rechenweg:
Das „Kuchenstück" B ist genau halb so groß wie das „Kuchenstück" A. A macht genau die Hälfte des Kreises aus. Die Hälfte der befragten Schülerinnen und Schüler (insgesamt 200) ist 100. Das heißt, 100 Kinder lesen gerne Detektivgeschichten (A). Von dieser Anzahl wiederum die Hälfte liest gerne Freundschaftsgeschichten. 50 Kinder lesen also gerne Freundschaftsgeschichten.

50 Kinder

13. Entscheide, ob die Aussagen „sicher", „möglich, aber nicht sicher" oder „unmöglich" sind.

a) Nasim würfelt einmal mit einem Würfel. Er würfelt eine 2.

Hinweis: *Nasim kann beim Würfeln eine 2, aber auch jede andere Augenzahl würfeln. Daher ist es „möglich, aber nicht sicher".*

☐ sicher

☒ möglich, aber nicht sicher

☐ unmöglich

b) Nasim würfelt mit zwei Würfeln und addiert die Zahlen. Die Summe ergibt 13.

Hinweis: *Die größte Zahl, die Nasim mit zwei Würfeln erzielen kann, ist 12. Dann hat er mit beiden Würfeln eine 6 gewürfelt. Eine höhere Augenzahl gibt es auf einem Würfel nicht. Die Summe 13 ist also „unmöglich".*

☐ sicher

☐ möglich, aber nicht sicher

☒ unmöglich

c) Nasim würfelt mit drei Würfeln und multipliziert die Zahlen. Das Produkt ist kleiner als 250.

Hinweis: *Auch hier musst du das größtmögliche Produkt ausrechnen. Dafür müsste Nasim mit allen drei Würfeln eine 6 würfeln: $6 \cdot 6 \cdot 6 = 216$. 216 ist also das größtmögliche Produkt. Diese Zahl ist kleiner als 250 und damit ist die Aussage „sicher".*

☒ sicher

☐ möglich, aber nicht sicher

☐ unmöglich

14. In einem Säckchen sind 12 Lose. Es sind nur Gewinne, Gewinne und Nieten oder nur Nieten enthalten. Wie viele Gewinne bzw. Nieten sind in dem Säckchen, damit die Aussagen stimmen?

a) Es ist sicher, einen Gewinn zu ziehen.

Hinweis: *Damit es sicher ist, einen Gewinn zu ziehen, können nur Gewinne im Säckchen sein.*

12 Gewinne **0** Nieten

b) Es ist möglich, aber nicht sicher, eine Niete zu ziehen.

Hinweis: *Hier sind auch andere Lösungen richtig, z. B. 3 Gewinne und 9 Nieten. Wichtig ist nur, dass mindestens 1 Niete im Säckchen ist, gleichzeitig aber auch Gewinne enthalten sind. Denke daran, dass es zusammen 12 Lose sind.*

z. B. **6** Gewinne **6** Nieten

c) Die Chance, eine Niete zu ziehen, ist doppelt so groß wie die Chance, einen Gewinn zu ziehen.

Hinweis: *Die Lösung findest du am besten durch Probieren. Wichtig ist, dass doppelt so viele Nieten wie Gewinne im Säckchen sind.*

4 Gewinne **8** Nieten

Ergänzungsmodul: Zahlen und Operationen

1. Du hast folgende Ziffernkarten:

1 4 8

Schreibe alle Zahlen größer 480 auf, die du aus den drei Ziffern bilden kannst.

Hinweis: *Die erste Zahl findest du leicht: 481. Dann hast du noch die Möglichkeit, die 8 an die Hunderterstelle zu setzen. Alle dann entstehenden Zahlen sind größer als 480. Du kannst die Zahlen 814 und 841 bilden.*

481, 814, 841

2. Bilde aus den folgenden Ziffern zwei dreistellige Zahlen und addiere sie. Das Ergebnis soll möglichst klein sein. Benutze jede Ziffer nur einmal.

2 4 5 6 7 9

Hinweis: *Damit die Summe aus zwei dreistelligen Zahlen möglichst klein wird, ist es wichtig, dass die kleinsten Ziffern (hier 2 und 4) an der größten Stelle, der Hunderterstelle, stehen und die größten Ziffern (hier 7 und 9) an der kleinsten Stelle, der Einerstelle, stehen. Die Ziffern 5 und 6 stehen damit an der Zehnerstelle. Welche Ziffern dabei in welcher Zahl vorkommen, ist unwichtig. Wichtig ist nur, dass die Ziffern an der richtigen Stelle stehen. Es gibt also zwei verschiedene Lösungsmöglichkeiten mit dem gleichen Ergebnis.*

Lösungsvorschlag:

$$\begin{array}{rccc} & 2 & 5 & 7 \\ + & 4_1 & 6_1 & 9 \\ \hline & 7 & 2 & 6 \end{array}$$

3. Zu welcher Sachaufgabe passt die Rechnung (24 + 14) : 2? Kreuze an.

Hinweis: *In der Rechnung müssen zuerst zwei Zahlen addiert werden. Für die Sachaufgabe heißt das, zu 24 kommt die 14 dazu. Diese Summe muss dann durch 2 dividiert werden. Nur in der zweiten Sachaufgabe kommen zu 24 € 14 € dazu, in der ersten und dritten Sachaufgabe müssten die 14 € subtrahiert werden. Es kann also nur die zweite Aufgabe richtig sein.*

- [ ] Karl und Mala haben zusammen 24 €. Davon geben sie 14 € für Spielzeug aus und dann teilen sie den Rest.
- [x] Karl und Mala haben zusammen 24 €. Ihre Oma gibt ihnen noch 14 € dazu. Jetzt teilen sie gerecht.
- [ ] Karl und Mala haben zusammen 24 €. Davon geben sie 14 € für Spielzeug aus und dann bekommen sie noch 2 € von ihrer Oma.

4. Lino rechnet 824 – 361 so:

8 2 4 – 3 6 1 = 5 4 3
8 0 0 – 3 0 0 = 5 0 0
2 0 – 6 0 = 4 0
4 – 1 = 3

Finde seinen Fehler und kreuze die richtige Erklärung an.

Hinweis: *Du siehst, dass Lino bei den Hundertern und den Einern richtig gerechnet hat. Bei den Zehnern hat er tatsächlich 60 minus 20 gerechnet und die kleinere von der größeren Zahl abgezogen. Grundsätzlich ist dies ein Rechenweg, der bei Additionsaufgaben zum richtigen Ergebnis führt, bei Subtraktionsaufgaben aber oft fehlerhaft ist.*

Lino hat …

- [x] immer die kleinere von der größeren Zahl abgezogen.
- [ ] addiert statt subtrahiert.
- [ ] sich bei den Hundertern verrechnet.
- [ ] die falschen Einer genommen.

5. Setze die fehlenden Zahlen ein.

Hinweis: *Du rechnest hier genauso, wie du es in der Schule gelernt hast. Allerdings fehlt hier nicht immer die Ziffer des Ergebnisses, sondern auch Ziffern innerhalb der Aufgabe.*

a)
```
    3 8 1
+ 2₁ 5 4
---------
=   6 3 5
```

b)
```
    9 7₁ 6
–   3 2  9
----------
=   6 4  7
```

(Bold gesetzt: a) **8**, **4**, **6**; b) **6**, **3**, **4**)

6. Du siehst hier einen Quader, der aus vielen kleinen Würfeln besteht.

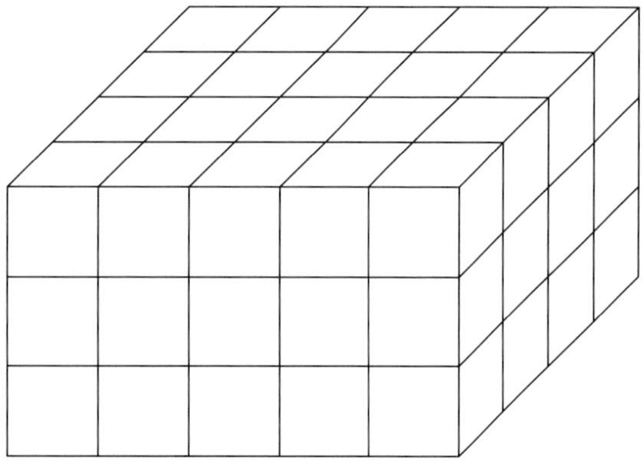

Du willst herausfinden, wie viele kleine Würfel verwendet wurden. Welche Rechnung stimmt? Kreuze an.

Hinweis: *Du rechnest zuerst aus, wie viele Würfel für eine Platte (ganz unten) gebraucht wurden: 5 · 4. Es liegen 3 dieser Platten übereinander. Also musst du das Ergebnis mit 3 malnehmen.*

- ☐ 5 · 4 + 3
- ☐ 5 + 4 · 3
- ☐ 5 + 4 + 3
- ☒ 5 · 4 · 3

7. Welche Rechnung ist falsch? Kreuze an. **Tipp:** Denke an die Rechenregeln „Punkt vor Strich" und „Klammern zuerst berechnen".

Hinweis: *Rechne hier die Aufgaben. Schon bei der ersten Aufgabe stellst du fest, dass zuerst die Additionsaufgabe (3 + 7) ausgerechnet wurde. Wenn du die Regel „Punkt vor Strich" beachtest, rechnest du zuerst 7 · 5 = 35. Danach musst du noch 3 addieren.*

- ☒ 3 + 7 · 5 = 50
- ☐ (15 – 7) : 2 = 4
- ☐ 3 · 8 : 6 = 4
- ☐ 45 : (14 – 9) = 9

8. Die Zahlen auf dem Zahlenstrahl haben immer den gleichen Abstand zueinander. Trage die fehlenden Zahlen ein.

Hinweis: *Wenn du dir die Zahlen auf dem Zahlenstrahl genau anschaust, stellst du fest, dass sie alle zur Vierer- bzw. hier zur Vierzigerreihe gehören.*

80	**120**	**160**	200	**240**	280

9. Trage ein: <, > oder =

__Hinweis:__ Lies die Zahlen ganz genau und achte darauf, welche Ziffer an welcher Stelle steht.

802 **<** 820

642 **>** 624

378 **<** 873

121 **=** 121

10. Hier siehst du eine Hundertertafel. Du startest bei der Zahl 56 (grau markiert) und gehst drei Felder nach oben und zwei Felder nach links. Bei welcher Zahl landest du?

__Hinweis:__ Wenn du von der 56 auf der Hundertertafel drei Felder nach oben gehst, kommst du auf die 26. Zwei Felder weiter links liegt die Zahl 24.

					56				

Ich lande auf der Zahl **24**.

Notizen

Schlau mit STARK

Hier stimmen 6 Dinge nicht. Kreise sie ein.

1. Das Hausdach steht auf dem Kopf.
2. Die Wasserwaage fliegt.
3. Die Bauwagentür steht auf dem Kopf.
4. Der Hund mauert.
5. Der Bauarbeiter trägt einen Wikingerhelm.
6. Das Schubkarrenrad ist eckig.

Mathematik | Deutsch | Englisch
Grundschule
Das Gute-Noten-Programm für die Grundschule
TOP VORBEREITET:
Von der 1. Klasse bis zum Übertritt an weiterführende Schulen
ENGLISCH 3. Klasse
Grundwissen
STARK
VERA 3
Deutsch 3. Klasse
STARK
DEUTSCH 4. Klasse
Fit für die weiterführende Schule
STARK
MATHEMATIK 4. Klasse
Lernzielkontrollen
STARK
www.stark-verlag.de/grundschule